Günter Grass

German Life and Civilization

Jost Hermand
General Editor

Advisory Board

Helen Fehervary
Ohio State University

Peter Uwe Hohendahl
Cornell University

Robert Holub
University of California at Berkeley

Klaus Scherpe
Humboldt University, Berlin

Frank Trommler
University of Pennsylvania

Vol. 18

PETER LANG
New York • Washington, D.C./Baltimore • San Francisco
Bern • Frankfurt am Main • Berlin • Vienna • Paris

Günter Grass

Ästhetik des Engagements

Herausgegeben von

Hans Adler &
Jost Hermand

PETER LANG
New York • Washington, D.C./Baltimore • San Francisco
Bern • Frankfurt am Main • Berlin • Vienna • Paris

Library of Congress Cataloging-in-Publication Data

Günter Grass: Ästhetik des Engagements/
herausgegeben von Hans Adler & Jost Hermand.
p. cm. — (German life and civilization; vol. 18)
Papers presented at the 25th Wisconsin Workshop
held Nov. 11-12, 1994, in Madison.
Includes bibliographical references.
1. Grass, Günter, 1927- —Political and social views—Congresses.
I. Adler, Hans. II. Hermand, Jost. III. Wisconsin Workshop (25th: 1994:
Madison, Wis.) IV. Series.
PT2613.R338Z6478   838'.91409—dc20   95-12800
ISBN 0-8204-2719-5
ISSN 0899-9899

Die Deutsche Bibliothek-CIP-Einheitsaufnahme

Günter Grass: Asthetik des Engagements/
hrsg. von Hans Adler & Jost Hermand. - New York; Washington,
D.C./Baltimore; San Francisco; Bern; Frankfurt am Main;
Berlin; Vienna; Paris: Lang.
(German life and civilization; Vol. 18)
ISBN 0-8204-2719-5
NE: Adler, Hans [Hrsg.]; GT

The paper in this book meets the guidelines for permanence and durability
of the Committee on Production Guidelines for Book Longevity
of the Council of Library Resources.

© 1996 Peter Lang Publishing, Inc., New York

Printed in the United States of America.

Inhalt

Vorwort

Wenigen deutschen Schriftstellern und Schriftstellerinnen ist es gelungen, Politik und Literatur in ein nicht-prekäres Verhältnis zu setzen, nämlich so, daß die Eigentümlichkeit des literarischen Diskurses das Politische zur Anschauung bringt, ohne die Literatur bloß zu instrumentalisieren. Günter Grass gehört zu diesen wenigen. Ebenso wenigen deutschen Schriftstellern und Schriftstellerinnen ist es gelungen, in ihrer Person Engagement als Bürger und als Schriftsteller so zu verbinden, daß nicht die eine Rolle die andere verdrängte. Auch zu diesen wenigen zählt Günter Grass.

Wo immer er es für wichtig hielt, bezog er öffentlich Stellung, mit gutem Gespür für die Grenzen der Politik der 'Ohnmächtigen'. Resignation scheint ihm zwar nicht fremd, aber doch nicht hinderlich zu sein. Verlust des Vertrauten und Bedrohung des Bewahrungswürdigen ist ihm unablässig Antrieb, sich Gehör zu verschaffen, ohne Scheu, der "stinkenden Realität Reverenz zu erweisen".

In den letzten Jahren haben Grass' "Anstiftungen, Partei zu ergreifen", fast etwas Anrüchiges bekommen, da sich im Hinblick auf die Literatur eine deutliche Politik-Phobie verbreitet hat — eine Abneigung freilich, die weniger die Autorinnen und Autoren als vielmehr die Literaturkritik und ein beachtlicher Teil des Publikums hegen. Grass stellt sich in seinem Werk gegen diese Tendenz und ordnet sich in diejenige Tradition der gesellschaftskritischen Kunst und Literatur ein, die Kunst, Literatur und Engagement zu vereinen wußte. Grass läßt in vielen seiner Werke alle drei Aspekte mit je unterschiedlichen Gewichtungen zu ihrem Recht kommen.

Der 25. Wisconsin Workshop fand unter dem Titel "Günter Grass" am 11. und 12. November 1994 in Madison statt. Die lebhaften und zum Teil weit ausreichenden Diskussionen belegten das nach wie vor rege Interesse an Grassens Werk und seinen Ideen. Die Vortragenden, die ihre Überlegungen zur Literatur, deren Verfilmung, zu seinen politischen, ökologischen und historischen Konzepten vorlegten, waren Jost Hermand (University of Wisconsin-Madison), Ingeborg Hoesterey (Indiana University, Bloomington) Martin Kagel, Stefan Soldovieri, Laura Tate (University of Wisconsin-Madison), Helen Fehervary (Ohio State

University, Columbus), Hans Adler (University of Wisconsin-Madison), Sabine Gross (University of Wisconsin-Madison), Peter Morris-Keitel (Bucknell University, Lewisburg) und Thomas Kniesche (Brown University, Providence). Die im vorliegenden Band abgedruckten Beiträge sind ausgearbeitete Fassungen der Vorträge.

Die Herausgeber danken dem Anonymous Fund und dem Department of German für die finanzielle Unterstützung des Workshops sowie dem Vilas Trust Fund, der den Druck dieses Bandes ermöglichte. Nicht zuletzt danken sie Joan L. Leffler, die sachkundig die Manuskripte in eine druckfähige Form brachte.

Madison, Februar 1995   H.A., J.H.

Jost Hermand

Das Unpositive der kleinen Leute.
Zum angeblich skandalösen 'Animalismus' in Grassens
Die Blechtrommel

Die Skandale, die Günter Grass 1959 mit seiner *Blechtrommel* erregte, sind inzwischen fast zur Legende geworden. So viel Aufmerksamkeit würde heute — im Zeitalter der postmodernen Beliebigkeit — einer literarischen Neuerscheinung wohl kaum noch entgegengebracht werden. Schließlich gehört zu einem Skandal von solchen Ausmaßen ein breites, hochliterarisch interessiertes Publikum mit relativ festen ästhetischen und ideologischen Normen, das auf jeden Verstoß gegen die allgemein anerkannten Gepflogenheiten mit empörter Abwehrgeste reagiert. Und ein solches Publikum gab es in der Anfangsphase der ehemaligen Bundesrepublik tatsächlich noch. Es setzte sich weitgehend aus früheren Nationalsozialisten sowie Vertretern jener sogenannten Inneren Emigration zusammen, die einen deutlichen Affekt gegen alles Realistische, Niedere, Tabubrechende hatten und sich hierbei entweder auf die Werte des großen nationalen Literaturerbes oder die Werte des Christlich-Religiösen, Humanistisch-Abendländischen oder auch Ästhetisch-Elitären beriefen.[1] Mochten diese Schichten auch politisch noch so verschieden-artig sein, in ihrem Festhalten an hochliterarischen Konzepten waren sie sich weitgehend einig. Sie vergaben daher die bekannteren Literaturpreise durchweg an die Bewahrer solcher Werte und strichen auch in der Literaturkritik der großen Zeitungen und Zeitschriften fast ausschließlich solche Dichter heraus.[2] Wer gegen solche Werte opponierte, hatte daher bis zur Mitte der fünfziger Jahre kaum eine Chance, an eine breitere Öffentlichkeit zu dringen, was vor allem die alten Linken, aber auch einige Autoren und Autorinnen der Gruppe 47 zu spüren bekamen, die sich nicht dem allgemeinen Trend ins Humanistisch-Abendländische oder Exquisit-Ästhetisierende anpaßten, sondern dem 1949 gegründeten Adenauer-Staat — im Gefolge der kritischen Tendenzen der unmittel-baren Nachkriegszeit — mit einem inneren Widerwillen gegenüber-standen.

Einer dieser Autoren war der junge Günter Grass, der erst als Kunst-
student in Düsseldorf und dann in Berlin Fuß zu fassen versuchte, aber
aufgrund seines 'Realismus' keine rechte Förderung fand, und sich
deshalb von der Bundesrepublik nach Paris absetzte, um dort einen
Roman zu schreiben, in dem er sich auf eine höchst unpositive Weise mit
der Periode des Faschismus und der westdeutschen Nachkriegszeit
auseinandersetzen wollte. Und damit wären wir wieder bei unserem
Ausgangspunkt: Als dieser Roman 1959 unter dem Titel *Die Blechtrommel* auf den Markt kam, reagierte die Mehrheit der Literaturinter-
essierten auf seine epische Direktheit in sexueller, religiöser und
politischer Hinsicht erst einmal recht distanziert, ablehnend oder gar
empört, während die Minderheit der weiterhin kritisch Eingestellten
dieses Werk als einen der ersten massiven Durchbrüche zu einer
Gesellschaftsanalyse empfand, die sich fast mit den Meisterleistungen
linksorientierter Autoren der Weimarer Republik, vor allem Alfred
Döblins *Berlin Alexanderplatz*, vergleichen lasse. Doch während die
konservative Mehrheit bis dahin alle Einbrüche ideologischer Auf-
müpfigkeit erfolgreich abgewehrt hatte, wie der Fall Wolfgang Koeppen
beweist, der mit seinen Romanen *Tauben im Gras* (1951), *Das Treibhaus*
(1953) und *Der Tod in Rom* (1954) die von den Konservativen aufgerich-
tete Mauer gegen linke 'Nestbeschmutzer' nicht durchdringen konnte,
stieg Grassens *Blechtrommel* schnell zu einem Bestseller auf, der sogar
die Verkaufserfolge der edelreaktionären Romane der fünfziger Jahre
übertraf, ja eine weltweite Wirkung erzielte.

Woran lag das? Sicher nicht nur an der ästhetischen Qualität der
Blechtrommel. Mit literarischen Vorzügen allein lassen sich nie Erfolge
erzielen, sonst hätten sich schon die bewußt 'modern' geschriebenen
Romane Koeppens durchsetzen müssen. Zu einem solchen Erfolg tragen
stets mehrere Gründe bei. Im Fall der Grass'schen *Blechtrommel* waren
dies — etwas vereinfacht gesprochen — vor allem folgende: 1. die allmähliche Auflösung der konservativen Einheitsfront im Zuge der durch
die steigende wirtschaftliche Prosperität eintretenden 'Liberalisierung' des
geistigen und kulturellen Klimas, 2. die durch diese Liberalisierung
geweckte Neugier auf literarische Novitäten, die sich nicht mehr an die
noch aus den Zeiten der politischen Repression und ökonomischen
Miserabilität stammenden Bescheidenheitsideale hielten, sondern einer

größeren Lebenserwartung das Wort redeten, und 3. die damit verbundene Forderung nach literarisch avancierteren Erzählformen, um so das relativ einfach formulierte Gesinnungspathos der konservativen Nachkriegsliteratur als veraltet hinstellen zu können. Und alle diese Erwartungen erfüllte Grassens *Blechtrommel* haargenau: sie verhöhnte die religiöse Pietät und das Prinzip der bürgerlichen Respektabilität in moralischen Fragen — und kleidete ihre respektlosen Ansichten obendrein in eine Sprache ein, die sich ganz bewußt den Anstrich des 'modern' Erzählten gab.

Während also die Liberalen und die wenigen übriggebliebenen Linken beim Erscheinen dieses Romans zum größten Teil aufjubelten, boten die sich bereits im Rückzug befindlichen Verteidiger des Abendlandes, der Adenauerschen Restauration und des Kalten Krieges, die bis dahin an den Schalthebeln des westdeutschen Literaturbetriebs gesessen hatten, alle nur denkbaren Mittel auf, sich dem Erfolg dieses Romans so massiv wie nur möglich entgegenzusetzen. Und diese Mittel waren gegen Ende der fünfziger Jahre immer noch beträchtlich. Die meisten konzentrierten sich dabei, wie bereits dargestellt worden ist,[3] vor allem auf zwei Aspekte: den angeblich unsittlichen und den angeblich anti-religiösen Charakter der *Blechtrommel*, während sie den politischen Aspekt dieses Romans, wie bei vielen solcher "Stänker und Weismacher"-Kampagnen,[4] bei denen man den Sack schlägt und den Esel meint, lieber aus dem Spiel ließen, um sich nicht von vornherein in aller Offenheit als 'reaktionär' bloßzustellen und somit in den Verdacht zu geraten, noch immer längst obsolet gewordenen politischen Anschauungen zu huldigen.

Beginnen wir mit dem Vorwurf des Pornographischen, der anfänglich am häufigsten erhoben wurde.[5] Hier ließe sich ein geradezu unübersehbarer Chor entrüsteter Kritiker ins Feld führen, aus dem im folgenden wenigstens einige Einzelstimmen herausgegriffen werden sollen. So warf Walter Widmer dem Autor der *Blechtrommel* ein "oft obszönes Draufgängertum", ja ein "bedenkenloses Hinwegschreiten über sämtliche Schranken der bürgerlichen Moral" vor. Selbst "unvoreingenommene Leser", hieß es bei ihm, werden bei der Lektüre "gewisser Kruditäten" dieses Romans, der zu den "schockierendsten Büchern" gehöre, die "je geschrieben wurden, sicher aufschreien".[6] Ein anonymer Rezensent der Zeitschrift *Unser Danzig* nannte die *Blechtrommel* ein Produkt "allerübelster Pornographie".[7] Peter Hornung sprach von den "Amouren eines Gnoms", die sich im Laufe der Handlung zu einem Crescendo des "Absurden und Abstoßenden" steigerten.[8] William S. Schlamm erklärte nach der Lektüre dieses Romans apodiktisch, daß der "Geschlechtsakt" überhaupt kein Thema der Literatur sei.[9] Kurt Ziesel sprach im Hinblick auf die *Blechtrommel* von einem "skandalösen Exhibitionismus pornographischer Exzesse".[10] Während Erotik durchaus ein Gegenstand der Literatur sein dürfe, betonte er, liege diesem Roman lediglich das "Bedürfnis nach Schmutz" zugrunde.[11] Wilhelm Horkel bezichtigte Grass, sein "echtes Erzählertum" zwecks "schneller, sensationeller Erfolge in der Weltpresse" an die "peinlichst genaue Darstellungen des Sexuellen in seinen trübsten Spielarten bis hin zur Sodomiterei verraten" zu haben.[12] H. Müller-Eckard bezeichnete das Ganze als ein "fragwürdiges Feuerwerk kotiger und skandalöser Dinge", ja als eine "einzigartige Kaskade einer trüben Schmutzflut", dessen Diktion "so niedrig" sei, daß er davor warne, es "Menschen mit unverdorbenem Geschmack in die Hand zu geben".[13] Günther Sawatzki klagte Grass an, in diesem Roman einem "brünstigem Verlangen nach Geilheit, Gemeinheit, nach zwanghafter Verhöhnung und krankhafter Beschmutzung sämtlicher geltenden Werte" hemmungslos nachgegeben zu haben[14] usw. usw.

Fast alle dieser Einwände kamen von Vertretern des katholischen, altfaschistischen oder allgemein konservativen Lagers, die sich angesichts der allmählichen Liberalisierungstendenzen im Gefolge des sogenannten Wirtschaftswunders als die letzten Hüter von Zucht und Sitte verstanden und daher — im Sinne älterer Schmutz und Schund-Vorstellungen — jeden Verstoß gegen die sexuellen Normen der bürgerlichen Gesellschaft als peinlich, verderbt, nihilistisch, zersetzend, unappetitlich, ekelerregend oder schlechthin abartig anprangerten. Und diese Kritiker konnten bei solchen Angriffen bis zur Mitte der sechziger Jahre noch auf die Unterstützung vieler offizieller Stellen rechnen, die den Autor der *Blechtrommel* ebenfalls als einen jener 'Pinscher', 'Köter' oder 'Schmeißfliegen' zu diffamieren versuchten, die es nicht lassen könnten, als literarische Schmutzfinken in irgendwelchen 'Unflätereien' herumzustochern, statt sich an den angeblich unübersehbaren Vorzügen der sauberen Nickel- und Chromglanz-Fassade des westdeutschen Wirtschaftswunders zu erfreuen. Dafür spricht das empörte Votum des Senats der Hansestadt

Bremen gegen den von einer unabhängigen Jury gemachten Vorschlag, Günter Grass 1960 wegen seiner *Blechtrommel* mit dem Bremer Literaturpreis auszuzeichnen.[15] 1963 erklärten sich 15 Bundestagsabgeordnete mit jenem Kurt Ziesel solidarisch, der Grass als "Verfasser übelster pornographischer Ferkeleien" angegriffen hatte.[16] Ebenso entrüstet äußerte sich Bundespräsident Wilhelm Lübke über die frühen Werke von Günter Grass, in denen dieser Autor "so unanständige Sachen" darstelle, wie er sich ausdrückte, "über die nicht einmal Eheleute miteinander reden würden".[17]

Diesen Sturm im Wasserglas überhaupt noch zu verstehen, fällt heute nicht mehr leicht. Nachdem gegen Ende der sechziger Jahre fast alle Vorbehalte gegen ehemals als 'pornographisch' geltende Schriften, darunter selbst die Werke des Marquis de Sade, die *Geschichte der O.* und ähnliches, ausgeräumt wurden, konnten vor allem jüngere Oberschichtenleser und -leserinnen, die bereits im Rahmen der durch den steigenden Wohlstand und die damit verbundene größere Freizügigkeit in sexuellen Dingen großgeworden waren, über solche Entrüstungen nur noch lächeln. Sie hatten sich inzwischen an einer wesentlich 'härteren' Lektüre delektiert, um sich noch über Grassens angebliche 'Ferkeleien' erregen zu können. Schließlich passiert auf den 731 Seiten der *Blechtrommel* nicht so ungeheuer viel Erotisches oder gar Pornographisches: Koljaiczek vergnügt sich "unter den Röcken der Großmutter"; Jan Bronski läßt beim Skatspielen seinen Fuß unter dem Tisch an Frau Matzeraths Schenkeln hinaufwandern und verschwindet später mit ihr manchmal für eine "Dreiviertelstunde" in einer billigen Pension; die Kinder spielen "Arzt und Patient" miteinander; der Gemüsehändler Greff hat offenbar homoerotische Neigungen; der kleine Oskar sieht, daß der geschnitzte Jesusknabe in der Herz-Jesu-Kirche nicht beschnitten ist und bekommt eine Erektion, als er dessen "Gießkännchen" betastet; die siebzehnjährige Maria, das Dienstmädchen mit den "vollen Brüsten", die so schön nach "Vanille" riecht, schrubbt ihn in der Badewanne und hat im Strandbad keinerlei Scheu, sich vor Oskar nackt auszuziehen, als so klein empfindet sie ihn noch; später läßt sich Maria von ihm mit Speichel vermischtes Brausepulver in die Handfläche und dann auch in die Bauchnabelkuhle schütten und erregt sich dabei, ja läßt ihn zeitweilig sogar in ihrem "Mooswäldchen" wühlen, wo er "Himbeeren und

Pfifferlinge" findet; anschließend beobachtet er voller Eifersucht, wie es Maria mit seinem Vater auf dem Sofa treibt, und tröstet sich danach mit der "ängstlichen" Roswitha; nach dem Krieg findet Oskar etwas "nicht allzu kostspielige" Wärme bei der schweigsamen Hannelore und verliebt sich schließlich in die Krankenschwester Dorothea, die er in einer makrabren nächtlichen Szene auf einer Kokosmatte verführen möchte, jedoch dabei jenes kleine Fiasko erleidet, das ihm verwehrt, an das letzte Ziel seiner Wünsche zu kommen.

Männliche Leser, die inzwischen *Sexus* von Henry Miller gelesen hatten, fanden solche Szenen schon um 1970 entweder zu 'kindisch' oder nicht 'animierend' genug. Mochte auch die spätere Sekundärliteratur noch so ausführlich auf die autoerotischen, narzißtischen, onanistischen, psychosexuellen, dämonisierenden, regressiven und heterosexuellen Aspekte der in diesem Roman dargestellten Erotik eingehen, viel Aufsehen war mit solchen Analysen zu diesem Zeitpunkt nicht mehr zu machen.[18] Die meisten liberalen Literaturkritiker hatten inzwischen nicht nur die endlich freigegebenen Klassiker der Erotik, sondern auch all jene Bücher gelesen, in denen sich Autoren und Autorinnen wie Ludwig Marcuse, Horst Albert Glaser, Eberhard und Phyllis Kronhausen, Hans Giese und Peter Gorsen zu einem erotischen Hedonismus bekannten,[19] der Begriffe wie 'obszön' oder 'pornographisch' bereits als reichlich obsolet empfand. Und damit wurden auch im Hinblick auf die *Blechtrommel* allmählich jene Stimmen immer zahlreicher, die - wie Joachim Kaiser, Marcel Reich-Ranicki, Walter Höllerer und Jost Nolte - zur Rechtfertigung der Grass'schen Offenheit in eroticis schon um 1960 unter liberaler Perspektive eher die realistischen als die pornographischen Aspekte der von den konservativen Kritikern indizierten Szenen herausgestellt hatten. Unter Berufung auf Jost Noltes Diktum von 1959: "Wenn Oskar erzählt, gibt es keine Tabus. Gesagt wird, was ist",[20] hieß es jetzt immer häufiger, daß Grass in diesem Roman endlich mit den "verklemmten Sexualtabus" der älteren bürgerlichen Gesellschaft aufgeräumt habe.[21] Wer sich noch immer über die angeblichen 'Ferkeleien' des kleinen Oskar errege, betonten solche Kritiker, entlarve sich damit lediglich als spießbürgerlicher Banause, wenn nicht gar unverbesserlicher Reaktionär. Schließlich seien die "sexuellen Szenen" in der *Blechtrommel*, wie Lothar Romain 1971 schrieb, "nach heutigen

Begriffen geradezu verdächtig harmlos".[22] Ja, Grass selber wertete die Stimmen solcher Reaktionäre als den Ausdruck einer "altjüngferlichen Entrüstung" ab, wie er in seiner Büchner-Preis-Rede *Über das Selbstverständliche* sagte.

Ähnliche Prozesse spielten sich im Bereich jener Kritik ab, die Grass vorwarf, sich in seiner *Blechtrommel* auf eine geradezu blasphemische Weise über die Würdenträger und Sakramente der katholischen Kirche lustig gemacht zu haben. Vor allem jene Szene, in der sich Oskar im Rahmen einer Gruppe halbwüchsiger Gangster zum Erlöser stilisiert, sich Jesus nennt und eine Art Schwarzer Messe zelebrieren läßt, aber auch die Szene mit dem geschnitzten kleinen Jesusknaben und seinem unbeschnittenen "Gießkännchen" mußten um 1960 die christlich orientierten Kreise notwendig erbittern. So bezichtigte ihn etwa Peter Hornung in seiner Rezension der *Blechtrommel*, die unter dem Titel "Oskar Matzerath — Trommler und Gotteslästerer" (1959) in der Würzburger *Deutschen Tagespost* erschien, sich in diesem Roman über jeden "moralischen und ethischen, ganz zu schweigen religiösen Anspruch" hinweggesetzt zu haben.[23] H. Müller-Eckhard wies im gleichen Jahr empört auf jene Szene hin, in der Oskar vor dem Hochaltar steht und den ans Kruzifix geschlagenen Christus als "süßen Vorturner, Sportler aller Sportler, Sieger im Hängen am Kreuz unter Zuhilfenahme zölliger Nägel" anredet. Nicht minder erzürnte es ihn, daß Oskar "beim Stuhlgang Worte wiederholt, die in der Messe gesprochen werden".[24] Andere christlich orientierte Kritiker gingen deshalb so weit, den gesamten Roman als eine Darstellung der "Sündhaftigkeit der Welt" und damit der "unerlösten Menschheit" anzuprangern,[25] die ihren Lesern oder Leserinnen keinerlei Anleitungen gebe, wie sie aus einem solchen Sündenpfuhl wieder auf den rechten Weg zurückgelangen könnten.

Doch auch diese Form der Kritik trat — wie die Kritik an den 'pornographischen Ferkeleien' — im Laufe der sechziger Jahre zusehends in den Hintergrund. Je mehr die noch hochideologisierte, abendländisch-katholische Politik Adenauers von der neoliberalen Sicht Ludwig Erhards abgelöst wurde, die auf alle ideologischen Überhöhungen verzichtete und in der Bundesrepublik nur noch ein "wirtschaftliches Rahmengebilde" verstand, dessen Hauptfunktion darin bestehe, dem "persönlichen Bereicherungsdrang des einzelnen so wenige Schranken wie nur möglich

entgegenzustellen",[26] desto großzügiger wurden selbst die Konservativen
in Fragen der Pietät den überlieferten christlichen Traditionen gegenüber.
Statt weiterhin auf eine strenge Einhaltung der Sakramente und Gebote
zu pochen, gaben auch sie dem allgemeinen Trend ins Liberalistische
nach, was selbst auf diesem Sektor eine immer größere Laxheit mit sich
brachte, die — wie die Abschwächung der erotisch-moralischen
Normvorstellungen — ihre positiven wie ihre negativen Seiten hatte.
Einerseits führte sie im Zuge der allgemeinen Dialektik der Moderne zur
Lockerung von bisher recht rigide gehandhabten Moralkonzepten,
andererseits beförderte sie eine unverbindliche Maßstabslosigkeit. Und
so gab es schließlich überhaupt keine über den persönlichen Bereicherungsdrang hinausgehenden Wertvorstellungen mehr. Demzufolge wurde
auch ein Werk wie die *Blechtrommel*, das bis dahin mitten im Span-
nungsfeld von miteinander im Konflikt stehenden Wert- und Moralsyste-
men gestanden hatte, zu einem zwar unterhaltsamen, aber nichtssagenden
Produkt einer pluralistisch-unverbindlichen Kulturindustrie. Man könnte
auch sagen: indem es nicht mehr kritisiert wurde, galt es zwar nicht
mehr als Skandalon, büßte aber zugleich seine ideologische Sprengkraft
ein.

Was im Bereich der Kritik der späten fünfziger Jahre fast völlig
fehlt, sind irgendwelche Stimmen, welche auf die in diesem Roman
erwähnten nationalsozialistischen Organisationen und Verhaltensweisen
eingehen. Solche Töne klingen zwar manchmal an, werden aber nie in
den Mittelpunkt der Kritik gerückt. So heißt es einmal bei Jost Nolte,
daß es Grass in diesem Roman auch darauf ankomme, die "braune
Macht" durch vielerlei "Deformationen" und "Karikaturen" der
"Lächerlichkeit" auszuliefern. Ja, er schreibt sogar: "Sein Witz tötet",
bleibt aber dann seinen Lesern und Leserinnen eine genauere Auskunft,
wie Grass das in der *Blechtrommel* im einzelnen anstellt, weitgehend
schuldig.[27] Auch Peter Hornung weist nur ganz kurz auf das "Groteske"
des "zackigen Aufmarschs eines HJ-Fähnleins" hin.[28] Manchmal hat man
fast den Eindruck, als ob die konservativen Kritiker nur darum so
ausführlich auf die angeblich pornographischen und blasphemischen
Partien eingehen, um sich nicht mit der Faschismusthematik auseinandersetzen zu müssen, die ihnen immer noch zu heikel erschien. Doch
dieser Eindruck trügt. Schließlich waren die fünfziger Jahre allgemein

eine Zeit, in der sich in Westdeutschland noch kaum jemand — gleichviel, welcher Couleur — mit der braunen Vergangenheit beschäftigte. Dementsprechend ging auch Grass in der *Blechtrommel* auf das Thema des Nationalsozialismus noch nicht so gründlich ein, wie man das von einem entschiedenen Gesellschaftskritiker erwarten würde. Erst in der Erzählung *Katz und Maus*, die zwei Jahre später erschien, setzte er sich — wie Rolf Hochhuth und Peter Weiss in ihren frühen Werken — wesentlich ausführlicher und präziser damit auseinander.

In der *Blechtrommel* bleibt dagegen dieser Bereich noch am Rande. So hören wir zwar, daß Vater Matzerath 1934 in die Partei eintritt und im Wohnzimmer ein Hitler-Bild aufhängt, weil er in der NSDAP die "Kräfte der Ordnung" am Werke sieht, aber sonst spielt das Faschismusthema eine recht untergeordnete Rolle. Wenn man genauer hinsieht, stößt man zwar hin und wieder auf vereinzelte Hinweise auf die NS-Frauenschaft, den Bund deutscher Mädel, den Röhm-Putsch, den Film *Hitlerjunge Quex*, das Winterhilfswerk, die Reiter-SA, die SS-Heimwehr, den NSKK und den HJ-Streifendienst. Aber diese Dinge werden nur erwähnt, ohne daß weiterführende Reflexionen daran geknüpft würden. Auch daß Oskars Vater zum Zellenleiter aufsteigt, Danzig zu Beginn des Zweiten Weltkriegs wieder Teil des Deutschen Reiches wird, die Nazis die Synagoge in Brand stecken und auf das Schaufenster des alten Markus das Wort "Judensau" schmieren, es im Krieg plötzlich "Fliegeralarm" gibt, einige der Jungen zu den Flakhelfern eingezogen werden, im Radio von "Wunderwaffen" und vom "Endsieg" die Rede ist, sowie die Tatsache, daß Vater Matzerath bei Kriegsende sein Parteiabzeichen vom Rockaufschlag reißt, es verschluckt und daran stirbt: all das wird nicht in eine genau ausgeführte Analyse des Hitler-Faschismus eingebettet, sondern lediglich aufgezählt oder ins Makabre stilisiert.

Selbst das Faktum, daß der kleine Oskar, der Trommler, eine Parodie auf den Trommler Hitler darstellen soll, reicht letztlich nicht aus, um diesem Roman als eine ernstzunehmende Faschismusanalyse zu qualifizieren. Zugegeben, auch Oskar beschließt, aus seinem Milieu auszubrechen und 'Künstler' zu werden, auch Oskar hat Hitlers bestechend blaue Augen, auch Oskar besitzt das häufig dem Aufsteiger Hitler angelastete unzusammenhängende Halbwissen, auch Oskar stilisiert sich wie Hitler zum Erlöser, auch Oskar hat manchmal pseudoreligiöse

Anwandlungen - und vieles andere mehr, worin sich eine karikaturisti-
sche Sicht Hitlers anzudeuten scheint.[29] Doch was ist damit letztlich über
den Faschismus gesagt? Daß ihm im Gehabe Hitlers ein Napoleon-Kom-
plex, ein Sich-Emporrecken aus körperlicher Kleinheit zu imperialer
Größe zugrunde lag? Daß sich also Oskar bewußt entscheidet, kein Hitler
zu werden, indem er einfach nicht weiterwächst und kein Politiker wird,
sondern sich unter der Treppe oder unterm Tisch versteckt, unter die
Röcke seiner geliebten Großmutter kriecht, unter die Bettdecke des
Dienstmädchens Maria schlupft, um dort nach Himbeeren zu suchen, das
heißt sich eine Sicht von unten anzugewöhnen, um es nicht jenen
'Großen' gleichzutun, die auf alle anderen von oben herabsehen und
damit den Blick für die kleinen, konkreten, entscheidenden Dinge des
tagtäglichen Lebens verlieren?

Diese Perspektive ist sicher in der *Blechtrommel* angelegt und ließe
sich mit vielen weiteren Details erhärten. Doch ebenso wichtig, wenn
nicht noch wichtiger erscheint mir die These, daß Grass in diesem
Roman die seit den späten zwanziger Jahren unter Linken weitverbreitete
These aufgreift, daß der Nationalsozialismus ein typisches Kleinbürger-
phänomen sei und daher in dieser Schicht seine breiteste Zustimmung
gefunden habe.[30] Er wollte in der *Blechtrommel* zeigen, hat Grass später
gesagt, daß sich neben den "tragenden Schichten" der deutschen
Gesellschaft, also den "Großbürgern" und den "Kirchen", vor allem die
"Kleinbürger" Hitler und seiner Partei angeschlossen hätten, weil sie als
Masse "politisch heimatlos" und daher leicht "verführbar" gewesen
seien.[31] Das ist keine spätere Interpretation, sondern trifft auf den Roman
im ganzen durchaus zu. Außer einem Priester geht es in ihm vornehmlich
um Ladenbesitzer und kleine Angestellte, also Menschen mit der für die
damalige Zeit typischen Kleinbürgermentalität, die sich vor allem in ihrer
Vorliebe für die kleinen Freuden des Lebens, mit anderen Worten: dem
regelmäßigen Kartenspiel, den sonntäglichen Ausflügen, dem Spaß am
Kochen, dem unentwegten Palaver über das Essen, dem verstohlenen
Spaß am Sexuellen und dem Nachplappern der herrschenden Meinungen
äußert.[32] Darin sind sich fast alle Figuren des Romans einig. In diesem
Bereich herrscht eine strikte Trennung zwischen der Welt des Draußen
und der Welt des Drinnen. Alle Grass'schen Kleinbürger schließen sich
zwar instinktiv den herrschenden Machtträgern an, besonders wenn diese

ihnen 'Gesetz und Ordnung', das heißt einen scheinbar ewigen Fortbestand der gesellschaftlichen Verhältnisse versprechen, tun das aber nicht aus Gesinnung heraus oder weil sie sich einer bestimmten Ideologie verschreiben, wie das bei großbürgerlichen Idealisten oder Intellektuellen die Regel ist, sondern weil es ihnen letztlich um einen möglichst ungestörten Weiterbestand des Status quo, also um Kochen, Essen, Kartenspielen, Kannegießern und Triebbefriedigen geht. Mehr wollen sie gar nicht - und hoffen daher letztlich auf ein gütiges Schicksal oder irgendeine 'Vorsehung', welche ihnen diesen idyllischen Frieden erhält.

Selbst der kleine Oskar, der bewußt aus der Reihe schert, trägt viele Züge dieser Haltung dem Leben gegenüber und ist trotz seiner körperlichen Gnomenhaftigkeit kein totaler Außenseiter, sondern stellt lediglich in dialektischer Verschränkung die Kehrseite dieser Mentalität heraus. Er hat einfach nicht das Zeug oder das bildungsmäßige Training, sich geistig über sie zu erheben, ja will es letztlich auch gar nicht. Er ist weder ein Intellektueller, der sich eine nonkonformistische Reservatio mentalis der kleinbürgerlichen Welt gegenüber bewahrt, noch will er durch finanzielle Manipulationen aus dieser Gesellschaftsschicht in eine andere, höhere aufsteigen. Ihm ist es bei seiner Großmutter, seiner Mama, seiner Maria ganz wohl — und er würde am liebsten den Rest seines Lebens bei ihnen bleiben. Warum entscheidet er sich also, ein Zwerg zu werden und damit aus diesem ihm so vertrauten Milieu, in dem das Prinzip der Normalität herrscht und das für Außenseiter überhaupt keinen Sinn hat, auszuscheiden? Tut er das nur aufgrund der Omnipotenz seines Autors, der durch diesen erzählerischen Trick in eine relativ geschlossene Gesellschaft einen Geheimagenten einschmuggeln kann, der zwar einer der ihren ist, aber durch den Anschein der kindlichen Zurückgebliebenheit wie ein Fremdling wirkt und somit ausgezeichnet als außenstehender, aber anteilnehmender Berichterstatter dieser Gesellschaftsschicht fungieren kann?

Demzufolge bleibt auch der kleine Oskar dem 'Unpositiven' dieser Menschen zutiefst verbunden. Er trommelt zwar unentwegt, um seinem Mißbehagen an manchen Formen dieser Gesellschaft oder auch seinen unterdrückten Triebwünschen Ausdruck zu verleihen, aber er hat nicht die Statur eines tatsächlichen Rebellen. Dazu fehlt es ihm an Gesinnung, an Idealismus, an einem revolutionären Elan, der über den kleinbürgerlichen Mief des ihn umgebenden Milieus hinausgehen würde. Alles, was er tut, bleibt daher letztlich egozentrisch, wenn nicht gar autistisch. Es fehlt ihm jener durch ein intensives Studium der Politik, Ökonomie und Soziologie vermittelte Durchblick, um auch die Hintergründe des faschistischen Systems ins Auge fassen zu können. Er kann zwar mit seiner hohen Stimme alles ihn umgebende Glas zersingen, ja er kann sogar durch sein hartnäckiges Trommeln eine von der NSDAP organisierte Versammlung durcheinander bringen, aber er bleibt in vielen anderen Bezügen diesem System zutiefst verhaftet. Gegen Ende des Krieges trägt er sogar noch im Rahmen eines von Truppenteil zu Truppenteil ziehenden Fronttheaters zur Belustigung und damit zum Durchhaltewillen der deutschen Soldaten bei.

All das hat trotz aller makabren, barocken oder gar rabelais'schen Züge, wie oft dargestellt wurde, durchaus seine 'Realistik'. Die Kleinbürger dieser Ära haben sich sicherlich mehrheitlich so verhalten, wie Grass sie darstellt. Diese Schichten machten sich keine großen Gedanken über Politik, sondern schlossen sich einfach den Herrschenden an. Sie wollten letztlich 'ihre Ruh' ham', das heißt unter einer autoritären Schirmherrschaft einfach so weiterwursteln, wie sie das als naturgegeben, wenn nicht gar gottgegeben empfanden. Daher waren sie für den Faschismus, der ihnen all das versprach, ein ideales Stimmvieh. Sie machten einfach mit, ja drangen selbst in ihren Abtrünnigen, ihren Außenseitern, selten über diese Mentalität hinaus. Während der Arbeiterklasse durch ihre intellektuell geschulten Führer klare Ideen eines politischen und sozialen Fortschritts vermittelt wurden, denen sie sich zum Teil mit revolutionärem Elan anschlossen, gab es für die Masse der Kleinbürger keine solche Parteien, die ihnen irgendwelche progressiven Leitziele gesetzt hätten. Sie blieben weitgehend sich selbst überlassen und fielen daher meist jenen zum Opfer, die ihnen das Gefühl gaben, der gesunde Mittelstand zu sein, der im Gegensatz zu den oberen Zehntausend und dem Proletariat keinerlei Ideologie bedürfe, sondern das eigentliche 'Maß aller Dinge' oder die Manifestation des 'gesunden Volksempfindens' sei. Doch vielleicht ist selbst das schon viel zu hoch gegriffen. Letztlich hatten diese Schichten überhaupt keine Weltanschauung, außer der einer unmittelbaren Lebenszugewandtheit, nämlich der des Überlebens in ihren kleinen Berufen und des ungestörten Genießens all jener kleinen Freuden, die Grass in der *Blechtrommel* so ausführlich beschreibt.

All das wirkt auf den ersten Blick recht überzeugend. So waren nun einmal die Kleinbürger der zwanziger und dreißiger Jahre, die sich mehrheitlich dem Faschismus anvertrauten, weil sie sich von ihm noch am ehesten eine gewisse Stabilität der gesellschaftlichen Verhältnisse versprachen. Und damit könnte man sich interpretatorisch eigentlich begnügen. Doch was ist mit einer solchen Sicht letztlich gewonnen? Trägt sie zu einem politischen Umdenken bei oder verhärtet sie lediglich bestehende Vorurteile, indem sie die Welt der in diesem Roman geschilderten Kleinbürger als das 'Maß aller Dinge' beschreibt, in der sich der kleine Oskar zwar als Außenseiter fühlt, die aber Grass mit so vielen liebenswerten Zügen ausstattet, daß man keinen wirklichen Abstand zu ihr gewinnt? Trotz des bösen Blicks, den sein Trommler manchmal entwickelt, wird hier nichts bewußt 'verfremdet'. Hier bleibt man ständig nah an den geschilderten Fakten und den durch sie ausgelösten Gefühlen. Hier drängt sich einem das dargestellte Milieu geradezu physisch auf. Hier wird man beim Lesen manchmal selber zum Kleinbürger, indem man sich mit den äußerst suggestiv dargestellten Vorgängen zu identifizieren beginnt. Und damit ist das Ganze letztlich doch keine wirkliche Faschismusanalyse, die klar umrissene Erkenntnisse zum Wesen dieser Bewegung und ihrer verschiedenen Ideologiekomplexe erlaubt, sondern bleibt immer wieder im Privaten, Persönlichen stecken.

Was damit gesagt werden soll, wird vielleicht noch deutlicher, wenn man die kleinbürgerliche Welt der *Blechtrommel* einmal mit der Welt in Brechts *Schweyk im Zweiten Weltkrieg* vergleicht. Auch dort handelt es sich vornehmlich um Kleinbürger, denen wie den von Grass geschilderten Figuren — neben dem geschäftlichen Überleben — ebenfalls die materialistischen Aspekte des Lebens, also das Kochen, Essen, Trinken und Triebbefriedigen, das Wichtigste sind. Und wie bei Grass spürt man auch hier eine deutliche Sympathie mit den in diesem Drama dargestellten Figuren, vor allem mit Schweyk selbst, dessen Haseksches Urbild Brecht lebenslänglich fasziniert hat. Allerdings bleibt hierbei stets eine kritische Perspektive erhalten. So wird bei Brecht die Welt der Kleinbürger am Schluß auf eine höchst surreale und doch zutiefst 'realistische' Weise mit der Welt der herrschenden NS-Größen konfrontiert, deren weltballumspannende Pläne vor allem daran scheitern, daß sich Kleinbürger wie Schweyk nicht mit idealistischem Eifer bis zum Letzten mitreißen lassen, sondern immer nur an ihre materiellen Eigeninteressen denken. Das Unpositive dieser kleinen Leute, also ihr mangelnder Idealismus, ist also bei Brecht gerade das Positive an ihnen. In einem unerbittlichen Lebenskampf gehärtet, der ihnen kein Ausruhen auf irgendwelchen Liegenschaften oder Kapitalreserven erlaubt, halten sich seine Schweyk-Typen — im Gegensatz zu klassenbewußten Arbeitern, die sich durchaus für eine übergeordnete Idee einsetzen — mit einem höchst konkreten Sinn an das Naheliegendste, nämlich ihre eigenen Bedürfnisse, und lehnen alles Ideologische, alles Utopische von vornherein als 'spinnert' ab. In diesem Punkte dachte Brecht durchaus wie Marx, der die Lohnsklaven des Kapitalismus wie auch die Kleinbürger nie idealisierte, sondern ihre Qualität hauptsächlich in ihrer numerischen Überlegenheit oder ihrer kritischen Haltung allen idealistischen Überspanntheiten gegenüber gesehen hat.

Von einer solchen Einstellung ist dagegen in der *Blechtrommel* nicht viel zu spüren. Während Brecht aus dem Großbürgertum stammte und daher das Kleinbürgertum — je nach politischer Situation — entweder als objektiv gefährlich, weil faschismusanfällig, oder wie in seinem Schweyk-Drama mit deutlicher Sympathie als unidealistisch darstellte, wobei stets ein Rest an Fremdheit mit diesem Milieu erhalten bleibt, empfand sich Grass in den fünfziger Jahren trotz seiner künstlerischen Ambitionen noch durchaus als Kleinbürger. Er brachte daher in die Faschismusanalyse seiner *Blechtrommel* das Kleinbürgertum nicht als strategisch eingesetztes Element hinein, sondern verwandte es als das ihm Vertraute und Naheliegende. Schließlich war er als kleiner Günter in Danzig im kleinbürgerlichen Milieu einer Zweizimmerwohnung mit winziger Küche und Klo auf dem Flur großgeworden und mit zehn Jahren erst Pimpf, dann Hitler-Junge, Flakhelfer und mit siebzehn Jahren Soldat geworden,[33] hatte also nur eine höchst mangelhafte Schulbildung erhalten und empfand sich darum nach dem Krieg in Westdeutschland als heimatlos und ungebildet. Obwohl sich Grass später auf vielen Gebieten ein großes Wissen aneignete, hatte er also bei der Niederschrift der *Blechtrommel* noch keinen Bezug zu jener bildungsbürgerlichen Tradition, die meist die Ausgangsbasis für eine Schriftstellerkarriere ist.

Im Gegensatz zu den piekfeinen 'Schnöseln' aus den Oberschichten stellte er deshalb gern auf provokante Weise seine Unterklassenmentalität, wie überhaupt seine Freude am "sinnlichen Ausleben", am Essen, Trinken und anderen lustvollen Dingen zur Schau.

Die gleiche Haltung nahm der junge Grass dem Schreiben gegenüber ein. Statt eine ideologische "Bestätigungs- oder Tendenzliteratur" zu produzieren, wollte er, wie er häufig betonte, auf "sinnliche Weise" aufklären.[34] Daher spürt man selbst auf diesem Gebiet seine eminente Freude an allem Greif-, Riech- und Schmeckbaren, das heißt an einer "malerisch-plastisch-taktilen" Sinnenfreude,[35] wie sie auch in seinen gleichzeitigen graphischen Werken zum Ausdruck kommt. In diesen Jahren ging es Grass noch nicht um Ideen oder politische Programme, wie in seinen späteren Erklärungen für die SPD, sondern um eine unmittelbare, mit anderen Worten: durch keine intellektuelle Interpretation gefilterte Realität. "Unser Grundübel ist der Idealismus", sagte er demzufolge in einem *Spiegel*-Interview sechziger Jahre,[36] in dem er sich gegen alle ideologisierenden Tendenzen in der westdeutschen Literatur dieses Zeitraums wandte. Statt den deutschen Faschismus als eine ideologiegesteuerte Bewegung hinzustellen oder gar zu "dämonisieren", behauptete er in diesem Zusammenhang, sei es in der *Blechtrommel* seine Absicht gewesen, ihn auf die ganz konkreten, niederen, materiellen, also unpositiven, unidealistischen Bedürfnisse der kleinen Leute zurückzuführen.

Aufgrund dieser Haltung landete Grass beim Schreiben - trotz aller episodenhaften Ausflüge ins Surreal-Barocke - zwangsläufig bei einem Empirismus, der vor allem die angeblich niederen Antriebskräfte der Menschen wie ihre Eßlust, ihr sexuelles Begehren, ihre Verdauung, ihre körperlichen Beschwerden, ihre Krankheiten, ihren Durst, ihre Entleerungsprozesse, also das Animalische betont, während er dem Geistig-Sittlichen eine wesentlich geringere Aufmerksamkeit schenkt. Daher wird in der *Blechtrommel* ständig auf Dinge wie Herunterschlucken, Würgen, Kotzen, Krämpfe, Pinkeln, Bettnässen, Konvulsionen, Versteifungen, Orgasmen, Spritzen, Rotz usw. hingewiesen. Solche Dinge, die in bürgerlichen Kreisen damals überhaupt noch nicht erwähnenswert waren, erschienen ihm wesentlich 'wirklicher' als alle begrifflichen Erfassungen der Realität, bei denen um des Ideellen willen viel von der eigentlichen

Wirklichkeit verlorengehe. Statt irgendwelchen anämisch-idealistischen Abstraktionen zu huldigen oder in die kompensatorische Überheblichkeitspose vieler gut- oder bestbürgerlicher Intellektueller zu verfallen, posierte Grass in dieser Zeit gern mit seinem "eingefleischten Hedonismus" oder zumindest größerem Realitätssinn.[37] Überhaupt nahm er um 1960 noch gern die aus der Pikaro-Tradition stammende Sancho Pansa-Haltung gegen die vielen literarischen Don Quixotes ein, indem er sich so natürlich, so lustbetont, so animalisch wie nur möglich gab. Allerdings tat er das nie mit bewußt obszöner, pornographischer, tabubrechender Absicht. Statt sich mit programmatischem Eifer gegen die sogenannten Deformationen des Eros im Rahmen der christlich-bürgerlichen Sexualnormen aufzulehnen, stellte er sich einfach als 'Realist' hin. Seine erotischen Szenen wirken daher nie "animierend" oder "lüstern",[38] sondern lediglich ungeheuchelt. In diesem Punkt steht er näher an Boccaccio und Rabelais als an D.H. Lawrence und Henry Miller, hinter deren rebellischer Pose noch immer die alte puritanische Verklemmheit durchschimmert. Grass ist kein Libertinist, sondern findet es lediglich unsinnig, sich in der 'Misere der Welt' noch zusätzlich mit überspannten Moralanforderungen zu belasten. Und so bekennt er sich immer wieder zu jenen triebhaften Urbedürfnissen des Menschen, um derentwillen, wie er behauptet, es sich überhaupt zu leben lohnt. Folgerichtig neigt er zu einem ständigen Regreß ins Naturhafte, Sinnliche, ja sogar Archaisch-Animalische. "Manchmal bin ich fertig allein", sagte er später höchst bezeichnend, "und möchte in etwas weich warm Feuchtes kriechen, das unzureichend wäre, wenn ich es weiblich nennen wollte."[39]

Wer wollte einen solchen Zug ins Unpositive, der Grassens Abneigung gegen alles Idealistisch-Überspannte und Jargon-Überfrachtete entspringt, von vornherein verdammen? Er ist so konkret, daß sich schwer gegen ihn argumentieren läßt. Und doch erscheint mir jedes 'höhere' Engagement nicht von vornherein idealistisch und damit 'spinnert'. Schließlich hat sich selbst Grass immer wieder engagiert, das heißt ist für die SPD, den demokratischen Sozialismus, die deutsch-polnische Verständigung, die Belange der Dritten Welt und die Rücksicht auf die ökologische Basis allen Lebens eingetreten. Allerdings hat er selbst hierbei stets das ganz Konkrete in den Vordergrund gerückt und sich damit sowohl bei den Konservativen auf seiten der CDU und ihrer

Sympathisanten als auch auf seiten mancher linken Theoretiker, die über dem Ideellen oft die gesellschaftliche Basis aus den Augen verloren, viele Feinde gemacht. Ja, Grass hat dieses Engagement sogar in Werken wie *örtlich betäubt* (1969) und *Aus dem Tagebuch einer Schnecke* (1972) in seine literarische Produktion einbezogen, was ihnen nicht unbedingt gut bekommen ist.

Daß er in seiner *Blechtrommel* auf ein solches Engagement noch verzichtet, hat sich auf den Roman als Ganzen — im Sinne des Narrativen — sicher positiv ausgewirkt. Allerdings wird dadurch jener politisch-theoretische Überbau ausgespart, der nun einmal bei der Behandlung des Faschismus nicht ganz zu umgehen ist. Zugegeben, alles wirkt sinnlich faßbar, hautnah, ja geradezu animalisch-bedrängend. Aber letztlich fehlt es diesem Roman an einem Engagement, das über die in diesem Buch dargestellte 'Unpositivität' der kleinen Leute in eine Welt des Anderen, Besseren hinausweisen würde, in der ein Mann wie Hitler nicht mehr möglich wäre. Daß ein solcher Standpunkt — wie überhaupt jede alternative Intention — unerkennbar bleibt, gibt dem Ganzen einen Zug ins Bedrückende, wenn nicht gar Pessimistische, Schwarze oder Absurde.[40] Und dieser Aspekt des Animalischen, nicht der des Tabu-brechenden, scheint mit das eigentlich 'Skandalöse' der *Blechtrommel* zu sein.

Doch welche politischen oder gesellschaftlichen Kräfte hätten den jungen Grass in der Bundesrepublik der fünfziger Jahre zu einem hoffnungsträchtigen Elan beflügeln können? Wertkonzepte vertraten damals nur die Konservativen aus den Reihen der Adenauerschen Koalition, während sich die Linken — angesichts der ungeheuren Popularität der westdeutschen Wirtschaftswundergesinnung und der hinter ihr stehenden Politik der Stärke im Sinne des Kalten Krieges — in die Defensive gedrängt sahen und daher literarisch weitgehend verstummt waren. Und so zog sich auch Grass, trotz aller erzählerischen Verve, politisch auf die Position eines ideologisch nicht festzulegenden Nonkonformismus zurück.[41] Während Charlie Chaplin 1939 in seiner Hitler-Parodie *The Great Dictator* noch mit einem hoffnungsvollen Ausblick auf eine bessere Welt schließen konnte,[42] waren ihm nach seiner eigenen Verstrickung in den Faschismus sowie den Erfahrungen der Nachkriegs-kriegsmisere in Düsseldorf solche Hoffnungen abhanden gekommen. Er schlug daher nur rabiat um sich oder schilderte in kabarettistischer Zuspitzung und zugleich hyperrealistischer Genauigkeit, mit welcher muffigen Vertrauensseligkeit die kleinen Leute zwischen 1933 und 1945 in ihr Verderben gestolpert seien. Zu mehr konnte er sich zu diesem Zeitpunkt noch nicht aufraffen.[43]

Anmerkungen

1   Vgl. Jost Hermand: *Kultur im Wiederaufbau. Die Bundesrepublik Deutschland, 1945 — 1965*, München 1986, S. 154-188.

2   Vgl. Friedrich Kröll: "Literaturpreise nach 1945. Wegweiser in die Restauration". In: *Nachkriegsliteratur in Westdeutschland, 1945-49*. Hrsg. von Jost Hermand, Helmut Peitsch und Klaus Scherpe, Berlin 1982, S. 143-164, und Hanna Leitgeb: *Der ausgezeichnete Dichter. Literaturpreise und Kulturpolitik in Deutschland 1926-1971*, Berlin 1994, S. 229-372.

3   Vgl. u.a. Dirk Grathoff: "Schnittpunkte von Literatur und Politik. Günter Grass und die neuere deutsche Grass-Rezeption". In: *Basis. Jahrbuch für deutsche Gegenwartsliteratur* 1, 1970, S. 134-152; Franz Josef Görtz: "Günter Grass und die Kritik. Ein Panorama". In: *Günter Grass. Text + Kritik* 1, 4. Aufl., 1971, S. 85-96; Irmela Schneider: *Kritische Rezeption. "Die Blechtrommel" als Modell*, Frankfurt a.M. 1975; Franz Schonauer: "Günter Grass. Ein literarischer Bürgerschreck von gestern?" In: *Zeitkritische Romane des 20. Jahrhunderts*. Hrsg. von Hans Wagener, Stuttgart 1975, S. 342-361; *Die Blechtrommel. Attraktion und Ärgernis. Ein Kapitel deutscher Literaturkritik*. Hrsg. von Franz Josef Görtz, Neuwied 1984; Rolf Michaelis: "Brauchen täten wir ihn schon, aber wollen tun wir ihn nicht". In: *Günter Grass. Text + Kritik* 1, 6. Aufl., 1988, S.120-127; und *Die "Danziger Trilogie" von Günter Grass. Texte, Daten, Bilder*. Hrsg. von Volker Neuhaus und Daniela Hermes, Neuwied 1991.

4   Jost Hermand: *Stänker und Weismacher. Zur Dialektik eines Affekts*, Stuttgart 1971.

5   Vgl. Elisabeth Pflanz: *Sexualität und Sexualideologie des Ich-Erzählers in Günter Grass' Roman "Die Blechtrommel"*, München 1975, S. 8-18, und Hans-Rudolf Müller-Schwefe: *Sprachgrenzen. Das sogenannte Obszöne, Blasphemische und Revolutionäre bei Günter Grass und Heinrich Böll*, München 1978.

6   Walter Widmer: "Geniale Verruchtheit". In: *Basler Nachrichten* vom 18. 12. 1959.

7   *Unser Danzig* (Lübeck) vom 20. 5. 1960.

8   Peter Hornung: "Oskar Matzerath — Trommler und Gotteslästerer". In: *Deutsche Tagespost* (Würzburg) vom 23./24. 11. 1959.

9   William S. Schlamm: *Vom Elend der Literatur*, Stuttgart 1966, S. 56.

10   Kurt Ziesel: *Die Literaturfabrik*, Wien — Köln 1962, S. 175.

11   Ebd., S. 268.

12   Wilhelm Horkel in: *Deutsches Pfarrerblatt* (Essen) vom 1. 4. 1960.

13   Dr. med. H. Müller-Eckhard: "Die Blechtrommel". In: *Kölnische Rundschau* vom 13. 12. 1959.

14   Günther Sawatzki: "Dem Leben von unten zugeschaut". In: *Bunte Blätter* (Köln) vom 19./20. 12. 1959.

15   Vgl. Elisabeth Pflanz: *Sexualität und Sexualideologie*, S. 22-24, und Günter Grass: *Ein Werkstattbericht*, Göttingen 1992, S. III, 13-20.

16   [Kurt Ziesel]: *"Kunst oder Pornographie". Der Prozeß Grass gegen Ziesel. Eine Dokumentation*, München 1969; Elisabeth Pflanz: *Sexualität*, S. 26-30; und Grass: *Ein Werkstattbericht*, S. IV, 17-20.

17   Zit. in Franz Schonauer: "Günter Grass. Ein literarischer Bürgerschreck von gestern?", S. 343.

18   Vgl. Elisabeth Pflanz: *Sexualität*, S. 80 ff.

19   Vgl. mein Buch: *Pop International. Eine kritische Analyse*, Frankfurt a.M. 1971, S. 36ff.

20   Jost Nolte: "Oskar, der Trommler, kennt keine Tabus". In: *Die Welt* vom 17. 10. 1959.

21   Zit. in Elisabeth Pflanz: *Sexualität*, S. 19.

22 Ebd., S. 19.

23 Peter Hornung: "Oskar Matzerath". In: *Deutsche Tagespost* vom 23./24. 10. 1959.

24 H. Müller-Eckhard: "Die Brechtrommel". In: *Kölnische Rundschau* vom 13. 12. 1959.

25 Vgl. Elisabeth Pflanz: *Sexualität*, S. 8.

26 Vgl. mein Buch: *Kultur im Wiederaufbau*, S. 251 ff.

27 Jost Nolte: "Oskar, der Trommler, kennt keine Tabus". In: *Die Welt* vom 17. 10. 1959.

28 Peter Hornung: "Oskar Matzerath". In: *Deutsche Tagespost* vom 23./24. 10. 1959.

29 Vgl. Hanspeter Brode: *Die Zeitgeschichte im erzählenden Werk von Günter Grass. Versuch einer Deutung der "Blechtrommel" und der "Danziger Trilogie"*, Frankfurt a.M. 1977, S. 47-52.

30 Vgl. *Kontroversen um Hitler*. Hrsg. von Wolfgang Wippermann, Frankfurt a.M. 1986, S. 26ff.

31 Günter Grass: *Auskunft für Leser*. Hrsg. von Franz Josef Görtz, Neuwied 1984, S. 32.

32 Vgl. Hanspeter Brode: *Die Zeitgeschichte*, S. 17-24; Helmut Koopmann: "Der Faschismus als Kleinbürgertum und was daraus wurde". In: *Gegenwartsliteratur und Drittes Reich. Deutsche Autoren in der Auseinandersetzung mit der Vergangenheit*. Hrsg. von Hans Wagener, Stuttgart 1977, S. 163-182; und Frank-Raymund Richter: Günter Grass. *Die Vergangenheitsbewältigung in der "Danziger Trilogie"*, Bonn 1979, S. 31-48.

33 Hanspeter Brode: *Die Zeitgeschichte*, S. 12-14, und Heinrich Vormweg: *Günter Grass*, Reinbek 1986, S. 24ff.

34 Zit. in Hanspeter Brode: *Die Zeitgeschichte*, S. 22.

35 Ebd., S. 22.

36 *Spiegel*, 1969, Nr. 33 vom 11. 8. 1969, S. 94.

37 Vgl. Wilfried von der Will: *Pikaro heute. Metamorphosen des Schelms bei Thomas Mann, Döblin, Brecht, Grass*, Stuttgart 1967, S. 30.

38 Vgl. Elisabeth Pflanz: *Sexualität*, S. 24.

39 Zit. in Hanspeter Brode: *Die Zeitgeschichte*, S. 24.

40   Vgl. Werner Frizen: *"Die Blechtrommel* — ein schwarzer Roman. Grass und die Literatur des Absurden". In: *Arcadia*, 1986, S. 166-189.

41   Vgl. hierzu meine detaillierten Ausführungen zur Ideologie des nonkonformistischen Konformismus in der Bundesrepublik der mittfünfziger Jahre, die ein mögliches Engagement in den Künsten immer wieder verhinderte. In: *Kultur im Wiederaufbau. Die Bundesrepublik Deutschland, 1945 - 1965*, München 1986, S. 251-271.

42   Vgl. meinen Essay: "Satire und Aufruf. Zu Chaplins Antifaschismus". In: *Charles Chaplin. Schlußrede aus dem Film "Der große Diktator"*, Hamburg 1993, S. 11-52.

43   Vgl. zu diesen Aspekten Hans Magnus Enzensberger: *Einzelheiten*, Frankfurt a.M. 1962 ("Fast unparteiisch schlitzt er die 'welthistorischen' Jahre zwischen 1933 und 1945 auf und zeigt ihr Unterfutter in seiner ganzen Schäbigkeit", S. 224) sowie Franz Schonauer: "Günter Grass. Ein literarischer Bürgerschreck von gestern?", S. 349-351.

Ingeborg Hoesterey

Das Literarische und das Filmische.
Zur dialogischen Medialität der *Blechtrommel*

Obwohl die Literaturverfilmung seit langem als quasi eigenständiges Genre des kinematographischen Systems gilt, haftet ihr weiterhin der Hautgout des Unauthentischen an. Demgegenüber betonen Filmhistoriker wie Joachim Paech, daß Filmemacher seit 1910 nach literarischen Vorlagen suchen, ja, daß der Film sich damals mit Hilfe der Literatur aus dem Sumpf der trivialen Burlesken gerett et habe.[1] Die Adaption literarischer Vorlagen sei recht eigentlich zum Normalfall der Produktion für das Kino und das Fernsehen geworden. Gerade diesen Zustand bemängeln nun freilich die Verfechter eines vom literarischen System unabhängigen Mediums Film; in ihren Augen zeigen Verfilmungen von Literatur ein besonders hohes Potential für Mediokrität und Konventionalität.[2] Auch für Alfred Estermann, der dieses gattungsspezifische Syndrom und seine Geschichte auf 450 Seiten mittels einer akribischen Statistik erfaßt hat, ist die Literaturverfilmung immer "eine erste gewaltige Abweichung von dem eigentlichen Kinointeresse eines Filmers".[3] Oft komme nicht viel mehr dabei heraus als "verfilmte Literatur".

Eine Verfilmung, so will es ein tradierter, sich an Literatur als kultureller Dominante orientierender Diskurs, meint notwendigerweise immer eine Verkürzung von Literatur, eine Verwässerung und Bastardisierung der literarischen Vorlage. In der fortdauernden Literaturverfilmungsdebatte, die in vielen Aspekten auf Ansätze der alten Kino-Debatte der zwanziger Jahre zurückgeht, spielt das Kriterium der 'Treue' zum literarischen Material immer noch eine zentrale Rolle, so als habe es die Besinnung der verschiedenen Kunstgattungen auf ihre materialen Eigenstrukturen, typisch für die ästhetische Moderne, nie gegeben.[4] Immer wieder wird moniert, daß die filmische Darstellung von Romanhandlungen und Romanfiguren die Erwartungen der Leser enttäusche, daß literarischer Beziehungsreichtum auf eine eindimensionale Bilderwelt zusammenschrumpfe. Es ist gewiß eine Tatsache des Bewußtseins, daß es im Akt des Lesens ein ausgeprägtes Bild der Vorstellung entwickelt, welches eine filmische Fixierung aus der Sicht anderer häufig als frustierend erfährt. Solcherart sind auch die Bedenken, mit denen Hans C. Blumenberg seine Rezension des *Blechtrommel*-Films 1978 in der *Zeit* eröffnet.[5] Der Regisseur Volker Schlöndorff sei doch wohl des "Irrwitzes" zu zeihen, welcher ihn verleitet habe, Grass' Meisterwerk von 1959, "dieses vielköpfige Monstrum aus realistischer Erzählkunst und ausufernder Phantastik, Parabel, Groteske, diesen Entwicklungsroman, der alle Entwicklungsromane verhöhnt, auf die Leinwand zu bringen". Die optisch rekonstruierte Realität des Romans halte kaum je der zweiten Realität im Kopf des Lesers stand. Blumenberg fand den Film schlicht überflüssig, lustig zwar, wie der Roman, doch habe Schlöndorff diesem nichts Neues oder Originelles hinzugefügt.[6]

Blumenberg exemplifiziert vorzüglich den Erwartungshorizont des Lesers dieses immer noch weltberühmtesten Romans deutscher Sprache nach 1945 und damit des deutschen Intellektuellen und Bildungsbürgers in den siebziger Jahren. Schlöndorff ist nur bedingt zu dieser Schicht zu zählen: Er las den Roman erst 1977, als das Filmprojekt auf ihn zukam. Das heißt, er befand sich nicht jahrelang im Bann des Textes, sondern interessierte sich für das Vorhaben, wie sich der selbstbewußte Vertreter einer anderen Kunstform für vielversprechendes Material interessiert. Es ist diese Distanz, welche die optische *Blechtrommel* nicht nur vor Konventionalität bewahrt, sondern den Film als dialogisch aktiven Bestandteil eines intermedialen Werkkomplexes etabliert.

Der Umstand, daß literarisch infizierte Leser der *Blechtrommel* den Roman als ein Wortkunstwerk von ungewöhnlichem Phantasiereichtum und neuartiger Poetizität rezipierten, schien rechtens gegen eine Verfilmung zu sprechen. Für viele wird auch heute der Leseakt vor allem durch das sprachliche Feuerwerk gesteuert, das deutsche Literatur und Kultur (auch Un-Kultur) satirisch überbelichtet. Zwar bot sich der sichtbarste thematische Komplex, die Geschichte des alltäglichen Faschismus der kleinen Leute, Geschichte von unten, zur Aufbereitung als Drehbuch durchaus an, die pikareske Perspektive und die Mehrfachkodierung dieses Erzählens schon weniger. In den ersten Jahren nach der Veröffentlichung hatte der Roman vornehmlich den Status eines literarisches Ereignisses allererster Ordnung und wurde erst allmählich als kritische Auseinandersetzung mit Nazi-Deutschland und den Nachwehen in der westdeutschen Nachkriegszeit gelesen.[7]

Seit 1959, seit dem Erscheinen des Romans, lag Grass, wie er in einem Interview 1978 erklärte, alle zwei Jahre ein Angebot zur Verfilmung der *Blechtrommel* vor, "mit den absurdesten Vorstellungen".[8] So warf der Autor einmal einen amerikanischen Regisseur aus dem Haus, der die für die satirische Perspektive des Romans zentrale Konstruktion der Wachstumsverweigerung durch den als Anti-Helden konzipierten Oskar Matzerath abschaffen und durch eine realistische Figur ersetzen wollte. Die Kunstfigur des kindlichen Widerständlers Oskar, der das Wachstum verweigert, um es nach dem Ende des Faschismus wiederaufzunehmen, stellte durchaus eine Herausforderung dar. Schlöndorff konnte sie letztlich annehmen, weil er durch Zufall auf den zwölfjährigen David Bennent gestoßen war. Die wachstumsgestörte Körperstatur des Schauspielersohns machte die kindliche Perspektive möglich und deren Funktion als satirisches Agens. Autor und Regisseur demonstrierten sodann auf Pressekonferenzen Einigkeit darüber, daß der filmische Diskurs den Vorrang vor dem literarischen Idiom der Vorlage haben müsse.[9] Im folgenden sollen einige Momente dieser Transposition eines ästhetischen Zeichensystems in ein anderes isoliert werden.

Es war Grass, der auf der Lösung des Regisseurs und Drehbuchautors von der literarischen Konzeption bestand, nämlich auf der Aufgabe der Erzählerposition und damit der Ich-Erzählung. Man erinnere sich der ausgesprochen hybriden Ausprägung dieser Erzählsituation: subjektive Perspektive alternierend mit allwissendem Erzählen, ständiger Wechsel von Ich- und Er-Bezug. Doch meinte Grass seinerzeit wohl weniger den narratologischen Vexiercharakter als den retrospektiven Gestus des Textes, den Status der *Blechtrommel* als Memoirenroman, wie ihn Käte Hamburger als Variante der Ich-Erzählung etabliert hat.[10] Sein Plädoyer für die Aufgabe der Erzählerposition lautete nämlich: "Es hätte sonst eine ständige Rückblende gegeben, umständlich und dreimal um die Ecke; was man mit einem Semikolon beim Schreiben machen kann, wird im Film umständlich" (TB 23). Tatsächlich setzte das Team der Drehbuchautoren, bestehend aus Schlöndorff, Jean-Claude Carriere und Franz Seitz die Ich-Erzählung zumindest strukturell in ihr filmisches Äquivalent um; Oskar erzählt häufig im "voice-over"-Modus (s. unten). Auf der oben genannten Pressekonferenz während der Dreharbeiten an dem Film formulierte Schlöndorff den Ansatz, der sich aufgrund des geschichtlichen Abstands von fast zwei Dekaden zu dem Roman ergeben habe: Daß sich dies Projekt nicht als "normaler" Film anließe und schon gar nicht als "irgendeine Literaturverfilmung". Deutlich wird, daß der Regisseur, sei es intuitiv oder theoretisch bewußt, sich als zur künstlerischen Moderne gehörig versteht, wenn er deren Desideratum der Mediendifferenzierung für sein *Blechtrommel*-Projekt gleichsam paraphrasiert: "Literatur hat hier eher quer gestanden zur Machbarkeit des Films" (21). Auch müsse der Film seine eigene innere Energie haben.

Film also nicht als imitative, visuelle Nachschrift eines literarischen Textes, der Text nicht als Vorlage, sondern als Gegenstand der Reibung, der produktiven Auseinandersetzung auf dem Terrain eines mit anderen Eigenstrukturen ausgestatteten Kunstmediums. Diesem Programm einer dezidiert medialen Differenz für die kinematographische Bearbeitung des Grass'schen Romans verdanken wir so ein besonders lohnendes Exemplum zum Thema der Wechselwirkung zwischen Werken der Literatur und des Films, die sich z.B. mit semiotischem Werkzeug nun fruchtbarer als bisher erschließen läßt. Denn die traditionelle Auffassung, daß eine Verfilmung eine Übertragung aus der "Wortkunst" in die "Bildkunst" (Film) darstelle, meinte schon immer nur einen sehr äußerlichen Vorgang.[10] Der poetische Text enthält bekanntlich ebenfalls "Bilder"; seine Metaphern werden vom inneren Auge im Akt des Lesens visualisiert und mit Assoziationen angefüllt, die Bedeutung generieren. Die hochgradig artistische Bildlichkeit der Grass'schen Prosa ist ein Hauptaspekt ihres Ruhms. Zwei Beispiele für diese visuelle, ja haptische Textualität, die oft auf die Doppelbegabung des Autors, auf seine Identität als bildender Künstler zurückgeführt worden ist, müssen hier genügen.

Zum einen handelt es sich um die Beschreibung der zwischen den Telegrafenstangen springenden Männer im ersten, "Der weite Rock" betitelten Kapitel:

…die beiden anderen, mehr dünn und lang, knapp aber doch,
über die Ziegelei, schon wieder zwischen den Stangen, der aber,
klein und breit, schlug Haken und hatte es klein und breit eiliger
als dünn und lang.[11]

Grass wendet hier die Stilfigur der Hypallage, die seit Rimbaud häufig in der Lyrik anzutreffen ist, virtuos auf Prosa an. Zum andern sei ein Passus aus dem Kapitel "Karfreitagskost" in Erinnerung gerufen. Oskar sitzt im Schrank, Chiffre für den separaten Ort der Imagination, und assoziiert frei:

> ...und wenn ich trotzdem nur rot sage, will rot mich nicht, läßt seinen Mantel wenden: schwarz, die Köchin kommt, schwarz, schreckt mich gelb, trügt mich blau, blau glaub ich nicht, lügt mir nicht, grün ist der Sarg, in dem ich grase, grün deckt mich, grün bin ich mir weiß, das tauft mich schwarz, schwarz schreckt mich gelb, gelb trügt mich blau...(127)

Ob der Bezug auf die écriture automatique des Surrealismus hier kritisch oder spielerisch zu lesen ist, spielt für unsere Enquête weniger eine Rolle als die poetische Präsenz dieser sich selbstbegattenden Sprache, die im nichtakademisch strukturierten Akt des Lesens surreale Visualität stiftet. Von Interesse dagegen ist, daß solche Sprachphantasie Bildlichkeit und visuelle Assoziation qua verbales Medium evoziert, was einer konkreten, optischen Umsetzung ins szenische Filmbild entgegensteht.[12] Mithin zwang der poetische Überschuß des Romans Schlöndorff von vornherein zu einer dezidiert anti-literarischen Einstellung. Die Rezeption des Regisseurs ist somit nicht die des interpretierenden Literaturkenners, sondern des einer anderen Kunstform verpflichteten Arrangeurs. Nur so kommt die intermediale Konkretisation des Romans zustande, die ein prozeßhaftes Verhältnis von literarischem Text und Filmtext etabliert und die sehr wohl den Vorwurf der Überflüssigkeit zurückzuweisen imstande ist.

Als ein generelles Merkmal der Differenzqualität des filmischen gegenüber dem literarischen Text ist der strukturelle Wechsel von der berichtenden Erzählung zur szenischen Darstellung mittels beweglicher Bilder zu nennen, die eine virtuelle Gegenwart schafft. Dieser Modus, wie er typisch ist für das Genre der Literaturverfilmung, überwiegt auch im Falle des intermedialen Abenteuers namens *Blechtrommel* und führt auch hier zu beträchtlichen Bedeutungsverschiebungen. Ein Beispiel für die fundamentale Andersartigkeit des erzählerischen Diskurses im Vergleich zur optischen Mimesis des Films bietet die Darstellung des Sterbens der Agnes Matzerath, die an der (hochgradig symbolischen)

Karfreitagskost zugrundegeht. Im Roman beherrscht das satirische Idiom die tragische Entwicklung, welche aufgefangen und aufgehoben wird in der Wirkung von Fiktion, die den Leser als Kulturrezipienten adressiert und mithin emotionale Reaktionen relativiert. Hier eine typische Textstelle in dem Kapitel "Die Verjüngung zum Fußende", dessen Titel die Kreuzigung travestiert:

> und als die Großmutter Koljaiczek eines Sonntags ...(zu Agnes) sagte, "nu sag mal, was is? Was ißte Fisch, wenn dir nicht bekommt und sagst nicht warum und tust wie Deikert!" schüttelte Mama nur den Kopf, schob die Kartoffeln zur Seite, führte den Aal durch die Maibutter und aß unentwegt, als hätte sie eine Fleißaufgabe zu erfüllen. (190f.)

Und als Agnes Matzerath im Krankenwagen abtransportiert wird, sinniert Oskar:

> Ihre Organe erinnerten sich schmerzhaft überdeutlich an den Karfreitagsspaziergang und ließen, aus Angst vor einer Wiederholung des Spazierganges, meine Mama, die mit ihren Organen einer Meinung war, sterben.(191)

Das ist Barockmanierismus, artifiziell, grotesk, das heißt gewisse Topoi der Lyrik wie auch der Malerei des 16./17. Jahrhunderts reichern nun das Genre des pikaresken Romans an, zu dem *Die Blechtrommel* gehört.

Die Umsetzung solcher sprachlich-kulturellen Codes in den mehr oder weniger realistischen filmoptischen Modus mag dem Regisseur Schlöndorff von Anfang an als zum Scheitern verurteilt erschienen sein. Wohl deshalb inszenierte er das obige Segment als radikales Kontrastprogramm, das die Sprachsatire durch illusionistisch gespielte, dramatische Szenen ersetzt.[13] Das Literarische, die nihilistische Ironie werden nun vom Regisseur mit allen Registern des realistischen Potentials seines Mediums zugedeckt. So macht der Film aus der Prosa eine "human interest story"; der emotionale Aspekt, den der Text unterdrückt hatte, beherrscht das Bildgeschehen und macht als Schauspiel der so großartigen Angela Winkler rechtens betroffen.

Eine deutliche Divergenz in den Rezeptionsmodi ist festzustellen. Der Romantext drängt den Lesern keineswegs eine Identifikation mit der Figur und ihrem Schicksal auf, der Film fördert diese Identifikation, ja, er fordert sie dem Zuschauer durch die wie unmittelbar gegenwärtige

Körperlichkeit der agierenden Figuren ab. Andererseits eröffnet diese aus so verschiedenen Codes wie schauspielerische Gestik, Regie, Kameraarbeit usw. konstituierte Semiose einer solchen Sequenz manchen Zuschauern gerade den Blick auf die Unbestimmtheit des betrachteten Vorgangs. Warum, so fragen sich die, die den Roman nicht kennen, warum tut sie das. Dieses Warum der Agnes-Handlung, das im Akt des Lesens leicht abzutun ist, dramatisiert der Film. Ihr Tod erscheint zwingender als Opfertod; sie ist eine absurd konzipierte Maria Magdalena, die für die ursprüngliche, multikulturelle Harmonie des Freistaates Danzig stirbt und damit deren Ende signalisiert (um nur eine unter anderen möglichen Interpretationen zu nennen).

Die semantische Spaltung, welche durch die spezifischen Eigenstrukturen der beiden Kunstformen und ihrer Wahrnehmungsmodi bedingt ist, kann also durchaus eine neuerliche Interaktion mit dem Prätext erzeugen; es lassen sich andere Fragen an eine bestimmte Romanstelle herantragen. Derartige Rückkopplungen sind nicht untypisch für Verfilmungen von berühmten, literarischen Vorlagen. Im Falle des *Blechtrommel*-Komplexes sind sie auffälliger, weil sie in einem dialogischen Raum von Roman und Film mit weiteren, die intermediale Rezeption steuernden Ausdrucksformen koexistieren.

Während nämlich das soeben erörterte Stück Film den auf weniger als einer Seite gedrängten Text als Handlung ausweitet, so folgen andere, ja die Mehrzahl der medialen Transpositionen einem anderen Strukturprinzip, jedoch mit ähnlichen Folgen für die Dialogizität des Rezeptionsprozesses. Vorherrschend im Transfer des literarischen Codes der *Blechtrommel* zum filmischen ist die Struktur der prägnanten Verdichtung. Die Erzählfläche des Romans wird gleichsam in perspektivischer Zuspitzung wiedergeben. Solche Operationen verdichten den verbalen Fluß der Prosa, sein literarisch intendiertes Ausufern, zu einem symbolisch bzw. allegorisch aktiven Tableau. (Filmtechnisch gesprochen handelt es sich um eine kurze Bildsequenz). Was den im Banne des Sprachaffekts sich befindenden Lesern in der Bewegung des Romans als ein Bedeutungselement unter anderen erscheinen mag, dem gibt der Film zwingende optische Präsenz, in dem er den syntagmatisch-narrativen Modus momentweise abschwächt.

Auf diese Weise wird den Konsumenten des Films häufig die bei der Lektüre nur interpretierend freilegbare, allegorische Ebene des *Blechtrommel*-Stoffes auf einen Blick bewußt. Die Kamera zeigt uns Anna Bronski auf dem kaschubischen Kartoffelacker auf Anhieb deutlicher als Erdmutter und Archetyp, als es das sprachlich so ungestüme erste Kapitel des Romans tut. Auch das symbolische Dreieck - Kaschuben, Polen, Deutsche (Anna/Agnes, Jan, Matzerath), das das harmonische Zusammenleben verschiedener Volksgruppen im Danzig vor 1939 repräsentiert, macht der Film optisch sinnfälliger und dem Zuschauer mittels der konkreten Körperlichkeit der hervorragenden Schauspieler zugänglicher als der literarisch so ergiebig retardierende Roman. In gewissen Szenen erfährt so der vorwiegend realistische Stil der filmischen Darstellung einen Brechungseffekt; er hat Ähnlichkeit mit einer konventionellen Praxis der bildenden Künste, die sich von der Renaissance bis ins 19. Jahrhundert großer Beliebtheit erfreute und die nun postmoderne Praktiken unter neuem Vorzeichen wiederverwerten, und zwar mit der allegorischen Gestalt. Die Allegorie in der bildenden Kunst, insbesondere in der Skulptur, jedoch auch in der Malerei, drückt konzeptuelle, abstrakte Inhalte in sinnlicher Form aus. (Die "Statue of Liberty" im New Yorker Hafen, zum Beispiel, ist ein typisches Produkt dieser Kunstpraxis.) Ohne hier auf die Rückkehr der Allegorie in die postmoderne Kunst einschließlich des Films eingehen zu wollen, sei für unseren Zusammenhang die etablierte Interpretation von Fassbinders Film *Die Ehe der Maria Braun* von 1978 genannt, welche Maria Braun als Allegorie des Wirtschaftswunderdeutschlands deutet.

Der allegorische Impuls des Films *Die Blechtrommel* bringt die Affinität des Werkes von Günter Grass zum Absurden Theater stärker heraus als der Roman es tut. Das Absurde Theater strebte bekanntlich eine Abkehr vom wirklichkeits- und gesellschaftsabbildenden "bürgerlichen" Theater an und stellte anstatt psychologisch sinnfälligen Charakteren Demonstrationsfiguren auf die Bühne, Verkörperungen der Gedankenspiele und Reflexionen des Autors über Sinnentleerung des Daseins und andere existentielle Problemstellungen. Film als gemischtes Genre, narrativ, mimetisch, optisch, akustisch, kann solche Personifizierungen von Ideenkomplexen unmittelbarer vorführen als Sprache.

Wie eingangs angedeutet, war es Schlöndorff offenbar klar, daß die barocke und surrealistische Sprachphantasie des Autors Grass als das nichthintergehbare Literarische des Romans bestehen bleiben mußte. Die Affinität zum Absurden Theater und dessen surrealistischer Tradition vibriert im poetischen Text; der Rückgriff des Autors auf einen Einakter von Fernando Arrabal, *Picknick im Felde*, für das absurde, aus Produkten aller am Krieg teilnehmenden Nationen sich zusammenfügende Picknick auf einem Bunker am Atlantikwall ist nachgewiesen worden.[14] Auch die frühen Stücke von Grass, *Noch zehn Minuten bis Buffalo* und *Onkel, Onkel*, sind nachweisbar vom Theater des Absurden beeinflußt. Dieser Intertext des Romans ermöglichte es Schlöndorff und den ihm assistierenden Drehbuchautoren, jene spezifischen Energien des nicht umsetzbaren Sprachstils und bestimmter dramatisierter Szenen auf ihren kulturellen Kontext zurückzuführen und diesen gemäß den materiellen Eigenstrukturen des filmischen Mediums einzubringen.

So macht sich der formprägende Einfluß des Surrealismus (indirekt auch präsent in Grassens Lyrik) sowie seine Folgebewegung, die Literatur des Absurden, in der Verfilmung stärker bemerkbar. Die phantastischen Elemente der Erzählung werden auf der Leinwand zu surrealistisch-absurden Sequenzen, die nun ohne ihren textuellen Ursprung eine enigmatisch-theatralische Qualität annehmen. Undergraduate-Studenten — und vermutlich andere uneingeweihte Zuschauer — bezeichnen solche Szenen spontan als "nutty". Man denke an Oskars Fähigkeit, Glas zu zersingen, — die Fenster des Theaters, die mit Fötustypen angefüllten Gläser in der Arztpraxis, die Brille des Fräulein Spollenhauer — Allegorien der Omnipotenzvorstellung des Poeten, des Künstlers. Verweis auch auf den mythischen Code: Oskar als Apoll, der im Zorn seine Opfer mit weitreichender Stimme von weitem tötete.[15] Man denke auch an die anscheinend so banale Geste Oskars, mit der er dem Jesuskind einer konventionellen Altarplastik die Trommel umhängt mit der Forderung: "Los, mach schon. Eins-zwei, eins-zwei … kannste nicht oder willste nicht, Bürschchen? Kannst doch sonst alles." Nur wenn die Szene als allegorische Aussage gesehen wird, etwa als Travestie der *deus absconditus*-Diskussion nach 1945, macht sie visuell Sinn. Daß solcher Mehrwert dem uninitiierten Zuschauer entgehen muß, hat mit der weniger intentionellen, als sich zwangsläufig ergebenden Doppelkodierung zu tun, wie sie der Transfer eines satirisch-intellektuellen, historisch-referentiellen Zeitromans auf Zelluloid mit sich bringt. Produktionsästhetisch gesehen, läßt sich die *deus absconditus*-Allegorie unter Schlöndorffs Programm des "Vereinfachens" subsumieren; die Versinnlichung konzeptueller Inhalte durch die optische Prägnanz einer filmischen Sequenz ist fraglos eine von möglichen Formen signifikanter Vereinfachung. Doch wie wir sahen, scheinen viele dieser szenischen Kondensationen den ursprünglich erhobenen Anspruch auf eine Autonomie des Films vom Buch nicht einzulösen. Die Konkretisierung solcher Szenen durch den Zuschauer ist erfolgreicher, wenn sie Rekurs nimmt auf ein intertextuelles Wahrnehmungsraster, wenn Roman und Film im filmischen Rezeptionsakt *zusammengesehen* werden. Das gilt in hohem Maße auch für das wohl überkodierteste Bild des Romans, nämlich die aus dem toten Pferdekopf sich windenden Aale ("Karfreitagskost"). Tod, Leben, Phalluszeichen, Christliches gekreuzt mit Sexuellem — es handelt sich um eine multivalente Überlagerung von traditionellen Symbolen und psychoanalytisch-surrealistischen Zeichen. Zu erfahren, wie ein literarisch gebildeter Zuschauer, der allerdings den Roman von Grass nicht kennt, dieses multireferentielle Tableau sieht/liest, könnte aufschlußreich sein.

Die Sichtbarmachung der surrealistischen und absurden Elemente des Romans im Film ist auch noch in einem anderen Sinne verwirrend für Zuschauer. Die Kinematographie war, vor allem in Hollywood, bis vor einigen Jahren vorwiegend an eine realistische Filmerzählung gebunden. Nur gewisse Genres, so Science Fiction, Comedy und Horrorfilme, durften anti-realistisch sein. Umgeben mit der Aura des Unkonventionellen, dem Shibboleth des Neuen Deutschen Films, wirken die anti-realistischen, anti-narrativen Szenen von Schlöndorffs Film wie surrealistische Chocs. Sie evozieren diesen Diskurs auf sehr viel direktere Weise als der Textkörper des *Blechtrommel*-Romans, indem solche Bezüge wie auch der Bezug zum Theater des Absurden eher unterschwellig wirken. Indem der Film jene kulturellen Traditionen der zwanziger und fünfziger Jahre vorzeigt, erscheint Surrealistisch-Absurdes auf der Leinwand als Verfremdungseffekt, der die Illusion der Filmerzählung durchbricht. (Der derzeitige, auf Umwegen Brecht verpflichtete postmoderne Film arbeitet mit ähnlichen optischen Strategien.)

Überraschenderweise erweist sich das Experiment, doch noch etwas von der schon für den Film abgeschriebenen Erzählperspektive des Romans zu retten, autonomer als das filmische Material. Oskars *voice-over*-Erzählung von seiner Geburt in die Allwissenheit, getragen von surrealistischer Optik, ist unabhängig von der Vorlage komisch und "nutty", lädt zur Identifizierung ein. Dafür packte allerdings so manche *Blechtrommel*-Leser seinerzeit das Entsetzen, Oskar, den wie immer problematisch erwachsenen Ich-Erzähler des Romans als Kinderstimme anzutreffen. Paradoxerweise gibt diese Lösung des Regisseurs dem Film eine komfortable Konventionalität. In unserem Medienvergleich nimmt sie sich zunächst insofern problematisch aus, weil das Prinzip des "Vereinfachens" die mündliche Erzählung des hochbegabten, jungen Schauspielers dem Romantext parallel setzt. Das heißt, die von Puristen so oft beschworene Verkürzung der literarischen Vorlage durch eine Verfilmung wird hier buchstäblich. Anderthalb Seiten des Kapitels "Glaube, Hoffnung, Liebe" werden zu drei Zeilen zusammengezogen: "Es war einmal ein Blechtrommler, der hieß Oskar. Es war einmal ein Spielzeughändler, der hieß Markus und nahm mit sich alles Spielzeug dieser Welt." Engführung eines bedeutenden epischen Textes — gewiß, gleichwohl nicht ohne poetische Qualität, und wie noch zu zeigen sein wird, im Kontext neuer Intentionalität.

Zunächst noch ein Wort zur musikalischen Kodierung der Romanverfilmung, die eine weitere Interaktionsstruktur im Medienvergleich stellt. Nicht so sehr die allgemeine Untermalung des Bildgeschehens durch den prominenten französischen Komponisten Maurice Jarre ist für unsere kunstkomparatistische Analyse interessant, sondern die zusätzlichen, von Friedrich Meyers besorgten Arrangements. Sie schreiben gewisse szenische Darstellungen des Romans mit der "Sprache" der Musik für den Film fort. Wenn Agnes und Jan am Klavier zusammen schmettern: "Und der Dompfaff, der hat uns getraut", so ist das eine hochironische Zutat zu der Darstellung der Affaire der beiden auf der schwarzweißen Druckseite, desgleichen die nachfolgende, hingebungsvolle Darbietung des Liedes "Die Liebe, die Liebe, ist eine Himmelsmacht". Von besonders aufreizender Kontrapunktik ist der Einsatz eines Zarah Leander-Songs zum Ende des von Oskar inszenierten *coitus interruptus* Marias und Matzeraths: "Kann denn Liebe Sünde sein?" Die notorischerotische Modulation der Stimme Zarah Leanders hat den Status des signifikanten Details, das eine ganze Ära in einem Moment atmosphärisch aufreißt. Doppelkodierung auch hier; um diesen Effekt zu goutieren, muß die Anspielung gewußt sein. Zudem sind die Songs in der Exportfassung des Films, jedenfalls der englischen, ohne Untertitel, und so gehen diese ironischen Vignetten gänzlich verloren. Dagegen hat die Tribünen-Szene, die Oskar wiederum unmittelbarer als antifaschistischen Protestautor zeigt, an musikalischer Deutlichkeit entschieden gewonnen, indem man nicht wie im Roman mit dem Charleston "Jimmy the Tiger" von der Maiwiese tanzt, sondern in karnevalesker Entfesselung mit dem Donauwalzer, ein Höhepunkt des Romans als Film.

Bislang standen die Transfer-Strategien des Kunstproduzenten Schlöndorff im Mittelpunkt unserer Untersuchung sowie spezifische Aspekte der "wechselseitigen Erhellung der Künste", wie Oskar Walzel sein von Heinrich Wölfflins strukturalistischer Kunstgeschichte inspiriertes Konzept einer Komparatistik der Künste nannte.[16] Die Dialogizität, die Autor und Regisseur/Drehbuchautor zu Beginn ihres Projektes etablierten, hat etwas für das Genre der Literaturverfilmung sehr Ungewöhnliches gezeitigt: Der Autor bedient sich des anderen Mediums, um eine bedeutende Korrektur an seinem Roman vorzunehmen. Grass war in den Jahren nach Erscheinen der *Blechtrommel* des öfteren kritisiert worden, daß das jüdische Leben in Danzig und insbesondere der Holocaust nicht genügend zur Sprache kämen. Das Schicksal des Spielzeughändlers Sigismund Markus und das Ereignis der sogenannten Kristallnacht bleiben im Roman Episode, verlieren sich in der dichterischen Fülle. Grass benutzte die Verfilmung, um den vernachlässigten Komplex durch eine detailliertere und zentrale Handlung zu ersetzen.[17]

Charles Aznavour als der jüdische Inhaber der Spielzeughandlung ist im Film eine Gestalt, die jeder Zuschauer sofort erinnert. Sie tritt häufiger auf als im Roman und wird im Film in ihrem kulturellen Kontext gezeigt. Als Agnes Matzerath begraben wird, kommt auch Sigismund Markus, und seinen Ausschluß von der Begräbnisgesellschaft führt die Kamera diskriminierend vor. Als er später zurückkehrt, sehen und hören wir ihn hebräisch beten. Zwar beklagt der Oskar des Buches den Freitod seines Freundes, des Trommellieferanten, doch beschwört er auf denselben Seiten auch die Erinnerung an andere Mitbürger mit

derselben Formel: "Es war einmal ein Uhrmacher, der hieß Laubschad...
Es war einmal ein SA-Mann, der tötete vier Kater usw" (240f.). Der
Film zeigt den Tod von Sigismund Markus als repräsentatives Schicksal
der Nazi-Verfolgung. Darum ist die oben erwähnte Verkürzung, "Es war
einmal ein Spielzeughändler, der hieß Markus und nahm mit sich alles
Spielzeug der Welt", nicht nur als Erweiterung zu lesen, welche die
Markus-Handlung ins angemessene Zentrum rückt, sondern nachgerade
als Epitaph. Die Verfilmung seines als filmische Unmöglichkeit geltenden
Romans verschaffte Grass die Möglichkeit, seinen Verstehenshorizont in
bezug auf den Holocaust zur Zeit der Arbeit am Roman in den fünfziger
Jahren wirksam zu korrigieren. Diese ungewöhnliche postnatale
Umschrift verdient es, in ihrem Rückbezug auf die berühmte Erzählrefle-
xion am Anfang des *Blechtrommel*-Romans gesehen und näher untersucht
zu werden. Einstweilen sei lediglich auf den 'work-in-progress'-Charak-
ter des Roman-Film-Kontinuums verwiesen, durchaus ein 'offenes Kunst-
werk' im Sinne Ecos.

Es ging nicht darum, den Film Schlöndorffs gegenüber dem Roman
aufzuwerten, der uns auch weiterhin ein "dance of the intellect among
words" (Pound) bleiben wird, ein Status, den Schwächen wie das dritte,
zurecht unverfilmte Buch nicht gefährden dürften. Die Literarizität des
Textes, das intertextuelle Spiel mit Literaturgeschichte und den Konventionen des literarischen Systems waren das Bollwerk, gegen das sich
der Verwalter einer sehr anderen Kunstform definieren mußte. So
entstand durch Reibung und Differenz ein Freiraum für den intermedialen Dialog, für semiotisch angereicherten Beziehungssinn, der den
Begriff 'Literaturverfilmung' in bezug auf den *Blechtrommel*-Komplex
als veraltetes Klischee verabschiedet. Roman und Film lassen sich
vielmehr in einer Polymodalität situieren, die das literarische Genre zu
einem gewissen Grad enthierarchisiert. Der literarische Text lebt
nunmehr nicht nur in der auf die eigene Gattung bezogenen kritischen
und kreativen Rezeption weiter, sondern in seinem Anderen, in der auf
ihrer kontrastiven Identität insistierenden Kunstform Film.

Anmerkungen

1   Joachim Paech: *Literatur und Film*, Stuttgart 1988, S. 25ff.
2   Hubert Haslberger: "Trotz allem keine Polemik". In: *Jahrbuch Film* 79/80, Wien-München 1979, S. 90.
3   Alfred Estermann: *Die Verfilmung literarischer Werke*, Bonn, 1965, S. 5.
4   Eric Rentschler (Hrsg.): *German Film & Literature. Adaptations and Transformations*, New York 1986, S. 2.
5   Hans C. Blumenberg: *Die Zeit* vom 17.9.1979. Der Film erhielt 1980 als erster Film eines deutschen Regisseurs den Oscar, den Schlöndorff bei der Preisverleihung demonstrativ Fritz Lang widmete.
6   Vgl. David Head: "Volker Schlöndorff's *Die Blechtrommel* and the Literaturverfilmung Debate". In: *German Life and Letters*, XXXVI, 4, 1983. Head setzt sich dezidiert für eine Eigenständigkeit des Genres Literaturverfilmung ein.
7   Vgl. Jost Hermands Beitrag in diesem Band.
8   Volker Schlöndorff: *Die Blechtrommel. Tagebuch einer Verfilmung*, Darmstadt-Neuwied 1979, S. 21. Im folgenden *TB*.
9   Käte Hamburger: *Die Logik der Dichtung*, Stuttgart 1968, S. 254ff.
10 Estermann: *Die Verfilmung*, S. 413.
11 Günter Grass: *Die Blechtrommel*, Frankfurt 1974, S. 12. Weitere Zitate folgen dieser Ausgabe.
12 Denkbar wäre allerdings, so lautete meine Antwort auf eine Anfrage von Hans Adler, ein 'absoluter' Film, der poetische Sprache und abstrakte Bildsequenzen integrierte.
13 Auf dem Workshop konnte die Filmversion mittels Video effektiver mit dem literarischen Text verglichen werden.
14 W. Frizen: "Die Blechtrommel - ein schwarzer Roman. Grass und die Literatur des Absurden". In: *Arcadia* 21, 1986, S. 166-189. Vgl. Volker Neuhaus: *Günter Grass*, Stuttgart 1993, S. 44.
15 Den Hinweis auf diese Besonderheit Apolls verdanke ich Henry Hatfield.

16 Oskar Walzel: *Wechselseitige Erhellung der Künste. Ein Beitrag zur Würdigung Kunstgeschichtlicher Begriffe*, Berlin 1917.

17 Darauf verwies als erster Hans-Bernhard Moeller in seinem Vortrag von 1980: "Coming to Terms with the Past and the Present: Schlöndorff's Adaptation of Grass's *Tin Drum*".

Martin Kagel, Stefan Soldovieri, Laura Tate

Die Stimme der Vernunft.
Günter Grass und die SPD.

I

Politisch, in einem weiteren Sinne, sind fast alle Schriften von Günter Grass. Von der kritischen Aneignung der Vergangenheit in der Danziger Trilogie bis zum postatomaren Szenario der *Rättin* und der deutsch-polnischen Liaison der *Unkenrufe* verschieben sich zwar die Akzente, nicht jedoch die grundsätzliche Haltung des Autors, sich zentraler gesellschaftpolitischer Themen anzunehmen. Diese fließen nicht nur en passant und gewissermaßen zwangsläufig in das Werk des Gegenwartsautors ein, Grass selbst bricht den Stein, den er zu behauen gedenkt, und sucht über den generellen Widerstand, den Literatur ihrer Form nach der Politik leisten kann, die inhaltliche Auseinandersetzung mit sozialen und allgemein politischen Fragen.[1]

Politisch, in einem engeren Sinne, sind jene Arbeiten, die im Kontext seines Engagements für die SPD entstanden sind. Wahlreden und Aufrufe, Reden auf Parteitagen, vor der Fraktion, auf Kongressen oder Treffen gehören zu diesem in der westdeutschen Literatur wohl einzigartigen, parteipolitischen Engagement eines Autors, aber auch die langen, tagebuchartigen Essays *Aus dem Tagebuch einer Schnecke* und *Kopfgeburten oder Die Deutschen sterben aus*. Theaterstücke wie *POUM oder Die Vergangenheit fliegt mit* und *Die Plebejer proben den Aufstand* bewegen sich zumindest im unmittelbaren Umfeld seiner diesbezüglichen Aktivitäten, und schließlich gibt es auch Gedichte, die aus ihren politischen Einsichten keinen Hehl machen.[2]

Die außergewöhnliche Parteinahme, von vielen mit Skepsis beobachtet und kritisch, mitunter hämisch kommentiert, mit der Grass seine Popularität als Schriftsteller für die SPD in die Waagschale warf, hat sich dabei sicherlich nicht immer befruchtend auf seine literarische Arbeit ausgewirkt. Umgekehrt verlassen sich die politischen Konzeptionen von Grass häufig auf seine künstlerische Imagination, wodurch auch hier eher ein Spannungsverhältnis als ein reibungsloses Ineinandergreifen entsteht.

In jedem Fall wäre es mancher Überschneidung zum Trotz wohl unangemessen, von einer symbiotischen Beziehung zu sprechen, womit freilich nicht behauptet werden soll, daß das direkte politische Engagement das künstlerische Talent habe verarmen lassen. Vielmehr scheint die Verbindung ihrerseits vielschichtiger, als es der Gemeinplatz wahrhaben will, vielschichtiger im übrigen auch, als es Grass' handlicher Vergleich mit den beiden Bierdeckeln im Friedenauer *Bundeseck* dem Leser suggeriert, wonach Literat und Citoyen in weitgehend friedlicher Koexistenz nebeneinander existieren können (IV, 542).

Im Dezember 1992 hat Günter Grass aus Protest gegen die Asylpolitik der Partei die SPD verlassen.[3] Der Austritt, der ebenso wie die ostentative Parteimitgliedschaft des Schriftstellers nach dem Bruch der sozialliberalen Koalition 1983, vor allem als Geste gesehen werden will, beendete zumindest formal ein Bündnis, welches über 30 Jahre Bestand, mit der Zeit jedoch deutlich an Intensität eingebüßt hatte. Faktisch hatte Grass bereits Jahre vorher aufgehört, seinen Einsatz für die SPD zu einer persönlichen Priorität zu machen, obschon er auch in den siebziger und achtziger Jahren noch im Wahlkampf für die Partei tätig war. Doch schon in den *Kopfgeburten* des Jahres 1980 war seine Parteinahme wesentlich aus der kategorischen Ablehnung des damaligen Kanzlerkandidaten Franz Josef Strauß heraus formuliert worden und längst überschattet von den weltweiten ökologischen, ökonomischen und bevölkerungspolitischen Problemen, denen sich Grass gegen Ende der siebziger und im Verlauf der achtziger Jahre auf Kosten seines bundespolitischen Engagements verstärkt zuwendete.[4] So kann man den eigentlichen Einschnitt in der Entwicklung des Bündnisses getrost bereits in den früheren siebziger Jahren ansetzen, auch deshalb, weil Grass zu der Zeit alle sein Engagement prägenden Formen bereits entwickelt hatte.

Der Beginn von Grass' Aktivitäten für die SPD läßt sich auf das Jahr 1961 datieren. Aus Paris nach Berlin zurückgekehrt, schreibt er in diesem Jahr einen kurzen Beitrag für die von Martin Walser herausgegebene Anthologie *Die Alternative oder Brauchen wir eine neue Regierung?*, dessen abschließende Aufforderung an die Leser, "Wählt SPD!", schon das durchaus ernstgemeinte Credo einer ansonsten eher spielerisch formulierten Parteinahme darstellt.[5] Vermittelt durch Hans Werner Richter kommt es 1961 darüber hinaus zu einem ersten Treffen mit Willy Brandt, aus dem für Grass bald eine gelegentliche Zusammenarbeit an den Reden des damaligen Kanzlerkandidaten wird. "Im Verlauf mehrerer Gespräche mit Brandt wurde mir deutlich", schreibt Grass später über die Begegnungen mit Brandt in den frühen sechziger Jahren, "daß einzig mit Hilfe der Sozialdemokraten eine demokratische Entwicklung der Bundesrepublik über den nur formalen Anschein hinaus gesichert werden konnte" (IX, 582). Die herausragende Rolle, die Willy Brandt bei seiner Entscheidung für die SPD spielte, unterstreicht die Tatsache, daß neben den Gesprächen auch die despektierlichen Invektiven Adenauers in Bezug auf Brandts politische Aktivität in der Emigration und seine uneheliche Herkunft für ihn zum Anlaß wurden, sich auf seiten der SPD zu engagieren.[6] Ganz generell offenbaren sich an Grass' Verhältnis zu Willy Brandt grundlegende Aspekte seines Politikverständnisses. So belegt die große Bedeutung, die Grass der Persönlichkeit beimißt, in welch geringem Maße Politik bei ihm über Konzepte und Theorien vermittelt ist und wieviel entscheidender die exemplarische Haltung einer Person wiegt.[7] In diesem Sinne gilt Brandt Grass auch als Chiffre des 'besseren Deutschen', der durch seinen Widerstand gegen das Nazi-Regime nicht nur das Bewußtsein für die nazistische Vergangenheit aufrecht erhält, sondern überdies die Seite dieser Vergangenheit repräsentiert, an die anzuknüpfen sich lohnt.[8] Dazu steht Brandt aus der Kontinuität seiner politischen Arbeit heraus auch in der Gegenwart für eine Politik ein, die Toleranz und Versöhnung fördert und an der sich Grass selbst außerordentlich stark orientiert.[9] Noch 1980 begründet er sein fortdauerndes Engagement für die SPD unter anderem mit seiner "Bewunderung für eine integre und wichtige Persönlichkeit wie die Willy Brandts".[10] Das "Loblied auf Willy", so der Titel einer seiner Wahlreden, ist Grass dennoch und ungeachtet der darin auch enthaltenen Kritik, ein wenig einseitig geraten. Doch hat er sich in Brandt literarisierend auch eine Gegenfigur zu sich selber geschaffen, jemand der beharrlich seine Ideen verfolgt, ohne fanatisiert dem scheinhaften Glanz irgendwelcher Ideale aufzusitzen, jemand der zäh ist und empfindlich, "kein Genie, aber ein Staatsmann" (IX, 91).

Was 1961 mit einer sporadischen Zuarbeit begonnen hatte, verdichtete sich beim Bundestagswahlkampf 1965 zu einer regelrechten Vollbeschäftigung des Schriftstellers. Auf seiner Wahlreise durch die

Bundesrepublik, die er mit Unterstützung des Sozialdemokratischen Hochschulbundes und des Liberalen Studentenbundes organisiert hatte, sprach Grass auf insgesamt 52 Veranstaltungen in 45 Städten, für die er fünf unterschiedliche Wahlreden geschrieben hatte.[11] Dabei brachte Grass, zu diesem Zeitpunkt noch nicht Parteigenosse, keineswegs nur von der SPD autorisierte Einsichten unter die Leute. Er widmete sich, im Gegenteil, vorzugsweise heiklen Themen, etwa dem Paragraphen 218 oder der Frage nach der Anerkennung der Oder-Neiße-Grenze, für die es, so Grass, noch gar keinen Beschluß der Partei gab.[12] Ziel seiner Tätigkeit war es also nicht nur, ein von der SPD bisher nicht erreichtes, vor allem bildungsbürgerliches Publikum anzusprechen, sondern ebenso der Tabuisierung wichtiger Themenbereiche entgegenzuwirken.[13] Schwierigkeiten mit einzelnen Kandidaten konnten dabei nicht ausbleiben, und mitunter distanzierten sich auch Teile der SPD von einem ungebetenen Wahlhelfer, der nach dem Motto "Assistenz durch Dreinreden" agierte.[14]

Neben seiner Aktivität als Wahlreisender begründete Grass im selben Jahr auch das legendäre Berliner Wahlkontor, einen lockeren Verbund zumeist angehender Schriftsteller, die sich ihrerseits Reden schreibend und entwerfend auf seiten der SPD engagierten. Im Grunde führte das Wahlkontor die Arbeit weiter, die Grass selber 1961 für Willy Brandt vorgenommen hatte, nur daß sie dieses Mal organisierter und auf breiterer Basis vonstatten ging. Auch Wahlslogans wie *Der Frau treu bleiben — Die Partei wechseln: SPD* ; *Links überholen — SPD wählen*; *Pack den Willy in den Tank* oder *Warum denn gleich auswandern? Wählen sie doch erstmal SPD* gehörten zum Aufgabengebiet von Günter Herburger, Peter Schneider, F.C. Delius, Hubert Fichte, Klaus Wagenbach, um nur einige zu nennen, die sich von Grass angeregt und für 10 DM die Stunde als Wahlhelfer verdingten und damit auch ganz bewußt jenes ungeschriebene Gebot übertraten, nach dem ein Schriftsteller allenfalls Resolutionen unterschreiben, keinesfalls jedoch einer eigenen politischen Tätigkeit nachgehen durfte.

Unter diesem Gesichtspunkt kritisierte Grass auch die Passivität und tagespolitische Abstinenz von Literaten und Intellektuellen in seiner "Rede über das Selbstverständliche" anläßlich der Verleihung des Georg-Büchner-Preises im Oktober 1965, gut zwei Monate nach dem Wahlsieg der CDU/CSU. "Es muß", moniert Grass, "sehr schwer sein, das Selbstverständliche zu tun. In diesem Lande schlüpft wahrlich eher das berühmte Wüstentier durch ein Nadelöhr, als daß ein Gelehrter seinen geistigen Hochstand verläßt und der stinkenden Realität seine Reverenz erweist" (IX, 150). Er selbst hatte sich mit seiner politischen Arbeit mittlerweile derart identifiziert, daß er über den sozialdemokratischen Mißerfolg sagen konnte: "Ihre Niederlage ist meine Niederlage" (IX, 151).

Als persönlichen Erfolg konnte Grass gleichwohl das große öffentliche Interesse — von der Eierschlacht in Cloppenburg bis zu den 3500 Plätzen des Münchner Circus Krone —, das sein exemplarisches Engagement gefunden hatte, für sich verbuchen. Schon in den unmittelbar folgenden Jahren sollte er versuchen, dieses weiter für die SPD produktiv zu machen und in Stimmen umzumünzen. 1966 nahm Grass am bayrischen Landtagswahlkampf teil, ein Jahr darauf am Wahlkampf für den Landtag in Schleswig-Holstein. Dort wurde auch, gemeinsam mit Siegfried Lenz und dem Historiker Eberhard Jäckel, die Idee der Begründung einer Sozialdemokratischen Wählerinitiative geboren, die ein Jahr später realisiert werden sollte.[15] Mit der Gründung der Sozialdemokratischen Wählerinitiative wurden zwei Ziele verfolgt: kurzfristig sollte sie vor allem dazu beitragen, bei der Bundestagswahl von 1969 die Große durch eine sozialliberale Koalition abzulösen, also Stimmen für diesen Zweck zu sammeln. Langfristig sollte sie es den Wählern ermöglichen, sich auch ohne Parteibuch politisch als mündige Bürger zu artikulieren. Als echte *grass roots* Bewegung gedacht, sollten die Initiativen sich demnach zwar für die SPD engagieren, über die konkrete Wahlhilfe hinaus jedoch auch während der laufenden Legislaturperiode präsent sein und der Selbstgefälligkeit einer von der SPD geführten Regierung entgegenwirken. Die Idee schlug ein, und bereits 1969 gab es bundesweit etwa 90 Initiativen, die sich auf sehr unterschiedliche Weise am Bundestagswahlkampf beteiligten. Rückblickend spricht Grass davon, daß der knappe Sieg im Herbst 1969 "ohne den Beitrag der Sozialdemokratischen Wählerinitiative nicht möglich gewesen [wäre]" (IX, 587). Auch Willy Brandt honorierte in seinen *Erinnerungen* die Arbeit der Initiativen, wenngleich er etwas zurückhaltender davon spricht, daß sie, wenn auch nicht Stimmen, so doch "Farbe ins politische Geschäft gebracht [hätten]".[16]

Aus einer sich zunehmend politisch artikulierenden Öffentlichkeit kaum mehr wegzudenken, mischt Grass sich in den Jahren bis zur Bundestagswahl 1969 ständig ins politische Tagesgeschehen ein, wendet sich in offenen Briefen gegen Kiesinger als Bundeskanzler und warnt vor der großen Koalition, protestiert gegen die Notstandsgesetze oder Polizeigewalt auf Demonstrationen, setzt sich mit den journalistischen Praktiken der Springer-Presse auseinander und kritisiert das revolutionäre Gebaren von Studenten und Linksintellektuellen. Grass ist auf der politischen Bühne derart präsent, daß Golo Mann 1968 anläßlich einer Rezension der gerade erschienen politischen Schriften des Autors ernsthaft erwägen kann, er solle Regierender Bürgermeister von Berlin werden.[17]

Sein Verhältnis zu den Sozialdemokraten in diesen Jahren ist dabei bestimmt von seiner ambivalenten Position gegenüber der Großen Koalition. Anders als die Mehrzahl der ehemaligen Mitarbeiter des Wahlkontors drängte es ihn angesichts des Zusammengehens der großen Parteien nicht in die außerparlamentarische Opposition (APO). Zwar kritisiert Grass die Große Koalition als "miese Ehe" (IX, 173), verweist jedoch zugleich auf ihre "einzelnen und durchaus ablesbaren Leistungen" (IX, 304), plädiert für das Nein im Ja und gibt im übrigen Durchhalteparolen aus. Radikal wendet sich Grass indessen gegen die APO und ihre Wortführer vom Sozialistischen Deutschen Studentenbund (SDS) bis zu Hans Magnus Enzensberger, spricht von einer "angelesenen Revolution" (IX, 297ff.) und scheut auch nicht davor zurück, Rudi Dutschke und Kaiser Wilhelm unter dem Stichwort Imperialismus in einem Atemzug zu nennen (vgl. IX, 320). "Ich bin ein Gegner der Revolution", so Grass unmißverständlich 1969, zu einem Zeitpunkt also, als der Begriff einen bekanntermaßen hohen Kurswert besaß. "Ich scheue Opfer, die jeweils in ihrem Namen gebracht werden müssen. Ich scheue ihre übermenschlichen Zielsetzungen, ihre absoluten Ansprüche, ihre inhumane Intoleranz" (IX, 411).

Die Aversion gegen die sich politisch radikalisierenden Studenten dokumentiert auch das *Tagebuch einer Schnecke*, in dem Günter Grass seinen umfassendsten Wahlkampf, den des Jahres 1969, teils autobiographisch, teils literarisch verarbeitet. Drei Zeitebenen miteinander verschränkend, darunter die Geschichte des Danziger Lehrers Zweifel in den Vorkriegs- und Kriegsjahren, betont schon die Konstruktion des Buches die Bedeutung der geschichtlichen Erfahrung des Faschismus für das gegenwärtige Engagement des Autors. Die Erfahrung des totalitären Regimes, des Zwangs und der Anziehung, die von ihm ausgeht, wird ihm dabei zum Maßstab rechter wie linker Ideologie, womit sich zumindest teilweise die mitunter in blanken Haß umschlagende Auseinandersetzung mit der studentischen Linken erklären läßt. Von Pseudo-Elite, elitärer Arroganz und Faschismus im Marx-Pelz ist da die Rede, vom Sich-Austoben privilegierter Bürgersöhne, und es gebricht Grass hier nicht an jenem Fanatismus, gegen den er unter der Fahne der Vernunft ansonsten zu Felde zieht.[18]

Auf jeden Fall ist der Bundestagswahlkampf 1969 für ihn zu einem Zwei-Fronten-Krieg geworden, wie er es selbst ein wenig martialisch ausdrückt.[19] Auf der einen Seite wendet er sich wie schon 1965 gegen den politischen Kurs der CDU/CSU, obwohl die Große Koalition auch konzeptionell noch keineswegs abgedankt hatte.[20] Auf der anderen Seite vertritt er gegenüber der radikalen Linken den Standpunkt langsamer, aber stetiger Reform, was ihm offensichtlich schwerer fällt, als den Christdemokraten den Marsch zu blasen. Vier Monate reist Grass, wieder unterstützt vom Sozialdemokratischen Hochschulbund, mit einem VW-Bus über Land und hält seine Reden auf insgesamt 94 Veranstaltungen. "Redenreden", so das wiederkehrende Motiv des *Tagebuchs*, oft bis zur Erschöpfung. Exemplarisch für seine Aktivität ist dabei ein Tagesablauf wie jener im bayrischen Wahlkreis 240:

Mittags Besuch der C.H. Beck'schen Druckerei in Nördlingen; nachmittags "Pressekonferenz" und Kleinversammlung mit knapp 100 Interessenten im Gasthaus "Dehler-Garten" [...]; abends Rede über "Zwanzig Jahre Bundesrepublik Deutschland" vor etwa 600 Zuhörern im Kolpingsaal von Neuburg, mit Ausschank; einige Dutzend Autogramme in *Blechtrommel-*, *Katz und Maus-* oder *Dafür*-Exemplare und zum Abschied vom SPD-Kandidaten ein "Dank für die wertvolle Unterstützung", eine Schnupftabak-Kruke als Souvenir und die Bitte, bei Willy Brandt ein gutes Wort einzulegen, damit er "auch einmal in unseren Wahlkreis" komme.[21] Insgesamt scheinen die Dinge reibungsloser, professioneller abzulaufen als 1965, auch orientiert er sich diesmal stärker am Wahlprogramm der Partei. In Cloppenburg fliegen keine Eier mehr, und Grass ist zu einer festen Größe des Wahlkampfs avanciert, was nicht zuletzt der Sprung auf das Titelblatt des *Spiegel* belegt. Auch an seiner Wirkung zweifelt der Autor nicht mehr. Penibel verzeichnet er im *Tagebuch einer Schnecke* die Gewinne der SPD in den Wahlkreisen, in denen er aufgetreten ist. Den knappen Wahlsieg nimmt er allerdings eher ungläubig als siegessicher zur Kenntnis.

Was folgt, sind die Mühen der Ebenen, Landtagswahlkämpfe in Bayern, Rheinland-Pfalz, Schleswig-Holstein, Berlin und Bremen, Vorträge, Teilnahme am SPD-Parteitag 1970, die Reise mit dem Kanzler Brandt nach Polen, wo Grass Zeuge des berühmten Kniefalls wird. Nur noch einmal, 1972, engagiert sich Grass nach dem Regierungswechsel im selben Umfang in einem Bundestagswahlkampf, wie er es 1969 tat. Über 100 Veranstaltungen bestreitet er, auch noch immer Triebkraft der Sozialdemokratischen Wählerinitiativen, deren Zahl unterdessen auf über 350 angewachsen ist. Aus ihr zieht sich Grass 1973 mit den Worten, er habe sich viel Papier gekauft, zurück und beginnt im übrigen auch schon, Bilanz zu ziehen: er sei in Grenzen stolz auf das Erreichte. Wohl nicht zu Unrecht.

II

Wer der Begrifflichkeit von Grass' politischem Denken auf die Spur kommen will, muß sich darauf gefaßt machen, Umwege zu gehen. Denn Grass bringt seine politischen Gedanken höchst selten in eine systematische Ordnung und unterläßt es darüber hinaus, sie deutlich von seiner Person, seiner erlebten Vergangenheit, seiner physischen Gegenwart zu trennen. Erschwerend tritt eine gewisse Inkonsequenz im Umgang mit der eigenen Begrifflichkeit hinzu. Wo er seine Weltanschauung anscheinend knapp und direkt formuliert, wie zum Beispiel in den "Sieben Thesen zum demokratischen Sozialismus", die er 1974 in einer Rede in Bièvres bei Paris aufstellte, insistiert er gleichzeitig auf dem provisorischen Charakter seiner Schlüsse. Derart sind das Thesenhafte seines politischen Denkens, die skeptische Haltung dem politischem Diskurs gegenüber und die Undeutlichkeit der eigenen Forderungen auch keine zufälligen Merkmale seines Stils, sie bilden die Voraussetzung einer politischen Schreibpraxis, die einem tiefempfundenen Antidogmatismus gerecht zu werden versucht. "Unsere Freiheit", so der Autor 1969, "hat ihre große Chance darin, dogmatisch nicht fixiert zu sein" (X, 59). Es liegt Grass folglich wenig daran, den von ihm favorisierten Begriff des demokratischen Sozialismus im Detail zu analysieren und dessen Zielsetzungen theoretisch festzulegen. Er bemüht sich hingegen, ein sozialdemokratisches Ethos beschreibend zu vermitteln und voran-zutreiben. Wesentlicher Bestandteil dieses Ethos ist eine genuine Begeisterung für die Demokratie, die Grass im Wahlkampf zu verbreiten versucht. Der Autor als engagierter Bürger lobt das Grundgesetz als "unseren größten Besitz" (IX, 80) und "das schönste an unserem Staat" (IX, 88). Er bekämpft politischen Zynismus, indem er jedem das Erlebnis Demokratie, das "Glück, wählen zu dürfen" (IX, 81) empfiehlt und versichert, daß jede Stimme auf zweifache Weise zähle: "Sie fällt ins Gewicht und beweist, daß ich lebe" (IX, 81).

Sein Demokratiebegriff ist dabei stark von basisdemokratischen Vorstellungen durchsetzt, denn so sehr Grass die rechtsstaatlichen Grundlagen — Wahlen, ein repräsentatives Parlament, politische Parteien und unabhängige Gewerkschaften — schätzt, so warnt er doch davor, sie mit Demokratie gleichzusetzen. Anstatt sich mit einem bloß formalen Begriff von Demokratie zufrieden zu geben, der sich allein an ihren Institutionen orientierte und dadurch statisch bliebe, optiert Grass unter Stichworten wie Streit und Kompromiß für einen von der Gesellschaft immer weiter vorangetriebenen Prozeß der Demokratisierung. Es sind "unbequeme Demokraten", nicht nur begeisterte, die der Gründer der Sozialdemokratischen Wählerinitiative heranzuziehen versucht, solche "die es sich selber unbequem machen, indem sie die Politik nicht mehr nach hergebrachtem Muster ausschließlich den Parteien überlassen" (IX, 600).

Ungeachtet der Tatsache, daß seine Vorstellungen von Basisdemokra-tie ihre Wurzeln in der Neuen Welt haben, lehnt Grass Amerika als Vorbild jedoch entschieden ab. Wirtschaftliche Machtkonzentration im

Zusammenhang mit einer meinungsbildenden, oft manipulativen Medienpolitik sowie soziale Ungleichheiten sind für ihn Beweise der praktischen Unzulänglichkeit des amerikanischen Demokratiebegriffes. Demokratische Gesellschaftsformen bedürfen nach Grass generell der Kontrolle in Form einer sozialen und sozialkritischen Politik, die er mit Aussagen wie "mehr Mitbestimmung der Arbeiter" oder "neue Überlegungen zur Eigentumsfrage" (IX, 643) zu umschreiben versucht und unter dem Begriff Sozialismus subsumiert. Das Wort "Sozialismus" versucht Grass dabei neu zu besetzen; mit dem Realsozialismus des Ostens hat seine Definition jedenfalls wenig gemeinsam. In ihm sieht Grass lediglich ein zur Parteidiktatur erstarrtes und reformunfähiges System. Gemäß der zweifachen Abgrenzung seines Begriffes des demokratischen Sozialismus gegen eine Demokratie nach amerikanischem Muster einerseits und den marxistisch-leninistischen Sozialismus sowjetischer Prägung andererseits hält Grass beide Bestandteile des Begriffs für gleichermaßen entscheidend und plädiert daher sowohl für Demokratie im Sozialismus als auch für die soziale Verantwortung der Demokratie.

Grass' öffentliche Kritik an der SPD läßt dabei erkennen, daß er die Partei keineswegs als perfekte Mittlerin von Demokratie und Sozialismus betrachtet. Gleichzeitig ist jedoch in den politischen Reden viel an Wunschvorstellung zu entdecken, etwa wenn er behauptet, daß die SPD die von ihm gewünschte "Einheit von Theorie und Praxis" (IX, 644) repräsentiere. Diese Einheit betont er vor allem deshalb, um auf die Gefahr einer bloß ideologisch gesteuerten politischen Praxis aufmerksam zu machen, wie man sie seiner Meinung nach in rechten und linken Extremen, im Nationalsozialismus ebenso wie im Sozialismus der Ostblockländer realisiert findet. Grass polemisiert in diesem Zusammenhang auch gegen jede Form von utopischem Denken, jeden Messianismus, im Grunde gegen jede Art Weltverbesserungsdrangs, die dazu verführt, den Boden der Wirklichkeit zu verlassen. Utopie und Revolution werden geradezu zu Schreckbildern seiner politischen Schriften, da die Realisierung der wirklichkeitsfernen politischen Zielsetzung in seinen Augen nach Mitteln verlangt, die das utopische Versprechen prinzipiell zunichte machen; die Utopie lebt nicht nur von Illusion und falscher

Hoffnung, ihre zwangsläufig gewaltsame Praxis gilt Grass als menschen-verachtend.[22]

In diesem Sinne führt Grass die Anfänge der Partei auf die Ent-scheidung für die Reform und gegen die Revolution zurück. Insbesondere Eduard Bernstein fungiert in diesem Zusammenhang für ihn als Vorbild einer unideologischen, an der Praxis orientierten politischen Haltung, einer Bereitschaft, vorgefaßte Programme der veränderten Wirklichkeit anzupassen. Die Art und Weise, wie Grass dabei die historische Traditionsbildung vornimmt, unterstreicht noch einmal seine "Hoffnung auf die dominierende Kraft der Persönlichkeit"[23] und zeigt zugleich seine Vorliebe für zugespitzte und verkürzte Aussagen, deren momentane Überzeugungskraft meist größerist als ihre inhaltliche Tragweite. Aphoristische Äußerungen wie: "Die Geschichte des demokratischen Sozialismus ist die des Revisionismus" (IX, 859) oder "der demokrati-sche Sozialismus verlangt die permanente Revision des Bestehenden" (IX, 644) machen kurzen Prozeß mit den Widersprüchen in der Geschichte und scheinen in ihrer Einfachheit auch gar nicht nach historischer oder systematischer Überprüfung zu verlangen.

Eng verbunden mit Grass' Konzeption einer ständigen Revision des Bestehenden ist auch seine Vorstellung von gesellschaftlichem Fortschritt, wie er sie im *Tagebuch einer Schnecke* entwickelt und beschrieben hat. Das Problem bestand dabei für Grass darin, einen Fortschrittsbegriff zu entwickeln, der zwar für Bewegung sorgte und sogar ein Vorankommen implizierte, jedoch zugleich keine bestimmte Zielsetzung vorgab und sich von allen utopischen Vorstellungen fernhielt. Er löste dieses Problem, indem er den Begriff bildlich faßte, in Form der Schnecke, die zugleich wirklich und fabelhaft war. Sie wurde zum Wappentier des Autors, da sie die Eigenschaften verkörperte, die nach Meinung ihres Schöpfers im politischen Prozeß notwendig und wünschenswert waren: vor allem Geduld, Beharrungsvermögen und eine bestimmte Art von Empfindlich-keit, die es ermöglicht, feste Standpunkte zu verlassen. Das langsame Tempo der Schnecke nimmt Grass dabei zum Vorbild nicht übereilter und gut überlegter Reformprozesse. "Wenig, glaubt mir, ist bedrücken-der", schreibt er im *Tagebuch einer Schnecke*, "als schnurstracks das Ziel zu erreichen. Wir haben ja Zeit. Die haben wir: ziemlich viel Zeit."[24]

Das Zitat zeigt aber ebenso das Problematische an Grass' Fortschrittsbegriff. Nicht nur eignete sich das Bild der Schnecke kaum für ein Wahlplakat der SPD, es blieb im Ganzen auch eindimensional und naiv im Glauben daran, daß technischer, sozialer und wirtschaftlicher Fortschritt sich nicht gegenseitig blockieren würden. Zudem setzt Grass demokratische Verhältnisse voraus, in denen Reformen allmählich zustande kommen können, und er sitzt überdies der Annahme auf, daß für die Lösung der Probleme, die die Gesellschaft bedrohen, genügend Zeit vorhanden sei. Selbst Willy Brandt hat Grass' Schneckensymbolik in diesem Sinne kritisiert, als er darauf verwies, daß zum geschichtlichen Prozeß Rückschläge ebenso wie Sprünge gehörten — und springen könne die Schnecke nun einmal nicht.[25]

Grass, der sich schon früh für Fragen des Nord-Süd-Gefälles, der atomaren Aufrüstung und der Umwelt interessierte, nimmt das Defizitäre seiner Fortschrittskonzeption jedoch erst in den frühen achtziger Jahren wahr, als er zu der Überzeugung gelangt, daß die Lösung der vorhandenen gesellschaftlichen Probleme nicht auf langsame demokratische Prozesse warten könne und darüber hinaus eine globale Perspektive verlange. Er bekennt, daß es ein Irrtum gewesen sei, auf die Schnecke zu setzen und revidiert seinen Fortschrittsbegriff, wobei diese Revision seine eigene Bereitschaft, vorgefaßte Schlüsse zu überprüfen und gegebenenfalls zu ändern, nachdrücklich kenntlich macht.

Insgesamt ist die Entwicklung von Grass' politischem Denken in den achtziger Jahren gekennzeichnet von schwindendem Vertrauen in die staatlichen Institutionen und zunehmender Personalisierung der politischen Auseinandersetzung. Zwar flieht er nicht ins Apolitische wie viele seiner Zeitgenossen, er macht jedoch ebenso wie sie einen Schritt in Richtung Subjektivität, indem er sich an den Ort einer individuellen Moralität zurückzieht. Seine Reaktionen auf die Aufstellung der Pershing-II-Raketen in der Bundesrepublik und auf die sandinistische Revolution in Nicaragua und zeigen beispielhaft seine veränderte politische Haltung.

Als er auf Einladung der dortigen Regierung 1982 zusammen mit anderen Künstlern eine Reise nach Nicaragua unternimmt, um sich mit den Ergebnissen der sandinistischen Revolution bekannt zu machen, entwickelt er im Verlauf seines Aufenthaltes nicht nur Sympathie für den

Versuch der Sandinistas, auf eigene Faust eine demokratische Gesellschaft ins Leben zu rufen, er hält auch mit der Skepsis der früheren Jahre zurück und ruft zur Solidarität mit der revolutionären Bewegung auf.[26] Grass, der einstige Gegner der Revolution, verweist keineswegs mehr stolz auf die verfassungsrechtliche Basis der westlichen Demokratien. Stattdessen rücken die USA als Bündnispartner der Bundesrepublik ins Zentrum einer Kritik, die zwar weltpolitisch fundiert ist, aber nur noch über die persönliche Absage ausgedrückt werden kann: "Erst in Nicaragua", schreibt er, "wurde mir bis zum Schamgefühl deutlich, mit wem ich als Deutscher verbündet zu sein habe. Soweit es einer einzelnen Person möglich ist, will ich für mich dieses Bündnis aufkündigen" (IX, 818).

War es für Grass' frühes politisches Engagement charakteristisch, daß er den Bürger zur Teilnahme an der Kleinarbeit der Partei ermutigte und ihn daran erinnerte, etwa durch die Gründung der Sozialdemokratischen Wählerinitiative, daß er auch von einer Position außerhalb der Parteien Konstruktives leisten konnte, so spricht er in den achtziger Jahren zunehmend vom Demokraten als einem Menschen, der mitunter moralisch verpflichtet sei, sich außerhalb des ganzen Systems zu stellen. Sein Widerstand gegen den Nato-Doppelbeschluß schärft seinen Blick auf die Gefahren für die Menschheit, die auch von einer demokratischen Gesellschaft ausgehen können. Dies kommt in einer radikalisierten Rhetorik zum Ausdruck, die Selbstbehauptung und Didaxe auf eigentümliche Weise vermischt. Zwar fußen seine Argumente nach wie vor auf der Verfassung, indem er an den verfassungsmässigen Auftrag der Bundeswehr zur ausschließlichen Landesverteidigung erinnert, aber die Töne der demokratischen Begeisterung fehlen; er spricht sich sogar gegen eine "parlamentarische Mehrheitshaltung" aus, die er "jämmerlich" findet (IX, 875). Von der ehemaligen Notwendigkeit des Streits und Kompromisses scheint im Bezug auf Meinungsunterschiede angesichts der Interpretation der Verfassung wenig übrig geblieben zu sein. In einem Gespräch mit F. J. Raddatz danach gefragt, was ihn berechtige, "die Spielregel der Demokratie", in Form eines Mehrheitsvotums des Bundestages, für ungültig zu erklären (X, 308), antwortet Grass nicht theoretisch, sondern erteilt dem Journalisten eine historische Lektion, die seine Haltung begründen soll: "Mit den Erfahrungen, die wir in

Deutschland gemacht haben — auch die Sowjetunion mit Deutschland gemacht hat —, kann man gar nicht hysterisch und empfindlich genug werden, wenn solche gefährlichen Anzeichen zu bemerken sind" (X, 310).

Grass hat, soweit zu sehen ist, den Wandel seines politischen Denkens, in dem allmählich auch der Appell an die Vernunft verblaßte, an keiner Stelle selbstkritisch reflektiert. Die produktiven, weiterführenden Elemente seiner Einsichten, etwa die Erkenntnis des Ausmaßes der globalen Bedrohung durch die Aufrüstung, bleiben deshalb auch meist im persönlichen Gestus der Ablehnung befangen. In ihm kommt zwar die moralische Dimension der Politik stärker zur Geltung, zugleich verschafft sie sich jedoch häufig allein in Form der Beleidigung der Gegner Luft. "Offenbar wissen sie nicht, was sie tun", heißt es unverblümt im Bezug auf die demokratisch gewählten Abgeordneten (IX, 875), und: "Es sind Stümper, die uns derzeit regieren" (IX, 875). Demgemäß sucht Grass auch keine "unbequeme[n] Bürger" mehr, die durch "Streit" für Meinungsvielfalt im politischen Leben sorgen, sondern stattdessen "radikale Demokraten" die in seinem Sinne "zur Verfassung der Bundesrepublik" stehen. Nicht mehr die schneckenhafte Geduld für die langsamen Reformprozesse der Demokratie steht im Vordergrund, der Autor als Bürger fordert schlicht zum Widerstand gegen die Regierung auf, in Grass' Worten: gegen den "regierenden Schwachsinn" (IX, 879).

III

Es mag nicht überraschen, daß die Spannungen innerhalb von Günter Grass' politischer Begrifflichkeit, die im vorangegangenen Teil dargestellt wurden, sich in komprimierter Form im Genre der politischen Rede wiederfinden. Wollte man die Termini der klassischen Rhetorik auf Grass' Reden anwenden, so ließe sich ein gewisses *dispositio*-Defizit feststellen: Das Argument weicht den anderen Elementen der Redekunst, der *inventio, elocutio* und *pronuntiatio*. In der Rede, "Es steht zur Wahl", aus dem Bundestagswahlkampf 1965 ist es eine Rhetorik der Selbstverständlichkeit — um Grass' eigene Formel zu nehmen —, die die Zwänge von Kürze und Paraphrasierung, sowie die dem Genre inhärente Gefahr des Pathos neutralisieren und seiner Vorstellung von Demokratie

Rechnung tragen soll. Die Selbstverständlichkeit sozialdemokratischen Handelns, die Grass' ethisch-nüchterne Redekunst nahelegen soll, beruht dabei auf der Figur des Redners als rechtschaffenem Vermittler zwischen Gegenwart und Vergangenheit. Seine Sprache ist die einer redlichen Vernunft, die die Begründung von Begriffen und politischen Positionen als überflüssig erscheinen läßt.

Viele Reden von Günter Grass — und nicht nur diejenigen, in denen er explizit für die Sozialdemokraten Partei bezieht — beginnen mit einer selbstreflexiven Geste. In seiner "Rede vom Verlust" von 1993, die auf einen schwedischen Inselaufenthalt als Entstehungssituation anspielt, ist es die geographische Entfernung zur Heimat, die Grass erlaubt, kritisch auf Deutschland einzureden. Ähnlich gestaltet sich die Entstehungssituation für "Es steht zur Wahl", deren Niederschrift in Amerika am Anfang des Textes selbstreflexiv aufgegriffen wird: "In Maryland, USA, an der Atlantikküste wurde im Juni diese Rede konzipiert. Sie werden sich fragen, hatte der Mensch nichts Besseres zu tun, als zwischen Dünen, Reklametafeln und leeren Strandhotels über westdeutsche Verhältnisse nachzudenken?" (IX, 79). Dabei versucht Grass, wenn auch nicht in die Rolle des Emigranten, so doch immerhin in die beliebte Außenseiterrolle zu schlüpfen, um von dort aus seine politischen Einsichten geltend zu machen.

Bei Grass ist diese diskursive Besetzung einer gewollt exzentrischen Rednerposition jedoch nicht nur Pose, sondern auch rhetorisches Ergebnis seiner Mühen, sich auf die Seite der Zuhörer zu stellen. So beschreibt er seine kritische Unterstützung der SPD gleich in der ersten Redeminute nicht ganz unzutreffend als bewußten Bruch mit einer nicht-partizipatorischen parteipolitischen Tradition (vgl. IX, 76). Kurz danach heißt es in einer Abwandlung des Humilitastopos: "Ich habe noch nie Wahlreden gehalten. [...] Niemand hat uns gebeten, diesen Balanceakt zu vollführen" (IX, 77f.). Das Motiv des nicht-sanktionierten Redners, dessen sich Grass hier bedient, findet in fast all seinen Reden Verwendung und wird in "Es steht zur Wahl" noch erweitert, um das Publikum in ein fingiertes Kommunikationsverhältnis einzubinden. "Wer spricht hier und zu wem?", lautet die refrainartig sich wiederholende Frage. Die Antwort darauf unterstreicht wiederum den engagierten Außenseiterstatus

des Redners: "Wer spricht hier und zu wem? Jemand, der in Berlin
wohnt, nicht wählen darf, aber um jeden Preis mitreden wird" (IX, 85).
Durch die rhetorische Distanzierung von der Partei und vom
politischen Apparat gelingt es Grass — wie bereits Max Frisch es
beschrieben hat —, seinen Reden einen quasi-dialogischen Charakter zu
geben.[27] Es soll die rhetorische Fiktion eines Austausches entstehen,
oder wenigstens eine Situation, in der sich so etwas wie der verbindliche
Rat eines Erzählers entfalten kann: "Wer spricht hier und zu wem? Ein
Geschichtenerzähler. Jemand, der immerzu sagt: Es war einmal" (IX,
81). Deshalb ist der Zustand der gestörten Kommunikation für Grass
beinahe mit dem Zusammenbruch der Demokratie gleichbedeutend.
Metaphern des Nicht-Hörens und In-den-Wind-Sprechens erscheinen
häufig in "Es steht zur Wahl" und markieren stets Situationen, in denen
Aufklärung und demokratisches Handeln durch taube Unvernunft
verhindert werden; Grass' Spiel mit der Mehrdeutigkeit des Wortes
"Stimme" — Voraussetzung der alltäglichen, wie der politischen
Kommunikation — läßt sich ebenfalls in diesem Kontext verstehen. "Wer
wollte vier Jahre lang stimmlos sein?" heißt es an einer Stelle (IX, 81).
Im Pathos, in der sich vom Boden der aufklärerischen Vernunft
abhebenden, verführerischen Begeisterung, sieht Grass ebenfalls eine der
großen Gefahren für seine Vorstellung von demokratischem Handeln.
Auf der einen Seite steht das Ideal der Kommunizierbarkeit, das die Basis
seiner politischen Rhetorik bildet; auf der anderen Seite steht eine
grundlegende Skepsis gegenüber politischer Begeisterung, die er in "Es
steht zur Wahl" mit der eigenen Biographie und der deutschen Geschichte in Zusammenhang bringt: "Noch nie bestand Anlaß, angesichts von
Politikern oder Parteien in Begeisterung zu geraten. Unsere Geschichte
lehrt es uns schmerzhaft" (IX, 112). Auf keinen Fall will Grass einen
Redner verkörpern, dem es darauf ankommt, sein Publikum mitzureißen.
Deshalb wird er in seinen Reden nicht müde, zur politischen Nüchtern-
heit zu mahnen: "Wahlen sind Appelle an die Vernunft", heißt es trocken
in "Es steht zur Wahl". "Es kann mir also nicht daran liegen, Sie mit
meiner Rede in Begeisterung zu versetzen" (IX, 79). Andererseits
verbreitet er in seinen Reden durchaus einen Enthusiasmus für die
Demokratie. So heißt es gegen Ende der Rede wiederholt mit Bezug auf
den Dichter Walt Whitman: "Wie er, heiter und gelassen, begeistert und

erzürnt und ohne Angst vor Aufzählungen und Wiederholungen
Demokratie besingen: die geliebte, penetrante, die immerfort unzuläng-
liche, zum Überdruß reizende, in Kerkern ersehnte, komplizierte und
immer auf Wandel und Wechsel sinnende, ermüdende, teuer erkaufte,
heilig nüchterne Demokratie" (IX, 86). Inwiefern der emotionale Appell
an Whitman mit Grass' Vernunftbegriff in Einklang steht, mag dahinge-
stellt sein, und dies nicht nur deshalb — wie Golo Mann meint —, weil
sich der amerikanische Dichter so schlecht mit der Bundesrepublik der
mittsechziger Jahre zusammendenken läßt.[28] Wie soviele rhetorische
Spannungen in den Texten von Grass, bleibt auch die einer nüchternen
Begeisterung für die Demokratie bestehen.

Ebenso unvermittelt bleibt in "Es steht zur Wahl" auch das Verhältnis zwischen politischem Redner und Schriftsteller. In seinen Reden gibt
sich Grass selten ausschließlich als Schriftsteller aus. Es ist stets der
schriftstellernde Bürger, der sich ans Publikum wendet. "Ich bin weder
Kandidat, noch vertrete ich eine unserer mächtigen Interessengrup-
pen...", insistiert er zu Anfang der Rede: "Nicht einmal in Sachen des
eigenen Vereins — etwa zum Thema: Die steuerliche Veranlagung der
deutschen Schriftsteller — wage ich zu sprechen. Wen interessierte das
auch? Aber als Berliner, der nicht wählen darf, werde ich versuchen, Sie
nachdenklich zu stimmen" (IX, 76).

Wo der Reden haltende Schriftsteller jedoch in den Vordergrund tritt,
bleibt der politische Bezug ebenfalls präsent. Dennoch wird das
Verhältnis zwischen dem Bürger und dem berühmten Schriftsteller in "Es
steht zur Wahl" nicht angesprochen, die Beziehung sei eben "selbstverständlich," wie es Grass in der bekannten Rede zur Verleihung des
Büchner-Preises lapidar formuliert. Diese Haltung drückt sich in "Es
steht zur Wahl" u.a. in einer etwas willkürlich anmutenden Aneinan-
derreihung von Rednerpositionen aus, in denen Grass mit wechselnder
rhetorischer Betonung mal als Schriftsteller, mal als Bürger figuriert. So
stellt diese Rede eine außerordentlich heterogene Mischung aus anekdoti-
schen Geschichten, historischem Appell, mehr oder weniger konkretem
Vorschlag zur politischen Veränderung, Polemik, sowie Moral-,
Geschichts- und Literaturlektion dar. Die Heterogenität der Rede ist
wiederum mit Grass' Fingierung einer direkten Sprechweise in Verbin-

dung zu setzen, durch die er stets an die Möglichkeit vernünftiger Verständigung zwischen Gleichen appelliert.

Die komplexe Redesituation in "Es steht zur Wahl" wird über weite Strecken von der Person des Redners Grass zusammengehalten, dessen Rhetorik der redlichen Vernunft durch bloße sprachliche Fortbewegungskraft überzeugen soll und auch vielfach tut. Ein bezeichnendes Beispiel liefert die spielerische Ablehnung des CDU-Kandidaten Erhard. Grass fragt: "Steht Ludwig Erhard zur Wahl? Emnid und Allensbach, unsere demoskopischen Befragungsinstitute, raunen: Immer noch ist er populär. Steht also das Populäre zur Wahl?" (IX, 78) Ohne selbst spürbar ein Argument aufzubauen, polemisiert Grass im selben Zusammenhang wenig später: "Soll telegener Zigarrenrauch das Argument ersetzen?" (IX, 79). Solche Fragen sind sicher nicht von der Art, die tatsächlich beantwortet werden wollen. Sie gehören vielmehr zu einem sich als alltäglich ausgebenden Sprachgebrauch. Eine Sprache, die sich nicht selten auf eine Art *common sense* beruft und sich so der kritischen Hinterfragung entzieht. Anderseits kritisiert er beim Gegner gerade diese Formen der Vereinfachung. So vergleicht er beispielsweise die Regierungserklärung Erhards mit der Banalität eines Kalenderspruchs (vgl. IX, 80).

Der teils selbstauferlegte, teils genrebedingte Zwang, sich in einfachen und anschaulichen Sprachwendungen auszudrücken, wird für Grass allerdings spätestens dann problematisch, wenn es darum geht, die Komplexität einer demokratischen Partei wie der SPD darzustellen. In der Frage nach der Repräsentation der Sozialdemokratie macht er es sich keineswegs leicht. In einem Gespräch, das den Titel "Ich bin Sozialdemokrat, weil ich ohne Furcht leben will" trägt, bescheinigt er der SPD mangelnde Fähigkeit, sich selber als Partei zu repräsentieren und "die Leistungen der Sozialdemokraten im Bundestag wie in der Regierung verschämt zu verbergen." (IX, 505).

Der Topos findet sich auch in "Es steht zur Wahl" wieder, wo die Sozialdemokraten mit den von Grass durchaus auch positiv besetzten Adjektiven wie "farblos" (IX, 86) und "grau" (IX, 83) in Verbindung gebracht werden. Die Frage nach der Repräsentation der SPD hat aber andere Gründe als die vermeintlich fehlende Ausdrucksstärke einzelner Sozialdemokraten. Vielmehr ist es Grass selbst, der auf dem Problem gewissermaßen insistieren muß, weil sein Ideal einer undogmatischen, reformfähigen — und deshalb auch faden — Sozialdemokratie sich schlecht mit ihrer Wirklichkeit verträgt. So ist das mangelnde Darstellungsvermögen, das Grass der Partei zum Vorwurf macht, nicht zuletzt Produkt der eigenen Unfähigkeit, konkrete Formen für seine politischen Vorstellungen zu finden. Grass' hochentwickelte Rhetorik der kleinen Schritte, der Grautöne der Politik und sein Bild von der Arbeit am sozialdemokratischen Mosaik, wie er es an anderer Stelle nennt, zeugen von ebendieser Problematik.

Nicht nur in der eigenen Person als Redner avanciert bei Grass die persönliche Integrität buchstäblich zur politischen Kategorie und so zur rhetorischen Strategie, die eine argumentative Vorgehensweise vielfach ersetzt. Am deutlichsten läßt sich seine etwas verkürzende Vermittlung von Politik über die Person am Beispiel der Figur Willy Brandts zeigen, der motivartig in den Reden eingesetzt wird. Als Emigrant steht Brandt stellvertretend für das Bewußtsein insbesondere der deutschen Verantwortung gegenüber der Geschichte. Nicht nur im "Loblied auf Willy" kommt die besondere Stellung des künftigen Bundeskanzlers zum Ausdruck. Auch in der Rede "Was ist des Deutschen Vaterland?" wird der Emigrant Brandt, der 1946 aus dem dänischen Exil nach Deutschland zurückkehrte, zum Modell für Grass' eigene politisch-moralische Haltung. Als jemand, der seine Geburtsstadt Danzig "verloren" hat, rekurriert Grass in "Es steht zur Wahl" auf die eigene Geschichte und fühlt sich über die Distanz zur Heimat mit dem Emigranten des zweiten Weltkriegs verbunden.

Das literarische Werk von Günter Grass lebt bekanntlich von der epischen Beschreibung und dem Hang zum Skurril-Grotesken. Detailbesessenheit und die sie begleitende Vorstellung vom Schreiben als Kleinarbeit am Text versteht Grass aber nicht bloß als stilistisches Mittel, sondern als hochpolitisches Moment seines Schreibens. "Literatur", heißt es in einem Interview, "hat ja die Aufgabe — u.a. die Aufgabe —, Lückenbüßer der Geschichte zu sein. Was wüßten wir vom Dreißigjährigen Krieg, wenn wir nicht Döblin hätten, den *Wallenstein*, aber auch den Zeitgenossen Grimmelshausen, der aus der Sicht der kleinen Leute, der Verlierer, diesen Krieg berichtet hat. Wir kennen nur die Staatsaktionen. Geschichte wird zumeist von den Siegern geschrieben. Hier erfüllt Literatur Lückenbüßerdienste, wichtige, unverzichtbare" (X, 365f.). Auch Grass' politische Reden dienen in diesem Verständnis des Schreibens der Erweiterung des Geschichtsbildes. Aber was die Romane in ihren narrativen Um- und Schleichwegen textuell praktizieren, nimmt in den Reden oft anekdotische oder parabelhafte Formen an. In "Es steht zur Wahl" sind es vier eingeblendete Kurzgeschichten, die auf historische Ereignisse verweisen und dabei die Mühen der politischen Mündigkeit verdeutlichen sollen. Der erste erzählerische Einschub handelt von den politischen Biographien von achtunddreißig Schülern des Jahrgangs 1922. Die Bilanz: von den zwölf Kriegsüberlebenden haben nur sechs das Glück der Wahlberechtigung. Nur dort, wo einer Handlung allzuviel Moral aufgebürdet wird, entsteht das Schwarz-Weiß-Denken, gegen das sich Grass eigentlich stets wendet. So verdichten sich bzw. verblassen ungewollt die Zwischentöne, die die Schattierungen von Grass' Politikvorstellung bestimmen sollen. So entstehen nicht selten — wie in der Rede "Vom alten Eisen" — politisch-moralische Verkürzungen, wie die Gleichsetzung von Links- und Rechtsradikalismus in der Geschichte, die jede differenzierte historische Perspektive verhindern.

Es kann freilich nicht darum gehen, die literarischen Texte von Grass gegen die Reden auszuspielen, so verlockend es sein mag, die These aufzustellen, die Romane seien in ihrer geschichtsergänzenden Funktion letztendlich politischer als die Reden für die SPD. Aber selbst an den Ansprüchen des Genres gemessen, scheint die politische Rede für Grass ein etwas problematisches Unterfangen, das nicht nur in den politischen Texten zum Ausdruck kommt. Die Vorsicht, mit der beispielsweise im *Tagebuch einer Schnecke* (ein Text, der sonst recht freizügig verschiedene Genres vermischt) Zitate aus politischen Reden grundsätzlich vermieden werden, läßt ein gewisses Unbehagen vermuten. Auch der Unmut über das viele "Redenreden" für die SPD ist in diesem Kontext nicht bloß als falsche Bescheidenheit zu werten, sondern deutet auf ein zwiespältiges Verhältnis zur politischen Rede überhaupt hin. Oder man nehme das Beispiel von *Katz und Maus*, in dem aus narrativer Perspektive gerade die Verhinderung einer Rede des großen Mahlke die Handlung gegen Ende der Novelle bestimmt. Im selben Text dient die Rede eines zurückgekehrten Leutnants vor den Schülern seines einstigen

Gymnasiums Grass als Anlaß zu einem beinahe sprachkritischen Exkurs, in dem auf ironische Weise besonders das fehlgeratene Pathos und die romantisierende Sprache des Redners bloßgelegt werden. Demgegenüber endet "Es steht zur Wahl" mit einer bedachten und erneuten Anspielung auf den 17. Juni, in der der Lückenbüßerdienst des Redners und die Verantwortung gegenüber der Geschichte aufs neue hervortritt. "Wer sprach hier und zu wem?", fragt Grass wiederholt, "Jemand, der über Hundejahre berichtet hat, der der Schuld den Magen umstülpte und auf Trümmer- und Schrottplätzen nach Spuren der Scham gestochert hat" (IX, 86). In diesem Sinne verabschiedet sich Grass in der Rolle des Schriftstellers, der — wohlgemerkt — einen neuen politischen Stoff sucht. Die letzten Zeilen wirken folglich wie ein recht buntes Kochrezept, dessen Durchmischung von literarischen Elementen und politischen Vorstellungen wiederum verdächtig romanhaft riecht. Und so schließt sich bei Grass der Bogen von der Politik zur künstlerischen Imagination, zu den — wie es im letzten Satz heißt — "Demokratischen Geschichten", Geschichten, in denen, so Grass in einer erneuten Berufung auf eine unkompliziert-unmittelbare Kommunikation, sich "*direkt*, ohne Rückblende und ohne den immer noch abfärbenden Hintergrund: Tausendjähriges Reich" erzählen ließe. (IX, 87; Hervorh. d. Verf.)

Anmerkungen

1   Günter Grass: "Der Inhalt als Widerstand". In: *Werkausgabe in 10 Bänden*. Bd. IX. Darmstadt u. Neuwied 1987, S. 15-20. Alle Zitate von Grass, sofern nicht anders vermerkt, aus dieser Ausgabe und mit Band- und Seitenangabe im Text.
2   Beispielhaft etwa Grass' Gedicht "Gesamtdeutscher März", das mit den Worten endet: "Bald wird das Frühjahr, dann der Sommer/mit all den Krisen pleite sein, — /glaubt dem Kalender, im September/beginnt der Herbst, das Stimmenzählen;/ich rat Euch, Es-Pe-De zu wählen." (I, 198).
3   Vgl. *Der Spiegel* 1 (1993), S. 28.

4   Vgl. Irmgard Elsner Hunt: "Vom Märchenwald zum toten Wald: Ökologische Bewußtmachung aus global-ökonomischer Bewußtheit. Eine Übersicht über das Grass-Werk der siebziger und achtziger Jahre". In: G. Labroisse/D. van Stekelenburg (Hg.): *Günter Grass — ein europäischer Autor?* Amsterdam, Atlanta 1992, S. 141-168. Erst durch die Wiedervereinigung der beiden deutschen Staaten hat die Bundespolitik für Grass neu an Bedeutung gewonnen, wie seine zahlreichen kritischen Veröffentlichungen zur Vereinigung und ihren Folgen bezeugen.

5   Günter Grass: "Wer wird dieses Bändchen kaufen?" In: Martin Walser (Hg.): *Die Alternative oder Brauchen wir eine neue Regierung?* Reinbek 1961.

6   Adenauer hatte in seiner Regensburger Rede vom 14. August 1961 aus politischem Kalkül denunziatorisch von "Brandt alias Frahm" gesprochen. Vgl. dazu Konrad Adenauer: *Reden 1917-1967. Eine Auswahl.* Hrsg. von Hans-Peter Schwarz. Stuttgart 1975, S. 417.

7   Vgl. dazu Volker Neuhaus: *Günter Grass.* 2. überarbeitete und erweiterte Auflage. Stuttgart, Weimar 1992, S. 125ff. sowie Gertrude Cepl-Kaufmann: *Günter Grass. Eine Analyse des Gesamtwerkes unter dem Aspekt von Literatur und Politik.* Kronberg/Ts. 1975, S. 32-55. Im Gespräch mit Cepl-Kaufmann merkt Grass in diesem Zusammenhang einmal an, daß seine Vorbildwahl "nicht in Personen, sondern in Handlungsweisen" liege. Das trifft in dieser harten Trennung zwar sicher nicht zu, zeigt aber die notwendige Verbindung beider Aspekte. Vgl. ebd., S. 298.

8   In diesem Sinne ist auch die Anklage in der Büchnerpreisrede zu verstehen, die Bundestagswahl 1965 sei eine Wahl gegen den Emigranten Willy Brandt gewesen. Vgl. IX, S. 136-52.

9   Wie stark sich Grass' politische Entwicklung an der Brandts orientierte, darauf hat Daniela Hermes in ihrem Nachwort zu Band IX der *Werkausgabe* verwiesen (S. 936-42, bes. 939). Anzufügen bleibt, daß auch Grass' Austritt aus der SPD, obschon sachlich begründet, keineswegs zufällig nur knapp zwei Monate nach dem Tod von Willy Brandt erfolgte.

10 Interview mit F.J. Raddatz in der *Zeit* vom 25.4.1980. Hier zitiert nach: *Günter Grass: Widerstand lernen. Politische Gegenreden 1980-1983.* Mit einem Vorwort von Oskar Lafontaine. Darmstadt und Neuwied 1984, S. 20.

11 Es handelt sich um die Reden "Es steht zur Wahl", "Loblied auf Willy", "Was ist des Deutschen Vaterland?", "Des Kaisers neue Kleider" und "Ich klage an", alle in IX, S. 76-135.

12 Vgl. Günter Grass: "Assistenz durch Dreinreden." In: *Das Wahlkontor deutscher Schriftsteller in Berlin 1965. Versuch einer Parteinahme.* Hrsg. von Klaus Roehler und Rainer Nitsche. Berlin 1990, S. 16.

13 Vgl. das Interview im *Spiegel* vom 28.7.1965, hier zit. nach: *Günter Grass - Dokumente seiner politischen Wirkung.* Hrsg. von Heinz Ludwig Arnold und Franz Josef Görtz. München 1971, S. 45ff. Es ist evident, daß viele Menschen die Veranstaltungen von Grass aufsuchten, um den Literaten in seiner ungewöhnlichen Rolle in Augenschein zu nehmen. Grass selbst nutzte dieses teils politische, teils literarische Interesse jedoch geschickt aus, indem er beispielsweise 2 DM Eintritt verlangte — "Meine Überzeugung war immer: wer zahlen muß, hört besser zu!" ("Assistenz durch Dreinreden" (Anm. 12), S. 18). Das Geld investierte Grass, auch dies eine ebenso integre wie publicityträchtige Maßnahme, in den Aufbau von Bibliotheken für die Bundeswehr.

14 Vgl. zu den Distanzierungen: *Günter Grass — Dokumente seiner politischen Wirkung* (Anm. 13), S. 35ff.

15 Vgl. zur Sozialdemokratischen Wählerinitiative Grass' Reden "Der Schriftsteller als Bürger" und "Rede vor der Sozialdemokratischen Wählerinitiative", sowie seinen Beitrag "Assistenz durch Dreinreden" (Anm. 12), S. 18. Außerdem: *Aus dem Tagebuch einer Schnecke*, IV, S. 290-92 und 314ff. sowie *Der Spiegel* 33 (1969), S. 95f. und Arnulf Baring: *Machtwechsel. Die Ära Brandt-Scheel.* Stuttgart 1982, S. 64f. Zu den Gründungsmitgliedern gehörten neben Grass und Jäckel auch die Politologen Kurt Sontheimer und Arnulf Baring sowie der SHB-Vorsitzende Erdmann Linde und Günther Gaus. Finanziell getragen wurde das Büro der SWI in Bonn und die von ihr herausgegebene Wahl-Zeitschrift *Dafür* (immerhin 2 Millionen Exemplare) von der SPD, ohne daß sie deshalb an die Beschlüsse der Partei gebunden oder ihr sonst in irgendeiner Form untergeordnet war.

16 Willy Brandt: *Erinnerungen.* 5. erw. Auflage. Frankfurt a.M., Berlin 1993, S. 281.

17 Golo Mann: "Hiergeblieben: Der Staat sind wir." In: *Frankfurter Allgemeine Zeitung* vom 18.6.1968. Hier zit. nach: Günter Grass: *Auskunft für Leser*. Hrsg. von Franz Josef Görtz. Darmstadt u. Neuwied 1984, S. 272-279.

18 Vgl. *Der Spiegel* 33 (1969), S. 99.

19 Ebda., S. 86.

20 Vgl. Arnulf Baring: *Machtwechsel* (Anm. 15), S. 44ff.

21 *Der Spiegel* 33 (1969), S. 99f.

22 Im *Tagebuch* etwa warnt er seine Kinder denn auch eindringlich vor den Wegbereitern paradiesischer Zustände, indem er an die Kehrseite Utopias erinnert, "die strengen Einreisebestimmungen und die erkenntnisfeindliche Hausordnung." Günter Grass: *Aus dem Tagebuch einer Schnecke*. Darmstadt 1980, S. 161.

23 Gertrude Cepl-Kaufmann (Anm. 7), S. 34.

24 Günter Grass: *Aus dem Tagebuch einer Schnecke* (Anm. 22), S. 13.

25 Willy Brandt: *Erinnerungen* (Anm. 16), S. 281.

26 In der Folge von Grass' öffentlicher Parteinahme für die nicaraguanische Revolution kam es auch zu einer Konfrontation mit Mario Vargas Llosa. Vargas Llosa wies dabei zu Recht auf Widersprüche in Grass' politischem Denken hin, wonach er einerseits revolutionäre Begeisterung für Nicaragua zeige, andererseits aber gerade für das demokratische Europa die Bedeutung rechtsstaatlicher Institutionen geltend mache, die in Nicaragua so nicht existierten, und er von daher mit zweierlei Maß messe. Eine ausführliche Darstellung der Auseinandersetzung findet sich bei Dick van Stekelenburg: "Der Ritt auf dem Jaguar — Günter Grass im Kontext der Revolution." In: *Günter Grass: Ein europäischer Autor?* (Anm. 4).

27 Vgl. Max Frisch: "Grass als Redner." In: Günter Grass: *Auskunft für Leser* (Anm. 17), S. 271.

28 Golo Mann: "Hiergeblieben" (Anm. 17), S. 274.

Helen Fehervary

Günter Grass und die Schriftsteller der DDR
Ein Maulwurf gräbt sich von West nach Ost.

Im Gedenken an Henry J. Schmidt

Günter Grass hat stets ohne Umschweife seine Meinung über die DDR, die SED-Parteiführung und deren Institutionen geäußert. Als Beispiel dafür möge ein Notat aus dem Jahr 1965 beim Anblick der Volksarmee im Fernsehen dienen:

> Dort marschierte sie, die Volksarmee, zackig am Schnürchen. Ein nachgemachtes Preußen. Schamlos wurde in Ulbrichts Machtbereich eine korrumpierte Tradition übernommen. Furchterregend, auch komisch, wie jede aufgeblähte Macht, zog es vorbei. Insgesamt ein Bild, das vergessen machte, daß dieser Möchtegern-Staat sich 'Friedenslager' nennt. O bärtiger großer Marx! Was haben sie dir dort angetan? In welchem Gefängnis würdest du heute dort sitzen?[1]

Gleichermaßen unverblümt verkündete Grass seine persönlichen Ansichten über die Theorie und Praxis des marxistischen Leninismus und das Vermächtnis der Oktoberrevolution. 1969 stand er vor der Versammlung des Schriftstellerverbandes und begann seine Rede über "Literatur und Revolution oder des Idyllikers schnaubendes Steckenpferd" mit den Worten:

> Meine Damen und Herren, um es vornweg zu sagen: Ich bin ein Gegner der Revolution. Ich scheue Opfer, die jeweils in ihrem Namen gebracht werden müssen. Ich scheue ihre übermenschlichen Zielsetzungen, ihre absoluten Ansprüche, ihre inhumane Intoleranz. Ich fürchte den Mechanismus der Revolution, die sich als Elixier für ihre Anstrengungen die permanente Konterrevolution erfinden mußte: Von Kronstadt bis Prag scheiterte die Oktoberrevolution militärisch erfolgreich, indem sie die überlieferten Herrschaftsstrukturen restaurierte. [...] Mit anderen Worten: Unter erklärten Anhängern der Revolution bin ich

allenfalls ein geduldeter Gast: ein Revisionist oder schlimmer noch — ein Sozialdemokrat.[2]

Grass' Beziehung zu DDR-Schriftstellern, welche zum Großteil tatsächlich Sozialisten, Marxisten und Kommunisten waren, war um vieles komplexer. Unter ihnen war er weder nur "ein Revisionist oder schlimmer noch — ein Sozialdemokrat," noch war er lediglich eine laute Nervensäge, welche das Banner der westlichen Freiheit, Demokratie und individueller Moral vor der Nase solch angesehener Mitglieder der DDR-Literaturgesellschaft wie Anna Seghers, Stephan Hermlin und dem verstorbenen Bertolt Brecht schwenkte. Das Gegenteil davon war der Fall. Grass' Image im Osten während der sechziger Jahre als naiver, sich einmischender streitsüchtiger Moralist war in den fünfziger Jahren der Ruf eines ehrgeizigen, aber ziemlich mittelmäßigen Dichters vorausgegangen.

1957 wurde im ersten Heft von *Neue Deutsche Literatur* Günter Grass' lyrisches Debüt *Die Vorzüge der Windhühner* durch eine beißende Kritik mit dem Titel "Die Kröte auf dem Gasometer" begrüßt. Der Autor der Rezension war der junge Dramatiker Heiner Müller. Sein erstes Stück *Der Lohndrücker* und seine dramatische Bearbeitung von John Reeds *Ten Days That Shook the World* hatten gerade die Aufmerksamkeit eines interessierten Publikums auf ihn gelenkt. Erst drei Jahre später wurde sein Stück *Die Umsiedlerin* als pornographisch und "konterrevolutionär" verrufen, worauf er aus dem Schriftstellerverband ausgeschlossen wurde.[3] Im Jahre 1957 dagegen konnte Müller noch ruhig und gelassen Grass' Vierzeiler "Gasag" als Beispiel absolute Banalität herausheben und für seine Leser zitieren: "In unserer Vorstadt / sitzt eine Kröte auf dem Gasometer. / Sie atmet ein und aus, / damit wir kochen können." "Sehr komisch", war Müllers scharfer Kommentar. "Doch wenn man genau hinhört, klingt das Lachen etwas heiser." Nach Müllers Meinung hatte sich Grass einer als surrealistischen Humor posierenden "Kapitulation des Denkens" schuldig gemacht.[4] Darauf folgte:

Die Gedichte von Günter Grass sind rhythmisch kraftlos, Assoziationsreihen ohne Struktur. Was bleibt, ist Highbrow-Pornographie. Aufgabe der Dichtung bleibt die Verteidigung des Menschen gegen seine Verwurstung und Verdinglichung. Leute wie Grass haben uns und wir haben ihnen nichts zu sagen.[5]

In einer differenzierten, aber erst posthum veröffentlichten Besprechung derselben Sammlung äußerte der Dichter Johannes Bobrowski eine ähnliche Kritik bezüglich der formalen Probleme:

> Grass setzt seine Bilder recht hart ein. Freilich scheint mir das einstweilen doch weniger auf Konzentration zu deuten, als auf eine vorhandene 'kunstgewerbliche' Neigung, — ein Spiel, dem sich die Sprache nicht sehr gefügig zeigt. [...] Auf jeden Fall ist Grass aber eine Begabung, auf die man achten sollte. [...] Er wird sich noch wandeln, das steht in den Gedichten, deutlicher noch in den vier Seiten Prosa 'Fünf Vögel' und in den Zeichnungen.[6]

Während Bobrowskis literarische Einschätzung von Grass dessen zukünftige Entwicklung genau prophezeite, setzte Müllers ideologisch gefärbte Anklage den in den kommenden Jahrzehnten in der DDR vorherrschenden Ton. Je mehr der westdeutsche literarische Markt für Grass als einen Sprachakrobaten und multi-talentierten Medienstar warb, desto gehässiger fielen die DDR-Kritiken seiner Arbeit aus.

Warum hätte man in der DDR einen großen Wirbel um diesen neuen Autor machen sollen? Schließlich konnte die DDR-Dichtung Erich Arendt und Stephan Hermlin für sich beanspruchen, die im antifaschistischen Exil den Surrealismus gelebt und eingeatmet hatten, wie es kein junger Existentialist konnte, der zufällig ein paar Jahre in Paris verbrachte. Und was war schon so bedeutend an der Prosa dieses Umsiedlers aus Danzig und der Kaschubei mit einem obszönen Sinn für Humor? Die DDR hatte schließlich ihren plebejischen Schriftsteller in der Person Erwin Strittmatters, der 1957 bereits zwei seiner autobiographischen Romane — *Ochsenkutscher* und *Der Wundertäter* — veröffentlicht hatte. Wichtiger noch: Bis 1959 war praktisch schon Brechts ganze Prosa erschienen — die *Kalendergeschichten*, der *Dreigroschenroman*, die *Geschichten vom Herrn Keuner* und *Die Geschäfte des Herrn Julius Cäsar*. Von seiner Lyrik und seinen dramatischen Werken gar nicht zu reden. Was die Verdienste um die lange Romanform und dessen Evokation der Geschichte angeht, so brauchte man nur Arnold Zweig und seinen weltweit bekannten Romanzyklus *Der große Krieg der weißen Männer* zu erwähnen. Kürzere Erzählformen wurden mehr als gekonnt von Anna Seghers vertreten, die jederzeit ohne übermäßige Schnörkel fabulieren konnte. Und wer die Kitzel der Erotik nicht missen wollte, der konnte sie genügend beim Meister Brecht finden. Dieser war außerdem in mehr oder minder jedem Genre bewandert, wie auch in der bildenden Kunst und Musik. Summa summarum, die DDR brauchte keinen Günter Grass, um die deutsche Literatur zurück auf die Weltkarte zu bringen. Und wenn auch die DDR-Präsenz auf eine Hälfte der deutschen Landkarte begrenzt blieb, so hatte dies nichts mit Literatur, sondern alles mit der Politik des Kalten Krieges zu tun.

Dieser letzte Punkt war die Grundlage für "Ein Solo in Blech", Hermann Kants verbitterte Rezension der *Blechtrommel*, die 1960 in *Neue Deutsche Literatur* erschien. Kant interpretierte den Erfolg der *Blechtrommel* allein als Resultat literarischer Skandale, der Medienverpackung und eines Autors pornographischer Phantasie:

> Die westdeutsche Kritik hat Grass einhellig bescheinigt, er verfüge über eine schier unbegrenzte Phantasie. Daran ist schon etwas. Grass kennt tatsächlich keine Grenzen im Ersinnen von Abnormem und Monströsem. [...] Grassens Phantasieprodukte verhalten sich in manchen Stücken zu Dantes Höllengeschichten wie sich etwa Hollywoods Zelluloidhorror zum 'König Lear' verhält. Wenn Kot-, Eiter- und Spermaphantasien zum Bereich der Kunst gehören, so wollen wir die Comicstrips in die Nationalgalerie hängen.[7]

Der Ton dieser Rezension in *Neue Deutsche Literatur* ähnelte ziemlich jenen westdeutschen Angriffen auf *Die Blechtrommel*, welche verlangten, daß der Roman zensiert und aus Schulen und Bibliotheken zurückgezogen werde. Es ist kein Wunder, daß Grass beim fünften Kongreß des Schriftstellerverbands in Ostberlin wie folgt reagierte: "Dieses Deutschland mag politisch zweigeteilt sein, aber die Sprache als Gemeinsames ist ihm geblieben. Formulierungen wie 'wirkliche Kunst', 'echte Kultur' [...] können auch in Westdeutschland, etwa auf Oberlehrertreffen oder bei den Diskussionen katholischer Jugendlicher, gehört werden."[8] Hermann Kant hatte genau das Gegenteil in seiner Rezension über *Die Blechtrommel* vom Vorjahr beobachtet: "Kleinbürger zahm und Kleinbürger wild, aber immer Kleinbürger--das ist die Personage dieses Romans."[9] Was tue man also mit einem Autoren wie Grass? Am Ende seiner Rezension bot Kant die Lösung an: "Möge [Grass] fortan die Welt

nicht mehr aus dem Gully betrachten und nicht mit den Augen eines
Kretins, dann möge er den Rasputin fortwerfen und den Goethe zu Ende
lesen. Er wird dann mehr sehen."[10]

Für seinen Teil hielt Grass viel von Aufklärung, einem Wort, das in
seinen Reden und Aufsätzen immer wieder vorkommt. Auf persönlicher
Ebene wollte er mit den DDR-Schriftstellern wahrscheinlich so offen
diskutieren und debatieren, wie er es von den Treffen der Gruppe 47
gewohnt war. Aber auch hier war er nicht auf neutralem Boden, wie aus
einem Bericht von Joachim Kaiser aus dem Jahre 1962 hervorgeht, der
regelmäßig bei diesen Treffen anwesend war:

Günter Grass etwa kam 1955 dazu. Man wußte, er war Maler
oder irgendwie bildender Künstler. Offenbar schrieb er auch. Mit
erschreckendem Schnurrbart, raubierhafter Beherrschtheit und
kaschubischem *air* las Grass Gedichte. Sie stürmten über die
Gruppe hin, wirkten lähmend und befreiend zugleich. Lob und
Tadel in der Kritik: das Ungewöhnliche war begriffen worden.
Die Zeitungen entzündeten sich, später kam dann für ein Kapitel
aus der entstehenden *Blechtrommel* der Preis der Gruppe 47.
Noch später wurde er zum Erfolg nicht nur in Deutschland,
sondern auch in Frankreich und Anglo-Amerika. Heute erscheinen in englischen Zeitschriften große Grass-Essays. Und
wenn Grass nun mit vor allem nüchtern technischen oder privat
betroffenen Anmerkungen in die Diskussion eingreift, wenn er
— untadelig gekleidet, gleichsam domestiziert, von Auslands-
reisen zurück — neben Hans Werner Richter steht wie ein
mächtiger Sohn neben einem erfahrenen Vater, dann wäre das
alles nicht (zumindest nicht so) ohne die Gruppe 47. Alle wissen
es. Die Freunde, die damit zufrieden sind, und die Feinde, die
es nicht in der Ordnung finden.[11]

Stephan Hermlin und nicht Hans Werner Richter war damals der
literarische Mentor und Sprecher für die jungen Modernisten auf der
anderen Seite der innerdeutschen Grenze. Er setzte die Förderung des
Dialogs zwischen Ost- und Westdeutschland über die nächsten drei
Dekaden kontinuierlich fort, manchmal zum eigenen Nachteil vis-à-vis
den Parteiführern. Aber Hermlin, dessen eleganter Erzählstil spielend mit
jedem Mitglied der Gruppe 47 wetteifern konnte, weigerte sich nicht nur,

Grass nachzugeben, sondern tat alles nur Erdenkliche, um ihn verbal auszumanövrieren. Als daher beim Fünften DDR-Schriftsteller-Kongreß im Mai 1961 der DDR-Kulturminister seine Litanei kultureller Leistungen mit der rhetorischen Frage beendete: "Wer könnte uns das Wasser reichen?" "Diese Frage kann ich konkret mit einigen Namen beantworten", rief Grass schnell. "Zeigen Sie Ihren Lesern in diesem Staat Musil, Kafka, die westdeutschen Schriftsteller, französische Schriftsteller, gleich welcher Schule, gleich welcher formalen Entwicklung, gleich, ob Sie sie formalistisch nennen, und Sie werden merken: Es gibt in Westdeutschland, in Frankreich und in England Schriftsteller, die in der Lage sind, Ihnen das Wasser zu reichen."[12]

Offensichtlich beschäftigten Grass die Angriffe gegen ihn in *Neue Deutsche Literatur* mehr als die Diskussionen über Literatur, wie sie in *Sinn und Form* geführt wurden. Stephan Hermlin erklärte das so:

Der kurze Beitrag von Günter Grass war, wie ich glaube, zum Teil von einem Mißverständnis gefärbt. Grass zeigte sich aufgebracht über einen Satz aus der Rede des Ministers für Kultur, Hans Bentzien. Er hielt es für nötig, große Namen der zeitgenössischen Literatur zu beschwören, um einige Beispiele für Schriftsteller anzuführen, die anderen Schriftstellern das Wasser reichen könnten. Ich erlaube mir, den Satz des Ministers für Kultur, den er mir in seinem Manuskript gezeigt hat, noch einmal zu zitieren. Er lautet: 'Wer könnte aufstehen und denen das Wasser reichen, die heute hier im Saale sitzen oder geistig mit uns verbunden sind oder waren!' [...] Ich für meinen Teil habe gegen den Satz deshalb gar nichts einzuwenden, weil ich mich als ein beliebiger Schriftsteller auch mit jenen großen Zeitgenossen verbunden fühle, die Grass genannt hat, nämlich mit Musil und Kafka. Der Satz von Hans Bentzien schließt auf jeden Fall Günter Grass und Martin Walser ebenso ein wie James Aldridge oder Ernst Fischer oder irgendeinen anderen unserer Freunde, die uns die Ehre machten, unseren Kongreß zu besuchen. Es war also, glaube ich, nicht nötig, so zornig zu werden.[13]

Drei Monate später, am 14. August 1961, schrieb Grass seinen berühmten offenen Brief an Anna Seghers, die als Präsidentin des DDR-

Schriftstellerverbandes beim Mai-Kongreß den Vorsitz führte.[14] Der dramatisch mit "Hilfesuchend grüßt Sie Günter Grass" unterzeichnete Brief begann mit den Worten:

Verehrte Frau Anna Seghers, als mich gestern eine der uns Deutschen so vertrauten und geläufigen plötzlichen Aktionen mit Panzernebengeräuschen, Rundfunkkommentaren und obligater Beethoven-Symphonie wach werden ließ, als ich nicht glauben wollte, was ein Radiogerät mir zum Frühstück servierte, fuhr ich zum Bahnhof Friedrichstraße, ging zum Brandenburger Tor und sah mich den unverkennbaren Attributen der nackten und dennoch nach Schweinsleder stinkenden Gewalt gegenüber.

"Ich habe", gab Grass zu, "sobald ich mich in Gefahr befinde — oftmals überängstlich, wie alle gebrannten Kinder —, die Neigung, um Hilfe zu schreien. Ich kramte im Kopf und im Herzen nach Namen, nach hilfeverheißenden Namen; und Ihr Name, verehrte Frau Anna Seghers, wurde mir zum Strohhalm, den zu fassen ich nicht ablassen will." "Sie waren es", fuhr Grass in seiner leidenschaftlichen, zunehmend ödipalen Bitte fort, "die meine Generation oder jeden, der ein Ohr hatte, nach jenem nicht zu vergessenden Krieg unterrichtete, Recht und Unrecht zu unterscheiden; Ihr Buch, *Das siebte Kreuz*, hat mich geformt, hat meinen Blick geschärft. [...] Die Angst Ihres Georg Heisler hat sich mir unverkäuflich mitgeteilt; nur" — und hier lag der Haken — "heißt der Kommandant des Konzentrationslagers heute nicht mehr Fahrenberg, er heißt Walter Ulbricht und steht Ihrem Staat vor."[15]

Wie in all seinen Konfrontationen mit DDR-Schriftstellern war Grass stets darauf bedacht, auch Ungerechtigkeiten auf seiner Seite der Grenze aufzuzeigen: "Heute [...] bastelt ein Innenminister Schröder an seinem Lieblingsspielzeug: am Notstandsgesetz. Heute [...] trifft man in Deggendorf, Niederbayern, Vorbereitungen zu katholisch-antisemitischen Feiertagen." Und, wie es zu seiner Gewohnheit werden sollte, Grass' Lösung für die Ost-West Krise war der Ruf nach einer Volksfront ost- und westdeutscher Schriftsteller, den er in diesem Fall in eine geschlechtsspezifische Metaphorik einkleidete:

Dieses Heute will ich zu unserem Tag machen: Sie mögen als schwache und starke Frau Ihre Stimme beladen und gegen die Panzer, gegen den gleichen, immer wieder in Deutschland

hergestellten Stacheldraht anreden, der einst den Konzentrations-
lagern Stacheldrahtsicherheit gab; ich aber will nicht müde
werden, in Richtung Westen zu sprechen: Nach Deggendorf in
Niederbayern will ich ziehen und in eine Kirche spucken, die
den gemalten Antisemitismus zum Altar erhoben hat.[16]
Ohne eine Antwort von Seghers zu erhalten, die sich nach dem Mai-
Kongreß auf eine Reise nach Brasilien begab, schickten Grass und
Wolfdietrich Schnurre zwei Tage später einen zweiten Brief mit fast
demselben Inhalt, aber ohne die dem ersten eigene metaphorische
Hyperbel ab. Dieser Brief forderte "alle Schriftsteller der DDR" auf zu
reagieren, "indem Sie entweder die Maßnahmen Ihrer Regierung
gutheißen oder den Rechtsbruch verurteilen"[17]. Unter den Mitgliedern
des Vorstandes des Schriftstellerverbandes, die antworteten (Franz
Fühmann, Erwin Strittmatter, Bruno Apitz, Paul Wiens), bot Stephan
Hermlin wie üblich die geschickteste Antwort:

> Das Unrecht vom 13. August? Von welchem Unrecht sprechen
> Sie? Wenn ich Ihre Zeitungen lese und Ihre Sender höre, könnte
> man glauben, es sei vor vier Tagen eine große Stadt durch eine
> Gewalttat in zwei Teile auseinandergefallen. Da ich aber ein
> gutes Gedächtnis habe und seit vierzehn Jahren wieder in dieser
> Stadt lebe, erinnere ich mich, seit Mitte 1948 in einer gespalte-
> nen Stadt gelebt zu haben. [...] Die Spaltung Berlins begann
> Mitte 1948 mit der bekannten Währungsreform. Was am 13.
> August erfolgte, war ein logischer Schritt in einer Entwicklung,
> die nicht von dieser Seite der Stadt eingeleitet wurde.

Doch wie es für Hermlin typisch war, zeigte er sich als Kosmopolit,
dessen Geltungsbereich sich über Grenzstreit und Nationalliteraturen
erhob:

> Ich habe meiner Regierung am 13. August kein Danktelegramm
> geschickt und ich würde meine innere Verfassung auch nicht als
> eine solche 'freudige Zustimmung', wie manche sich auszu-
> drücken belieben, definieren. Wer mich kennt, weiß, daß ich ein
> Anhänger des Miteinanderlebens bin, des freien Reisens, des
> ungehinderten Austausches auf allen Gebieten des menschlichen
> Lebens, besonders auf dem Gebiet der Kultur. [...] Ich bin
> überzeugt, daß es meiner Antwort an Deutlichkeit nicht gebricht,

und hoffe, daß wir uns bald in freundlicheren Stunden wiedersehen werden.[18]

Zumindest auf der Sprachebene behielt Hermlin die Oberhand. Tatsächlich wurden Grass' überschwengliche Äußerungen der moralischen Empörung auch unter seinen liberalen westdeutschen Kollegen als zu drastisch empfunden, die dann im September einen entschieden zurückhaltenderen Offenen Brief an die Vereinten Nationen aufsetzten, in welchem sie um Intervention in der deutschen Frage baten. Sicherlich spricht es für Grass' Mut und Beharrlichkeit, daß er nach dem Debakel vom August 1961 weiterhin versuchte, mit DDR-Schriftstellern einen Dialog aufrechtzuerhalten. Ein von Heinrich Böll am 23. Januar 1961, also sechs Monate vor der Kontroverse um die Berliner Mauer, an Stephan Hermlin geschriebener Brief zeigt, wie prekär die Situation westdeutscher Schriftsteller während dieser Zeit war:

Lieber Stephan Hermlin, wenn ich in meiner Anwesenheit in Weimar auch nur den geringsten Sinn sehen würde, käme ich [...]; aber ich sehe keinen, nur die Gefahr einer Mißdeutung, beiderseits der Grenzen. [...] Nur müssen Sie wissen, und ich bitte Sie, es auch Huchel und Anna Seghers zu sagen, daß ich — mit vielen anderen hier — des 'Edelkommunismus' systematisch verdächtigt werde, daß Herr Schlamm das Wort vom 'Böllschewismus' geprägt hat; daß man mich ganz bewußt in eine Ecke drängen will, in die ich nun tatsächlich nicht gehöre — und wenn ich nach Weimar käme, würde ich mich genau in die Ecke stellen, in die man mich haben will. [...] Ich kann mir nicht helfen. Lieber Hermlin, Sie und Ihre Kollegen sind denn doch zu sehr Funktionär. Sie wären es nicht mehr, wenn Sie mit der gleichen Verve Ulbricht kritisieren könnten, wie wir A. kritisieren; vielleicht möchten Sie nicht U. kritisieren — gut — aber das macht die Sache noch schlimmer. [...] Nun, Sie wissen, daß ich weder Bol- noch Böllschewist bin; hierzulande geht die Perfidie um, ich fürchte, bei Ihnen im Lande auch.[19]

Mit der Fertigstellung von *Hundejahre* im Jahre 1963 schien Grass die Danziger Jahre hinter sich zu lassen. 1961 hatte er begonnen, seine Stimme der Unterstützung der SPD und Willy Brandts zu leihen. Mit Brandt hatte Grass einen Mann gefunden, der weder aus dem Ehrgeiz und Erfolg des jungen Künstlers Kapital schlug, noch ihn in der Öffentlichkeit demütigte. Die Zusammenarbeit mit Brandt und der SPD ermöglichte es Grass, seine theatralischen Talente auf einer viel größeren Bühne darzubieten als der, die ihm die Gruppe 47 oder der DDR-Schriftstellerverband gewähren konnte. Jetzt wurde sein ausdrucksstarkes Talent nicht mehr in rauchgefüllten, von der Gruppe 47 besuchten Cafés und Villen zurückgehalten, noch wurde es durch die rhetorische Panache der Veteranen der kommunistischen Partei übertroffen, deren Selbstdiszi-plin auf die Zeit zurückging, in der Grass dem Chaos des Krieges und der darauffolgenden Disorientierung ausgesetzt war.

Die Fertigstellung der Danziger Trilogie scheint eine nachdenklichere Periode und ein neues Verständnis seiner Rolle als politisch engagierter Schriftsteller eingeleitet zu haben. War die Aktivistenhaltung des jungen Grass vom anarchistischen Radikalismus der Surrealisten geprägt gewesen, so interessierte er sich nun für jenen Aspekt der Tradition der Aufklärung, der politische und moralische Verantwortung hervorhob. Der deutsche Künstler des 20. Jahrhunderts, dessen reiferes Werk sich der Verwandlung der Ideale der Aufklärung in einen radikalen, sozialen Entwurf für die Zukunft widmete, war niemand anders als Bertolt Brecht — der Inbegriff des Avantgarde-Künstlers und zugleich ein Klassiker der Moderne, mit dem sich alle ernsthaften Künstler der nächsten Generation auseinandersetzen mußten. Und mit Brecht setzte sich auch Grass, wie so viele andere auch, auseinander. Es ging um die Ausdifferenzierung der eigenen künstlerischen und politischen Ansichten, wie auch um die allmähliche Entfremdung derer, die einst durch ihr Interesse am literarischen Text in der Gruppe 47 vereint waren. Enzensberger wurde schon in den fünfziger Jahren sowohl von Brecht als auch der Frankfur-ter Schule beeinflußt; im Laufe der sechziger Jahre ging er seinen eigenen Weg und widmete sich ausschließlich der Dokumentation und dem politischen Essay. Martin Walser, dessen frühe Prosa Einflüße Kafkas zeigte, wandte sich dem epischen Theater zu und unterstützte die DKP. Peter Weiss, dessen frühe Prosa und Dramatik im Zeichen des Surrealismus stand, machte sich jetzt das epische Theater zu eigen und entwickelte starke Beziehungen zu der DDR, wo seine Stücke aufgeführt wurden. Das politische Theater bekräftigte sich erneut mit Rolf Hoch-huths *Der Stellvertreter* (1963), Peter Weiss' *Marat/Sade* (1964) und

Heinar Kipphardts *In der Sache J. Robert Oppenheimer* (1964). Alle drei dieser höchst erfolgreichen Stücke konzentrierten sich auf eine zentrale Figur, die in geschichtliche Ereignisse von großer Tragweite verwickelt wurde und sein Handeln rechtfertigen mußte. Grass arbeitete genau mit demselben Konzept für *Die Plebejer proben den Aufstand*, dessen Premiere im Januar 1966 in Westberlin stattfand.

Grass' Beschäftigung mit Brecht in den Jahren 1964 und 1965 war in mancher Hinsicht eine Auseinandersetzung mit sozialistischen und komunistischen Schriftstellern der DDR während der frühen sechziger Jahre. Insbesonders zwei DDR-Schriftsteller scheinen maßgeblich in diesen Prozeß der Auseinandersetzung verwickelt gewesen zu sein: Johannes Bobrowski, der seine Gedichte im Jahre 1960 erstmals vor der Gruppe 47 las und zwei Jahre darauf deren begehrten Preis gewann; und Uwe Johnson, der 1959 nach West-Berlin zog, nachdem der Suhrkamp Verlag *Mutmaßungen über Jakob* veröffentlichte. War Grass' öffentliches Verhältnis mit DDR-Schriftstellern höchst streitsüchtig, so scheinen seine privaten Beziehungen von jenen Zügen gekennzeichnet gewesen zu sein, welche Professor Hans Mayer, als er im Jahre 1960 von Leipzig aus zum Treffen der Gruppe 47 in Aschaffenburg reiste, folgendermaßen charakterisierte:

Mir gefiel dieser gleichzeitig so schwierige und so gesellige Mann immer besser. [...] Grass war damals umworben und gefeiert wie sonst keiner von allen Autoren unserer Sprache. Die 'Blechtrommel' [und die Novelle 'Katz und Maus'] hatte[n] hineingewirkt in die Welt. Grass machte vor, was man als berühmter Autor im eigenen Lande an Kritik leisten kann, ohne gerichtlich verfolgt zu werden, wie weiland Carl von Ossietzky, und ohne angeekelt das deutsche Land zu verlassen, wie Tucholsky, der Mann mit den 5 PS. Er redete öffentlich mit über die öffentlichen Dinge, war nicht zimperlich in seiner Ausdrucksweise. Er beschmutzte das eigene Nest, prüfte jedes staatliche Gerede auf den Wahrheitsgehalt, war berühmt, verdiente viel Geld, doch weder ehrgeizig noch interessiert am unnötigen Besitz: das sprach sich herum.[20]

Der gesellige Autor des Bestsellers *Die Blechtrommel* zog bei jedem Auftreten Massen an und fing an bei öffentlichen Lesungen gemeinsam mit dem jüngeren und eher zurückgezogenen Uwe Johnson aufzutreten: von Westberlin, wo die Auditorien der FU und TU bis zum letzten Platz besetzt waren, bis zur Ostküste der Vereinigten Staaten, von Northampton bis nach Princeton. Sooft er in der DDR war — wohin er Johnson nicht mitnehmen konnte — wurde Grass nicht müde, auf den 'Fall' Johnson hinzuweisen. Auf diese Art konnte Grass ein Publikum schockieren, wie zum Beispiel an der Universität Leipzig, als er Johnsons Grüße an alle überbrachte, die hier in seinem früheren Vorlesungssaal versammelt waren. Oder er verärgerte Funktionäre, indem er sie daran erinnerte, daß Johnsons Werke (wie jene von Grass bis Mitte der achtziger Jahre) für Leser in der DDR nicht erhältlich waren, oder indem er anfing, vom Podium aus einen von Johnsons Texten vorzulesen, den er zufällig dabei hatte.[21]

Mit Bobrowski setzte Grass seine Anstrengungen fort, Beziehungen zwischen DDR- und BRD-Schriftstellern aufrechtzuerhalten. Einige solcher Bemühungen fielen positiv aus, wie die "Ost-West Lyrik"-Lesungen an der Westberliner Akademie der Künste im Jahre 1965, während andere katastrophal endeten: wie im November 1964 das Treffen in Weimar, das ein knurrender Grass zusammen mit Hans Magnus Enzensberger nach einer furiosen Auseinandersetzung mit dem Leiter des Aufbau-Verlags Klaus Gysi demonstrativ verließ. In Anbetracht dessen tat — wie es ein Kommentator ausdrückt — "der gewichtige Johannes Bobrowski das Gescheiteste, indem er schwieg".[22] Solche dramatischen Zurschaustellungen der Ost-Westbeziehungen schienen dem DDR-Dichter die meisten Nerven zu kosten, da er "nicht für Kontakte um jeden Preis, sondern für nützliche, weil überlegte Gespräche" war.[23]

Im Gegensatz zu Grass und seinen verbalen Sparringspartnern waren Bobrowski und Johnson relativ wortkarg und neigten nicht zu ideologischen Kommentaren. Für beide schienen persönliche Beziehungen Priorität gegenüber politischen Auseinandersetzungen zu haben — dies stand in scharfem Kontrast zur von Grass im Laufe der sechziger Jahre erfahrenen Entfremdung von solchen Gruppe-47-Kameraden, wie Enzensberger, Walser und Peter Weiss. "Ich meine, daß es unbedingt nötig ist, daß sich die Autoren auch untereinander kennenlernen. Ich halte das für das Wichtigste", erwiderte Bobrowski einem DDR-Interviewer, der ihn über Aussichten für weitere Ost-West-Kontakte befragte.

"Der Grass läuft hier herum im Gerede der Leute als eine Art Buh-Mann, was er wirklich nicht ist. Vielleicht im Äußeren oder in der Art. Aber wenn die Leute ihn besser kennenlernten, könnten sie ihn auch besser beurteilen."[24] Johnson, den Grass öffentlich als DDR-Schriftsteller und Marxisten anerkannte, hatte oft politische Meinungsverschiedenheiten mit ihm. Tatsächlich trat Johnson in keiner der 1961 verfaßten Erklärungen und in keinem der Briefe, die sich der DDR gegenüber kritisch äußerten, als Unterzeichner auf. In einem Interview aus dem Jahre 1991 sagte Grass über ihn: "Meine Reaktion auf den Mauerbau — ich glaube nicht, daß er die in dieser Form geteilt hat."[25] Gefragt nach seiner Freundschaft mit Grass trotz der politischen Differenzen, antwortete Johnson in einem *Vorwärts*-Interview des Jahres 1966: "Man ist nicht deshalb miteinander befreundet, weil man die gleiche politische Meinung vertritt. Über seine politische Betätigung habe ich oft mit Grass gesprochen, er ist da anderer Ansicht, aber das hat unserer Freundschaft keinen Abbruch getan."[26]

Grass' Interesse an DDR-Literatur wurde ohne Zweifel zutiefst von seinen Beziehungen zu Bobrowski und Johnson beeinflußt. Im Gegensatz zu vielen westdeutschen Kritikern verstand Grass, daß sowohl Bobrowski und Johnson nicht einfach ostdeutsche Schriftsteller in einem geographischen Sinne waren, sondern DDR-Schriftsteller, die eng mit der sozialen Substanz des DDR-Lebens verknüpft waren, wie die in ihren Werken dargestellten Landschaften. Beeindruckte Bobrowski Grass als ein frommer Christ, der zugleich den Sozialismus in dem Staat bejahte,[27] in dem er lebte und arbeite, so blieb Johnson für ihn ein Marxist, der fortfuhr, sich mit der DDR zu identifizieren und für deren Leser zu schreiben. "Ich glaube, daß die Schreibweise von Johnson bis in die *Jahrestage* hinein [...] für eine ostdeutsche Leserschaft konzipiert war", sagte Grass 1991 in einem Interview. "Dieses Publikum war in der Lage, verdeckte Anspielungen zu verstehen. Im Bewußtsein westdeutscher Leser ist da vieles verloren gegangen."[28] Hinsichtlich Johnsons Ansichten über die deutsche Wiedervereinigung spekulierte Grass 1991, daß diese wohl seinen eigenen ähnlich wären: "Uwe Johnson war kein Anhänger der Vereinigung oder des Vollzugs dessen, was im letzten Jahr geschehen ist. Ich glaube nicht, daß ihm das gefallen hätte. Die Form ganz bestimmt nicht."[29]

Mit Sicherheit hat es zwischen diesen drei Schriftstellern einen Sinn für geographische und sprachliche Verwandschaft gegeben, besonders zwischen Grass und Bobrowski. Auf Bobrowski bezog sich Grass sogar in der Romanze über die zwölf Ritter und zwölf Nonnen in *Hundejahre*: "Aber erst im Juli drauf sahen sie wieder jenes Flüßchen, das heute noch der Dichter Bobrowski dunkel besingt."[30] Bobrowski erwiderte in dem kurzen Prosastück "Das Käuzchen": "Nachher kommen die Kinder aus der Schule, und ich hier schreib etwas auf, im Büro, um mit dir zu reden. Oder besinge noch immer dunkel, wie Grass sagt, das Flüßchen Szeszupe."[31] In einem 1970 in *Weimarer Beiträge* erschienenen Artikel verfolgte Günter Hartung diese und andere Übereinstimmungen zwischen Grass' *Hundejahre* und dem ironischen Kommentar in Bobrowskis Kurzprosa sowie dem Roman *Levins Mühle*, welcher in Hartungs Artikel als "ein bewußtes Gegenstück zu Grass' Arbeiten" bezeichnet wird.[32] Hartung bemerkt, daß Bobrowski im November 1962 mit der Arbeit an *Levins Mühle* begann, und zwar, nachdem er Grass Ende Oktober aus seinem noch nicht abgeschlossenen Roman vorlesen hörte. In einem Gespräch am 2. Dezember an der Evangelischen Akademie in Berlin-Brandenburg kommentierte Bobrowski kritisch, was Hartung als eine Lesung von Alexander Kluge und Grass' Lesung von dem "Schlußmärchen" im 2. Buch von *Hundejahre* andeutet:

> Auf einer Literaturtagung kürzlich hörte ich zwei Texte, die sich mit der Darstellung des Zweiten Weltkrieges befaßten. Beide spulten das Thema unter anderem in der Sprache höherer Militärstäbe ab, der eine gab noch eine Fassung in Heidegger-scher Terminologie dazu. Beide Texte waren vorzüglich, meine ich, in künstlerischer Hinsicht. [...] Aber ich werde den Verdacht nicht los: hier geschieht das, oder ähnliches, was der Philosemit mit seinem Juden macht. Hier verselbständigt sich der Anlaß, das Motiv, das Thema, indem es sich als Kunstwert, als literarisches Experiment entdeckt, es wird interessant, es begreift sich als in Form- und Bewegungsgesetzen stehend, in Gesetzen, die der Kunst rechtens angehören. Zum Schluß hat sich der Anlaß verflüchtigt, das Kunstwerk hat sich ausschließlich als Kunstprodukt an die Stelle des vorhanden gewesenen Anliegens gesetzt. Es kann abgeschmeckt, gemessen, beurteilt werden.[33]

Bobrowski, der oft seine Bewunderung für die Aufklärung im Sinne von Klopstock und der Empfindsamkeit ausdrückte, gab schnell zu, daß er wenig mit Brecht bzw. der Brecht-'Schule' als solcher gemeinsam hatte: "Ich habe kein so starkes Verhältnis zu Brecht", bemerkte er im März 1965. "Ich mag ihn natürlich sehr, vor allem als Lyriker. Sonst bin ich kein so überschwinglicher Bewunderer."[34] Johnson andererseits, der bei Ernst Bloch und Hans Mayer an der Universität Leipzig studiert hatte, kannte die Schriften der Kritischer Theorie, und war lebenslang ein Bewunderer Brechts. Zur gleichen Zeit als Grass an seinem Brecht-Coriolanus-Projekt beschäftigt war, und zwar 1964 und 1965, arbeitete Johnson für den Suhrkamp Verlag an einer kritischen Ausgabe von *Me-ti. Buch der Wendungen*, Brechts Reflexionen über Marxismus, Leninismus und Stalinismus während des Exils. Johnson hatte zum Brecht-Archiv enge Kontakte — in erster Linie zu Hans Bunge und Klaus Baumgärtner — die noch aus der Zeit, als er in der DDR lebte, herrührten, und er hätte ohne weiters einige der vielen nichtoffiziellen Kopien der unveröffentlichen Brecht Manuskripte einsehen können, die damals unter DDR-Intellektuellen zirkulierten.[35] 1962 bat er das erste Mal um Erlaubnis, im Archiv zu arbeiten. Im Januar 1963 diskutierte er den "brechtischen" Kontext seines eigenen Werkes in einem langen Treffen mit Hans Bunge und Hanns Eisler, einem Treffen dreier Menschen, wie es Johnsons Biograph Bernd Neumann nannte, "die über die Konzeption einer kritischen, nicht-dogmatischen materialistischen Erkenntnis- und Literaturtheorie nachdachten".[36] Trotz des Widerwillens des Aufbau-Verlags und nach Bitten von Helene Weigel an Kurt Hager wurde ihm schließlich erlaubt, sich die *Me-ti*-Papiere sechs Tage im April 1965 anzusehen. Nachdem er zu Hause in Berlin-Friedenau über den Sommer gearbeitet hatte, schloß er die Arbeit an der Ausgabe am 16. August 1965[37] ab, zwei Wochen vor Bobrowskis Tod und fünf Monate bevor Grass' Stück *Die Plebejer proben den Aufstand* in Berlin uraufgeführt wurde.

Es ist nicht unvorstellbar, daß Johnson Grass gegenüber einige seiner Gedanken über Brecht und seine eigene Arbeit an der Ausgabe von *Me-ti* preisgab. In seiner Lobrede für Uwe Johnson im Jahre 1984 beschrieb Grass ihre Beziehung als "eine Freundschaft von Auf und Ab, die unseren Arbeitsprozeß begleitete. Für mich gehören Kneipengespräche in Berlin mit Uwe Johnson in den sechziger Jahren, manchmal auch noch in den siebziger Jahren zu fruchtbaren Erinnerungen".[38] Bei Bernd Neumann lesen wir, daß sich Johnson zwischen 1960 und 1965 mit Grass öfter getroffen hat als mit irgendeinen anderen Schriftsteller.[39] Tatsächlich waren sich die beiden auch in geographischer Hinsicht nahe, da Johnson für Grass und seine Familie ein Haus in der Nähe seiner eigenen Wohnung in Berlin-Friedenau gefunden hatte.[40] In Friedenau diskutierten Grass und Johnson regelmäßig über ihre Arbeit, sie tranken und feierten miteinander, besuchten sich gegenseitig und unternahmen gemeinsam Ausflüge. Wir wissen, daß Grass dem zunehmend bekümmerten Johnson im Laufe der Jahre oft zur Hilfe kam, ob es darum ging, ihn auf seinen vielen öffentlichen Lesungen in den frühen sechziger Jahren mitzunehmen, in seinem Interesse rechtlich gegen die Mitglieder der Kommune I einzuschreiten, die Johnsons Wohnung in Friedenau besetzt hatten, während dieser 1961 in New York war,[41] oder seinen Namen während des Medienskandals, der seinen Tod umgab, reinzuwaschen. Ihre Freundschaft — und das war für Grass' Arbeit am wichtigsten, "führte zu Gesprächen zwischen zwei Schriftstellern, wie ich sie hinterher nie wieder geführt habe. Mit Johnson konnte man handwerklich sprechen".[42]

Sicherlich könnte man Parallelen ziehen zwischen den Fragestellungen in *Me-ti* über die Rolle des Intellektuellen und den Themen, die Grass in seinem eigenen Stück verfolgte. Brecht — *Meti. Buch der Wendungen* — Stalin entspricht Grass — Brecht — Shakespeares *Coriolanus* — Stalin. So betrachtet, kann man die Figur Brechts, die *Coriolanus* proben läßt, während eines Arbeiteraufstandes in den Straßen Berlins, als eine dringendere, 'aktivistische' Wiedergabe seiner philosophischen Reflexionen im Exil sehen. In der Tat scheint sogar die Bezeichnung "Der Chef", die Grass für die Brecht-Figur in seinem Stück verwendete, Brechts eigener Vorliebe für Akronyme und andere Oberbegriffe in *Me-ti* zu entsprechen, wie "der Meister", die "Große Methode" oder im Falle Hitlers "Hi-jeh", "Hu-ih", "Hui-jeh", "Ti-hi" oder einfach "der Anstreicher". Das Stück selbst erhielt kritische Rezensionen, wegen seiner Verfälschung historischer Ereignisse und der Vernebelung politischer und ideologischer Schlüsselfragen.[43] Als man den Brecht-Ausleger Johnson im Januar 1966 über seine Meinung des Grass-Stückes befragte, antwortete er: "Ich war in der Hauptprobe. Es ist ein gutes

Stück, aber ich finde es anti-intellektuell. Mehr möchte ich jetzt dazu nicht sagen." "Halten Sie Günter Grass für einen Anti-Intellektuellen?" drängte der Interviewer weiter, worauf Johnson erwiderte: "Ja, ja, das ist er ganz sicher!"[44]

In Verteidigung seines Stückes bezog sich Grass oft auf das brechtsche Lehrstück, indem er argumentierte, daß die Figur Brechts und die Ereignisse vom Juni 1953 parabolisch zu verstehen seien, daß er weniger ein dokumentarisches als vielmehr ein "dialektisches" Stück beabsichtigt habe. "Ich habe genausogut mich gemeint", sagte er in einer Diskussion mit Gymnasiasten. "Ich habe eigentlich jeden gemeint, der in diesen Zwiespalt gerät, auf der einen Seite Theorie, utopischer Anspruch, Heilslehren dieser und jener Art, Forderungen an die Welt, an den Menschen und auf der anderen Seite die widersprüchliche Wirklichkeit."[45] Der Autor, der sich lange vor Grass in dieser Situation befand, war gar nicht an erster Stelle Bertolt Brecht, sondern vielmehr Alfred Döblin. Wie Grass wohl in Johnsons Essay zu *Me-ti* gelesen hat, waren Alfred Döblin und Bertolt Brecht unter jenen, welche die Vorlesungen über Marxismus des Philosophen Karl Korsch an der Karl-Marx-Schule in Berlin besuchten.[46] Später als Brecht im Exil seine enge Beziehung mit dem Philosophen aufrechterhielt, der in der bedeutenden Rolle als "Ko" oder "Ka-osch" in *Me-ti* erscheint, ging Alfred Döblin seinen eigenen Weg und bekehrte sich zum Katholizismus — der Religion, mit der Günter Grass in Danzig aufgewachsen war. Grass berief sich im Juni 1967 auf seinen neuen Mentor als "mein Lehrer Döblin", dies nur ein Jahr nach der *Die Plebejer* umgebenden Kontroverse. Wie Grass war der Einzelgänger Döblin ein Romanschriftsteller, der mehr dazu neigte, phantastische Absurditäten darzustellen als theoretische Wahrheiten zu verfolgen. Schriftsteller wie Thomas Mann, Bertolt Brecht und sogar Kafka waren Klassiker, behauptete Grass, aber eine "solche Entführung in olympische Gefilde blieb Alfred Döblin erspart. Dieser antiklassische Schriftsteller hat nie eine Gemeinde gehabt, auch nicht eine Gemeinde der Feinde. [...] Deshalb sei es dem Vortragenden erlaubt, Mann, Brecht und Kafka, bei aller schattenwerfenden und oft angeführten Größe, respektvoll beiseite zu lassen und als Schüler dem Lehrer dankbar zu sein: Denn ich verdanke Alfred Döblin viel."[47] Dann leistete sich Grass eine von seinen vielen "undialektischen" Nebeneinanderstellungen, für die er schon bekannt war, und die seine Zeitgenossen auf der Linken so wütend machten: "Da liest jemand, der Emigrant Döblin, in der Nationalbibliothek Kierkegaard und beginnt, unaufhaltsam zuerst Christ, dann Katholik zu werden. Ein anderer liest, was weiß ich, die Bibel und wird Marxist. Als 14jähriger las ich *Schuld und Sühne*, verstand nichts und verstand zu viel."[48]

Indem er sich selbst in die Döblin-Tradition einreihte, die an sich keine streng definierte Tradition war, konnte Grass unverbindlich künstlerische und politische Unterscheidungen machen, die der möglichen 'Absurdität' einer gegebenen Situation oder was auch immer zu entsprechen schienen. In dieser Hinsicht scheint es geradezu passend, daß er zwei Monate nach seiner berühmten Döblin-Rede seine Stimme in Protest gegen einige westdeutsche Zeitungen erhob, welche die langbewährte Loyalität eines DDR-Schriftstellers zu seinem Staat falsch darstellten:

> Der Zweck aller Lügen war, einen Konflikt zwischen Arnold Zweig und der Deutschen Demokratischen Republik, in der er nach freier Wahl lebt, zu erfinden. [...] Übrig blieb und bleibt die Beleidigung eines großen deutschen Schriftstellers; übrig bleibt die abermals bestätigte Erkenntnis, daß es den Zeitungen des Springer-Konzerns in der Bundesrepublik und in Westberlin immer noch möglich ist, mit wahrhaft faschistischen Methoden Zweckmeldungen zu verbreiten, die zwar den politischen Vorstellungen des Herrn Springer und seiner dienstwilligen Journalisten entsprechen, den Betroffenen jedoch — diesmal Arnold Zweig — gefährlich schädigen könnten, gäbe es keine Gegenstimmen.[49]

Wie Döblin war auch Zweig ein Linksliberaler und Sozialist, auf den die ästhetischen Bewegungen der Jahrhundertwende einen starken Eindruck hinterließen. Aber in Kontrast zu Döblin, der sich spät in seinem Leben isolierte, war es Zweig möglich, sein früheres Interesse an dem Zionismus und der Psychoanalyse mit seinen später viel energischer geäußerten sozialistischen Ansichten in Einklang zu bringen. In diesem Sinne folgte ihm Grass.

Hatte Grass seine Karriere mit Herausforderungen an DDR-Schriftsteller begonnen, so war jetzt die Zeit für ihn angebrochen, sie zu verteidigen und sich mit ihnen öffentlich zu identifizieren. Sicherlich, Grass' frühere Konfrontationen wurden durch die Politik des Kalten Krieges der Berlinkrise in den frühen sechziger Jahren genährt. Wäre die Situation in dieser Zeit nicht so sehr von übertriebener Angst und Hysterie bestimmt worden, wären Grass' grundlegende Sympathien für Kommunisten wie Brecht und Seghers sicherlich viel stärker an den Tag gekommen. Andererseits wäre seine Rezeption in der DDR wohl eine weniger dramatische, vielleicht sogar vollkommen harmlose Erfahrung gewesen. In diesem Sinne verstehe ich die von Grass in letzter Zeit vis-à-vis der Hinterlassenschaft der DDR und ihren Schriftstellern eingenommene, auffallend positive Haltung überhaupt nicht als Wandel, sondern als Fortsetzung einer Einstellung, die er von Anfang an förderte. In Ermangelung eines aufgeklärten Staates hat Grass immer eine aufgeklärte Gemeinschaft von Schriftstellern haben wollen. So heißt es etwa 1979 in *Kopfgeburten*: "Als etwas Gesamtdeutsches läßt sich in beiden deutschen Staaten nur noch die Literatur nachweisen: sie hält sich nicht an die Grenze, so hemmend besonders ihr die Grenze gezogen wurde."[50] Bis 1979 wurde die DDR-Literaturgesellschaft durch die Nachwirkungen der Biermann-Affäre bedrohlich aufgespalten. Bedeutende Autoren wie Günter Kunert, Sarah Kirsch, Thomas Brasch und Jurek Becker waren permanent oder fast permanent in den Westen gezogen, und gaben dadurch Grass noch mehr Grund, eine erweiterte Kulturnation zu feiern: "Wir Schriftsteller sind nicht totzukriegen. Ratten und Schmeißfliegen, die am Konsens nagen und die Weißwäsche sprenkeln. Nehmt sie alle, wenn ihr am Sonntagnachmittag (und sei es beim Puzzle) Deutschland sucht: den toten Heine und den lebenden Biermann, Christa Wolf drüben, Heinrich Böll hier, Logau und Lessing, Kunert und Walser, stellt Goethe neben Thomas und Schiller neben Heinrich Mann, laßt Büchner in Bautzen und Grabbe in Stammheim einsitzen, hört Bettina, wenn ihr Sarah Kirsch hört, lernt Klopstock bei Rühmkorf, Luther bei Johnson, beim toten Born des Gryphius Jammertal und bei Jean Paul meine Idyllen kennen."[51]

Grass beteiligte sich nicht am Trend zur neuen Subjektivität und zu den Minimalformen des Postmodernismus. Ebensowenig interessierte er sich für die Rechten innerhalb der SPD, die ihm unter dem Vorsitz von Helmut Schmidt wenig Anreize bot. "Andersdenken" ist wahrscheinlich

das Wort, das seine Situation als Schriftsteller und als politische Person
in den siebziger und achtziger Jahren in der Bundesrepublik Deutschland
am besten umschreibt, einer Zeit, in der er mit den Schriftstellern seiner
Generation im Osten fast mehr gemeinsam zu haben schien als mit denen
im Westen. In der Tat schrieb Grass in *Kopfgeburten*, "wie wir uns
regelmäßig — vier fünf westberliner Autoren, sieben acht ostberliner
Autoren — von 1973 bis 77 in wechselnden ostberliner Wohnungen
getroffen, uns aus Manuskripten vorgelesen, unsere geteilte Lage und
doch immer noch gemeinsame Sprache beklagt und gefeiert haben".[52]

Insofern war es nur eine Frage der Zeit, bevor sich Grass wieder
einmal im Sinne einer literarischen Ost-West-Verwandtschaft äußerte.
Hatte sich diese Art von Verwandschaft zuerst unter strittigen Bedingun-
gen manifestiert, wie im Falle von Seghers und Brecht, so wurde sie
jetzt, wie schon mit Uwe Johnson und Johannes Bobrowski, eine
Verwandschaft von Gleichgesinnten: "Als Christa Wolf vor einigen
Jahren in ihrem Buch *Kein Ort. Nirgends* den Dichter Heinrich von
Kleist vergeblich Zuflucht suchen ließ, räumte ich in meiner Erzählung
Treffen in Teltge den deutschen Barockdichtern für nur wenige Tage
Zuflucht ein. Diese unausgesprochene Übereinkunft mag anzeigen, wie
unteilbar das Herkommen der deutschen Literatur ist. Zwar örtlich
geprägt und oft genug geschunden, sind die Künste und mit ihnen
Dichter und Maler ortlos geblieben und deshalb Mauerspringer aus
Passion; ihnen nachhaltig keine Grenzen gezogen werden."[53] Grass, der
wie Christa Wolf (und Johnson und Bobrowski) schon lange die
"Kindheitsmuster" und die Idee einer Nation als Heimat hinter sich
gelassen hatte, forderte jetzt das Überwinden der Fragmentierung und
Aufteilung am Beispiel einer aufgeklärten Gemeinschaft von Schriftstellern:

> So sehr Deutschland in zwei Staaten aufgeteilt ist, so sehr diese
> beiden Staaten gegeneinanderleben und sich ausschließen, ist
> doch die deutsche Gegenwartsliteratur der beiden deutschen
> Staaten zusammengewachsen. Es gibt eine Korrespondenz im
> Widerspruch oder in der Themenwahl. Ohne Absprache haben
> wir — Christa Wolf und ich, sie an Kleist und Günderrode (in
> *Kein Ort. Nirgends*), ich am *Treffen im Telgte* — gearbeitet.
> Beide suchen wir in unserer traurigen, unsäglich traurigen

deutschen Vergangenheit nach Ansätzen, um uns heute zu erklären. In dem Prozeß des Selbstverständnisses der Deutschen als Nation sind wieder einmal die Schriftsteller den Politikern weit voraus."[54]

Und an seine Mahnungen erinnernd, welche im Interesse von Johnson die Funktionäre der DDR verärgerten, empfahl Grass 1983 den Politikern des Bundestages vor der Debatte über den Einsatz von Pershing II Raketen in der BRD die Lektüre der Schriften von Christa Wolf:

> Oft genug hat sich (besonders in Deutschland) die Unverein-
> barkeit von schriftstellerischer Einsicht und politischer Praxis
> bewiesen; denn hätten wir ein angenähertes Verständnis von
> vielschichtiger Wirklichkeit, dann wäre auch Ihnen 'Kassandra',
> die jüngste Erzählung der Schriftstellerin Christa Wolf, erhellend
> und für Ihren Entschluß hilfreicher gewesen, als die dürftige
> Fiktion der Genfer Verhandlung.[55]

Grass' aktives Engagement in der Friedens- und Umweltbewegung während der achtziger Jahre brachte ihn mit Ostdeutschen auf beiden Seite der Grenze zusammen. Mit den DDR-Verbannten Thomas Brasch und Sarah Kirsch sowie mit Peter Schneider forderte er Bundeskanzler Helmut Schmidt in einem offenen Brief vom 17. April 1980 auf, sich der Stationierung von amerikanischen Raketen in der Bundesrepublik entgegenzusetzen. Und gemeinsam mit überzeugten DDR-Kommunisten wie Stephan Hermlin und Hermann Kant organisierte er die Berliner Begegnungen, die am 13/14. Dezember 1981 und am 22/23. April 1983 ost- und westdeute Intellektuelle zusammenbrachte. Grass' oft moralisierende Einwürfe bei diesen Gesprächen ließen einige der DDR-Autoren in Zorn geraten, unter ihnen Erik Neutsch, der Grass unterstellte, "ein antikommunistisches Brett vor dem Kopf" zu haben.[56] Wie dem auch sei, im Laufe der achtziger Jahre war Grass' Rolle gegenüber den DDR-Intellektuellen nicht mehr jene eines Herausforderers, sondern die eines Vermittlers. Tatsächlich war es nun Grass — nach Böll die bedeutendste Stimme unter den westdeutschen Schriftstellern — der sich oft zwischen zwei Lagern befand, und den seine DDR-Kollegen manchmal in die Defensive drängten, indem sie von ihm verlangten, daß er Rechenschaft über sein Handeln oder seine Untätigkeit hinsichtlich bestimmter Probleme ablegte. Bei dem Internationalen Schriftstellerkongreß im Mai

1982 in Den Haag, zum Beispiel, klagte Hermann Kant, der Vorsitzende des DDR-Schriftstellerverbandes, Grass an, den Ost-West-Friedensprozeß blockieren zu wollen, indem er inoffizielle Friedensaktivisten in der DDR öffentlich unterstützte. Zur gleichen Zeit gaben Reiner Kunze und andere Ex-DDR-Autoren ihre Mitgliedschaft im Verband deutscher Schriftsteller auf, um gegen die Teilnahme von Grass und anderen westdeutschen Autoren an offiziellen Gesprächen mit DDR-Schriftstellern zu protestieren.

Grass' Rezeption in der DDR verbesserte sich bedeutend innerhalb dieses kulturellen Klimas, wo die Grenzen zwischen ost- und westdeutscher Literatur zunehmend aufgehoben wurden. Am 2. April 1979 hatte Rolf Schneider, einer der dreizehn Unterzeichner des berühmten Briefes an Honecker im November 1976, eine positive Rezension von *Das Treffen in Teltge* im *Spiegel* veröffentlicht. In der DDR dauerte es noch weitere sieben Jahre, bis eine erste positive Beurteilung Grass' erschien, nämlich der Artikel "Günter Grass: Die Blechtrommel — Eine literarische Provokation" der Germanistin Ursula Reinhold, der 1986 im Oktoberheft der *Weimarer Beiträge* veröffentlicht wurde.[57] In Polen war *Die Blechtrommel* im Januar 1984 publiziert worden. Im Juni desselben Jahres erschien eine beschränkte Ausgabe von *Katz und Maus* in der DDR, gefolgt von *Treffen in Teltge* beim Verlag Volk und Welt. Zwei Jahre darauf erschien *Die Blechtrommel* in der DDR, bald darauf von einer zweiten Auflage und einem hohen Lob von *Neues Deutschland* gefolgt, in dem der Roman zu einem der wichtigen literarischen Werke des Jahrhunderts ernannt wurde.[58] Im Juni 1987 unternahm Grass seine höchst erfolgreiche, erste offizielle Tour durch die DDR, wo er vor enthusiastischen Zuhörern in Leipzig, Dresden und Berlin aus *Die Blechtrommel, Treffen in Teltge* sowie aus seinem neuesten Roman *Die Rättin*, der in der BRD fast ausschließlich negative Kritiken erhielt, vorlas. Vier Monate darauf schloßen sich der Feier der BRD-Schriftsteller zum sechzigjährigen Geburtstag von Grass an der Westberliner Akademie der Künste auch DDR-Autoren an. Unter anderem waren es Grass' Zeitgenossen Günter de Bruyn, der aus *Katz und Maus* vorlas, und Heiner Müller, der in einem selbstironischen Akt der Buße und Selbstkritik — "zum sadomasochistischen Vergnügen" von Grass und den zu seinen Ehren versammelten Autoren — seine eigene jugendliche

Rezension von Grass' Lyrik vorlas, die nach Müllers Ansicht ein "Verriß aus den finsteren Zeiten zwischen der DDR und Grass" war.[59] Weitere Lesungen von Grass in der DDR folgten 1988 und 1989, sodaß Christoph Hein ihn im Februar 1990 als "bekannteste[n] Unbekannte[n] des anderen deutschen Staates" vorstellen konnte, als Grass seine berühmte Rede "Schreiben nach Auschwitz" in einer Vorlesungsreihe über die Zukunft der deutschen Staaten in der Berliner Staatsoper Unter den Linden hielt. Im März 1990 las Grass vor einem vollen Haus im Mecklenburger Staatstheater in Schwerin aus *Die Plebejer proben den Aufstand*, dessen Veröffentlichung bereits vom Aufbau-Verlag geplant war. Am Ende jenes Jahres erhob ihn Inge Diersen durch ihren lobenden Essay in *Weimarer Beiträge* "'Ein Zeitgenosse, der sich einmischt'. Zu Günter Grass' Roman 'Die Rättin'" in das Literaturpantheon der DDR, gerade zur Zeit als dieser Staat offiziell zu bestehen aufhörte.[60]

Grass' politische Ansichten, die er während und nach der Wende zum Ausdruck brachte, unterschieden sich kaum von denen anderer DDR-Intellektueller wie Christa Wolf, Christoph Hein, Heiner Müller und Stefan Heym, die den Prozeß der Wiedervereinigung, wie er von der CDU-Regierung in Bonn vorangetrieben wurde, am kritischsten in Frage stellten. In einem *Spiegel*-Interview im November 1989, kurz nach der Massenversammlung auf dem Alexanderplatz im Namen des demokratischen Sozialismus, sprach Grass über

> etwas, das uns hier fehlt: ein langsameres Lebenstempo, entsprechend mehr Zeit für Gespräche. […] Etwas, von dem ich nicht weiß, ob es mit der Öffnung zur Straße und zur Demokratie hin nicht schon wieder vorbei ist. […] Die DDR kann uns etwas geben, ja, einen Impuls. Sieht es bei uns denn so blendend aus? Ist denn bei uns das, was in der Verfassung steht, so deckungsgleich mit dem, was Verfassungswirklichkeit bedeutet? Ist bei uns der arme Mann oder der nicht betuchte Mann in der Lage, vor unseren Gerichten seinen Rechtsstandpunkt, sein Recht durchzukämpfen? Gehört nicht Geld dazu, gehören nicht hochdotierte Anwälte dazu, um Recht durchzusetzen in der Bundesrepublik? Gibt es diese Art von Ungleichheit nicht in einem skandalös großen Maß in einem reichen Land? Hätten wir

nicht allen Anlaß, den neuen, den gewaltlos revolutionären Impuls, der von der DDR ausgeht, auf uns zu übertragen?[61] Ja, Grass verteidigte nicht nur den demokratischen Sozialismus und seine intellektuellen Traditionen, sondern auch die historischen Schwierigkeiten des DDR-Staates und dessen Versuch eines 'realen Sozialismus':

> Dieser kleine Staat hat die Hauptlast des vorlorenen Krieges tragen müssen. All die Jahre hindurch bis heute. Allein das wäre Verpflichtung für uns, möglichst selbstlos zu helfen. Die DDR hat unter weit schwierigeren Bedingungen etwas aufbauen müssen, unter einem wirtschaftsunfähigen, zentralistischen Bürokratismus, unter der Last des Stalinismus und ohne Marshall-Plan, auch mit weit größeren Reparationsleistungen. Das Experiment ist auch aus diesen Gründen gescheitert.[62]

Schließlich bestand Grass in den neunziger Jahren weiter auf seiner Idee einer deutschen Föderation in Europa, obwohl Stefan Heym ihn bereits 1984 darauf hinwies, daß Walter Ulbricht gerade diesen Vorschlag den westlichen Nationen als Lösung der deutschen Frage während des kalten Krieges gemacht hatte.[63] Darüber hinaus war Grass' Alternative zu einer nationalen Lösung der ethnischen Kriege im Balkan ein "Rückgriff auf Tito, nicht auf seine diktatorischen Praktiken, aber auf seine Einsicht, daß es nicht nach ethnischen Gesichtspunkten auseinanderzureißen ist und daß es zu unseren Zeiten möglich sein muß, daß Menschen verschiedenen Glaubens, verschiedener Sprache, verschiedener Herkunft miteinander leben."[64]

Gegen Grass' nächsten Roman *Unkenrufe*, der 1992 erschien, wurde in der deutschen Presse wieder scharf polemisiert. Grass bemerkte dazu auf der Leipziger Buchmesse, "man versuche, ihn 'am Buch vorbei, wie bei Christa Wolf, persönlich fertig zu machen, man will alte Rechnungen begleichen'".[65] "Wir Deutschen sind nun mal schicksalhaft vielfach gebrochen. Mit Brüchen und Spaltungen zu leben, sind wir geübt", sagte Grass in seiner "Rede vom Verlust", welche er im November in den Münchner Kammerspielen hielt. "Zerstückelt zu sein, war für uns — spätestens seit dem Dreißigjährigen Krieg — der Normalzustand. Und Ostelbien hat es, vom Rhein aus gesehen, schon immer gegeben. Das Bruchstückhafte, Zwiespältige, das sozusagen Hamlethafte gehört zu uns, weshalb wir auch ohne Unterlaß nach Einheit streben, zumeist vergeblich oder um einen zu hohen Preis."[66] Hier entdeckt man ein schwaches Echo auf Heiner Müllers *Hamletmaschine*, seine autobiographische Schrift *Krieg ohne Schlacht* sowie seine achtstündige Aufführung von Shakespeares *Hamlet* am Deutschen Theater, die im März 1990 mit den deutschen Wahlen konkurrierte. Ein noch stärkeres Echo vernimmt man von Grass' ehemaligem Übervater Bertolt Brecht, der das Schicksal der deutschen Nation auf einer dänischen Insel betrauerte. In der "Rede vom Verlust" hören wir keineswegs die Stimme eines Chefs, sondern lediglich Nachklänge des Dichters von Svendborg und Buckow:

> Ich sagte es anfangs: In diesem Sommer, der hart war und auf Dürre bestand, hatten auf unserer Ferieninsel die Graugänse ihren Flugbetrieb eingestellt. Nichts lenkte ab. Auf meinem Papier ließ sich jener Rest Bitterkeit nicht aussparen, der nach zwei Jahren Einheit als Bodensatz geblieben ist. Darum bestehen meine dänischen Notizen darauf, daß ich nun von mir spreche, von Deutschland und mir. Wie ich dieses Land nicht loslassen wollte. Wie dieses Land mir abhanden gekommen ist. Was mir fehlt, und was ich vermisse. Auch was mir gestohlen bleiben kann.[67]

Es verwundert nicht, daß Grass im Sinne von Brecht, dessen Werk im skandinavischen Exil in proletarischen Figuren wie Frau Carrar und der stummen Kattrin in *Mutter Courage* gipfelte, seine "Rede" im Namen der heutigen Proletarier beendete:

> Laßt eine halbe Million und mehr Roma und Sinti unter uns Deutschen sein; wir haben sie bitter nötig. [...] Etwas von ihrer Lebensweise dürfte getrost auf uns abfärben. Sie wären Gewinn für uns nach so viel Verlust. Sie könnten uns lehren, wie nichtig Grenzen sind; denn die Roma und Sinti kennen keine Grenzen. Die Zigeuner sind überall in Europa zu Hause, sie sind, was wir zu sein vorgeben: geborene Europäer![68]

Folglich konnte Grass im Alter von fünfundsechzig Jahren gelassen für sich die Bezeichnungen Kosmopolit und Klassiker beanspruchen. Der DDR-Autor Fritz Rudolf Fries feierte am 16. Oktober 1992 den Kosmopoliten Grass am Ende seines Glückwunschessays: "Leser hat er in aller Welt; hierzulande wünsche ich ihm Leser, die sich von seiner Klugheit, seinem Spaß am Dasein, seiner Lust an der deutschen Sprache gegen die Dummheit der Parolen immunisieren lassen, von einem der in diesem Land die Lichter aufsteckt."[69] In seinem in der Ostberliner Wochenzeitung *Der Freitag* veröffentlichten "Gruß an Grass" faßte Christoph Hein seine Lobrede auf den Klassiker in drei prägnanten Sätzen zusammen: "Ein großer Mann wird 65. Sein Werk ist nur noch durch die Zerstörung der Welt auszulöschen. Seine Freunde und seine Feinde können hoffen."[70]

Aus dem Amerikanischen von Rosalinde Girtler

Anmerkungen

1   Günter Grass: "Was ist des Deutschen Vaterland?" In ders.: *Werkausgabe in zehn Bänden*, IX, Darmstadt/Neuwied 1987, S. 104.

2   Ebd., S. 411.

3   Vgl. Heiner Müller: *Krieg ohne Schlacht. Leben in zwei Diktaturen*, Köln 1992/1994, S. 160ff.

4   *Günter Grass. Auskunft für Leser*. Hrsg. von Franz Josef Görtz, Darmstadt/Neuwied 1984, S. 177.

5   Ebd., S. 179.

6   Johannes Bobrowski: *Gesammelte Werke*, IV, Stuttgart 1987, S. 373-374.

7   *Neue Deutsche Literatur* 5 (1960), S. 153.

8   Grass: "Wer könnte uns das Wasser reichen? Rede auf dem V. Schriftstellerkongreß in Ostberlin". In ders.: *Werkausgabe*, IX, S. 27.

9   *Neue Deutsche Literatur* 5 (1960), S. 154.

10   Ebd., S. 155.

11   *Die Gruppe 47. Ein Handbuch*. Hrsg. von Reinhard Lettau Neuwied/Berlin 1967, S. 176.

12   Grass: "Wer könnte uns das Wasser reichen?" In ders.: *Werkausgabe*, X, S. 27.

13 Stephan Hermlin: "Rede auf dem V. Deutschen Schriftsteller-kongreß 1961". In ders.: *Äußerungen 1944-1982*, Berlin/Weimar 1983, S. 323.

14 Hans Zielinski: "Die unbequemen Fragen des Günter Grass. Der 5. Sowjetzonale Schriftstellerkongreß hatte Pech mit seinen westdeutschen Autoren". In: *Die Welt* vom 30.5.1961.

15 Grass: *Werkausgabe*, IX, S. 33.

16 Ebd., S. 33-34.

17 Ebd., S. 35.

18 Hermlin: *Äußerungen 1944-1982*, S. 331-333.

19 *Briefe an Hermlin 1946-1984*, Berlin/Weimar 1985, S. 78.

20 Hans Mayer: *Ein Deutscher auf Widerruf. Erinnerungen*, II, Frankfurt a. M. 1988, S. 237-238.

21 Ebd., S. 237-239.

22 Hans Bayer: "Wo die einen 'ich' sagen, sagen die anderen 'wir'. Impressionen von einem Schriftstellertreffen in Weimar". In: *Stuttgarter Nachrichten* vom 27.11.1964.

23 Bobrowski: *Gesammelte Werke*, S. 495.

24 Ebd., S. 486.

25 Grass: "Distanz, heftige Nähe, Fremdwerden und Fremdbleiben. Gespräch über Uwe Johnson". In: *"Wo ich her bin". Uwe Johnson in der D.D.R.* Hrsg. von Roland Berbig und Erdmut Wizisla, Berlin 1993, S. 109; vgl. Margund Hinz und Roland Berbig: "'Ich sehe nicht ein, daß die Mauer in Berlin ein literarisches Datum gesetzt haben sollte...'". In ebd., S. 240-269.

26 *Ich überlege mir die Geschichte. Uwe Johnson im Gespräch.* Hrsg. von Eberhard Fahlke, Frankfurt a. M. 1988, S. 217.

27 Vgl. Bobrowski: *Gesammelte Werke*, S. 455.

28 Grass: "Distanz, heftige Nähe", S. 102.

29 Ebd., S. 104.

30 Grass: *Hundejahre*, Neuwied/Berlin 1963, S. 80.

31 Bobrowski: *Gesammelte Werke*, IV, S. 77.

32 Günter Hartung: "Brobrowski und Grass". In: *Weimarer Beiträge*, 8 (1970), S. 214.

33 Ebd., S. 213.

34 Bobrowski: *Gesammelte Werke*, S. 487.

35 Vgl. Erdmut Wizisla: "Aus jenem Fach bin ich weggelaufen". Uwe Johnson im Bertolt-Brecht-Archiv — die Edition von 'Meti. Buch der Wendungen.' In: "Wo ich her bin". Uwe Jonson in der D.D.R., S. 304.

36 Bern Neumann: *Uwe Johnson*, Hamburg 1994, S. 479.

37 Vgl. Wizisla: "Aus jenem Fach", S. 306.

38 Zit. in Neumann: *Uwe Johnson*, S. 392.

39 Ebd., S. 393.

40 Ebd., S. 369.

41 Vgl. ebd, S. 611ff.

42 Grass: "Distanz, heftige Nähe", S. 100.

43 Vgl. Gert Loschütz: *Von Buch zu Buch. Günter Grass in der Kritik*, Neuwied/Berlin 1968.

44 "Ich überlege mir die Geschichte. Uwe Johnson im Gespräch", S. 217. Grass' Antwort auf dieses Interview im Jahre 1991 in: Grass: "Distanz, heftige Nähe", S. 118-119.

45 Grass: *Werkausgabe*, X, S. 49.

46 Uwe Johnson: "Kommentar zu Bertold Brechts 'Me-ti. Buch der Wendungen". In: *"Wo ich her bin": Uwe Johson in der D.D.R.*, S. 285.

47 Grass: "Über meinen Lehrer Döblin. Rede zum 10. Todestag Döblins". In ders.: *Werkausgabe*, IX, S. 236-237.

48 Ebd., S. 238.

49 Grass: "Entschuldigung. Erklärung in der Sendung Panorama, NDR". In ders.: *Werkausgabe*, IX, S. 262.

50 Grass: *Kopfgeburten oder Die Deutschen sterben aus*. In ders.: *Werkausgabe*, VI, S. 142.

51 Ebd., S. 250.

52 Ebd., S. 178.

53 Grass: "Sich ein Bild machen. Vorwort zum Katalog der Ausstellung 'Zeitvergleich — Malerei und Grafik aus der DDR' des Kunstvereins Hamburg". In ders.: *Werkausgabe*, IX, S. 829.

54 Grass: *Werkausgabe*, X, S. 239.

55 Grass: "Offener Brief an die Abgeordneten des Deutschen Bundestages". In ders.: *Werkausgabe*, IX, S. 870.

56 Vgl. *Berliner Begegnung zur Friedensförderung. Protokolle des Schriftstellertreffens am 13./14. Dezember 1981.* Darmstadt/ Neuwied 1982, S. 50.

57 *Weimarer Beiträge,* 10 (1986), S. 1667-1686.

58 Vgl. *Berliner Morgenpost* vom 3.9.1987.

59 Zit. in: *Neue Zürcher Zeitung* vom 20.11.1987.

60 *Weimarer Beiträge,* 11 (1990), S. 1821-1827.

61 Grass: *Der Spiegel* vom 20.11.1989. In ders.: *Deutscher Lastenausgleich,* Frankfurt a. M. 1990, S. 17-18.

62 Ebd., S. 19.

63 Vgl. Grass: "Nachdenken über Deutschland. Aus einem Gespräch mit Stefan Heym in Brüssel 1984". In: *Deutscher Lastenausgleich,* S. 44.

64 *Frankfurter Rundschau* vom 29.11.1994.

65 *Süddeutsche Zeitung* vom 8.5.1992.

66 Grass: *Rede vom Verlust. Über den Niedergang der politischen Kultur im geeinten Deutschland,* Göttingen 1992, S. 27-28. Vgl. Heiner Müllers im gleichen Jahr veröffentlichte Formulierung: "Das Mittelalter war die eigentlich große deutsche Zeit. Im Mittelalter gab es eine deutsche Kultur, als etwas einheitliches. Danach zerfiel das in Regionen, dann in private Provinzen. Aber es gab nie mehr diese kulturelle Einheit, die deutlich in der bildenden Kunst erkennbar ist. Darüber hat der Brecht gelegentlich auch ganz gut geschrieben. Die Bauernkriege, das größte Unglück der deutschen Geschichte. Dann kam der Dreißigjährige Krieg, und danach gab es diese Gesichter nicht mehr in Deutschland, Gesichter wie bei Cranach, wie bei Dürer, so etwas wie einen Volkscharakter." Müller: *Krieg ohne Schlacht. Leben in zwei Diktaturen,* Köln 1992/1994, S. 226-227.

67 Grass: *Rede vom Verlust,* S. 39-40.

68 Ebd., S. 57-58.

69 *Frankfurter Rundschau* vom 16.10.1992.

70 *Der Freitag* vom 16.10.1992.

Hans Adler

Günter Grass: *Novemberland.*

Es ist ein Topos in der Forschung zu Günter Grass' Werk, daß große Teile seiner Lyrik prägnante Abbreviaturen, Vorformen seien zu seinen Dramen oder Romanen. Grass selbst hat dazu mehrfach die Spur gelegt und auch plausible Beispiele dafür beigebracht.[1] Als Vorform freilich erschließen sich diese Texte bloß im Nachhinein, so daß der Zugang zu den lyrischen Texten dem Leser erst von deren späterer Entfaltung in Grass' Dramen oder Romanen her eröffnet wird. Die Gedichte selbst — ohne diesen Bezug zur späteren Entfaltung — bekommen dadurch entweder, wie Gordon Cunliffe vermerkt, "the effect of purely personal imagery"[2], oder sie sind gar als "prinzipiell interpretationsfeindlich"[3] bezeichnet worden. Um dieser Privat-Hermetik beizukommen, haben mit einigem Erfolg mehrere Interpreten den Zugriff auf die Lyrik über Bildfeldkohärenzen im gesamten Werk von Günter Grass gesucht, zuletzt, und am weitesten ausgreifend, Dieter Stolz in seiner 1994 erschienenen Arbeit mit dem Titel *Vom privaten Bildkomplex zum poetischen Weltentwurf.*[4] Stolz erfaßt Grass' Lyrikwerk von den *Vorzügen der Windhühner* (1956), *Gleisdreieck* (1960), *Ausgefragt* (1967), *Mariazuehren* (1973) bis hin zu *Ach Butt, dein Märchen geht böse aus* (1983). Er konnte sich dabei auf mehrere bereits vorliegende Untersuchungen zur Bildlichkeit im Werk Grassens stützen.

Ab 1965 schlug sich Grass' Engagement für die Sozialdemokraten auch in seinem Werk nieder, in der Lyrik ab dem Band *Ausgefragt*. Mit dieser Wendung einher geht notwendigerweise eine Tendenz hin zur Öffnung der Lyrik auf den zeitgenössischen Kontext, und sie gibt somit ihre 'Privatheit' auf, in der Absicht zu wirken. Auffällig ist in der Rezeption gleichwohl, daß immer wieder die Person des Autors herhalten muß zur Beglaubigung der Interpretation. Stellvertretend sei zitiert, was Marcel Reich-Ranicki 1967 schrieb:

> Nirgends ist Grass [...] kühner und natürlicher, aufrichtiger und
> freimütiger als in der Lyrik. Während andere sich bemühen, ihre

Blöße zu poetisieren, wagt er es, sich in der Poesie bloßzustellen.[5]

Der feuilletonistische Chiasmus sei Reich-Ranicki gegönnt, die Frage aber, warum der Autor als Bekenner zur Auslegung der Gedichte erforderlich sei, sei ihm nicht erlassen. Daß "nicht die Gegenstände verblüffen, sondern die Perspektive, nicht die Aktionen, sondern die Assoziationen, nicht die Motive, sondern ihre Verknüpfung und Beleuchtung"[6], wie Reich-Ranicki weiterhin bemerkt, impliziert ja nicht, daß uns der Autor als Person verblüfft, sondern die Art, wie er versprachlicht und uns 'Neues Sehen' lehrt. Text und Kontext, zu dem selbstverständlich die Biographie des Autors gehört, nicht aber Text und Autor als Privatperson scheinen mir eher die Verbindung zu sein, in der Grass' Lyrik sich erschließen läßt. Es wäre naiv, zu leugnen, daß Privates bis Intimes des Autors in Grass' Lyrik Eingang finde, naiv deshalb, weil Lyrik diese Ausdrucksfunktion seit langem und immer noch erfüllt. Aber dieses Private, bis hin zur Kommunikationsverweigerung, dient — auch in Chiffrierung — weder der Bankrotterklärung der Gattung Lyrik, noch der ästhetizistischen Verweigerung. Auch wenn Lyrik, wie Grass äußerte, "immer noch das genaueste Instrument, mich neu kennenzulernen, mich neu zu vermessen"[7] ist, um "größere Vorhaben zu entwickeln"[8], ist der Text der Lyrik ja doch dem Leser/der Leserin zugemutet, um sprachlich Aufschluß zu bekommen über etwas, was ihn oder sie angeht. Das aber ist nicht Günter Grass als Privatperson, sondern Günter Grass als Zeitgenosse, der sich mitteilt, und sei es enigmatisch privat, aber, immerhin, sich *sprachlich* mitteilt, und zwar so, daß das ihn Betreffende öffentlich wird — Darstellung, die nicht einem Voyeurismus, sondern aufschließender Anschauung dient.

Hier kommt die *Form* ins Spiel. Nach dem primären Faktum der Versprachlichung — Benennung, Transformation der wahrgenommenen oder imaginierten Gegenstände, Sachverhalte, Stimmungen, Befindlichkeiten — ist Lyrik, gleich welchen Genres, sekundäre Semiotisierung, die Syntax, Lexik und Semantik eine weitere Ordnung überwirft, welche die Ordnung der primären Sprachfunktion thematisiert.

Günter Grass hat 1993 zum ersten Mal einen Sonetten-Zyklus veröffentlicht. Der Band *Novemberland. 13 Sonette* mit 13 Sepia-Zeichnungen, Peter Rühmkorf gewidmet, erschien im Steidl Verlag in

Göttingen. Mit dem Sonett nahm Grass eine Form an, die strenge Auflagen an die Sprache macht. Das hat es zuvor in der Lyrik dieses Autors nicht gegeben. Ich gehe im folgenden auf den Titel des Zyklus', die Themen der Sonette und ihren Kontext ein, um dann die Wahl der Form zu problematisieren. Zunächst zum Titel.

Der Monat November ist das bestimmende Element im Titel der Sammlung *Novemberland*. "November" ist in der deutschsprachigen Tradition anspielungsreich. Kein Monat ist literarisch unbeleckt, alle haben sie zu mehr als zur Einteilung des Jahresablaufs gedient. Der November aber ist, neben dem Mai, ein besonders prominenter Kandidat für die Literatur. Im Zusammenhang mit *Novemberland* ist freilich mehr vonnöten, als die traditionell triste Topik dieses Monats, wenngleich auch sie. Der November 1918 ist der Monat des Waffenstillstandes nach dem ersten Weltkrieg (11.11.). Dem voraus gingen mehrere revolutionäre Aufstände und die Ausrufung der Republik, sowie das Ende der Hohenzollernmonarchie, besiegelt durch das Exil Wilhelms II. Die Folgezeit der Weimarer Republik ist nach der gescheiterten März-Revolution von 1848 der zweite Versuch, ein demokratisches Deutschland aufzubauen, in dem der Sozialismus seine Stelle forderte. Am 9. November 1923, nach Vereitelung des Hitler-Putsches in München, wird die NSDAP verboten. Im "Schlußwort" zu *Mein Kampf* schrieb Hitler:

> Am 9. November 1923, im vierten Jahre ihres Bestehens, wurde die Nationalsozialistische Deutsche Arbeiterpartei für das ganze Reichsgebiet aufgelöst und verboten. Heute, im November 1926, steht sie wieder im gesamten Reiche frei vor uns, stärker und innerlich fester als jemals zuvor.[9]

Der 9. November 1989 ist der Tag der Öffnung der Mauer. Soweit könnte man vom November als einem geschichtsträchtigen Monat sprechen, der mit revolutionären Ereignissen in Verbindung gebracht wird. Dennoch ist die Sonettfolge nicht von Aufbruchsstimmung und Zukunftsoptimismus geprägt, im Unterschied zu der Gedichtsammlung *Oktober-Land*, die pathetisch die Revolution und ihrer Führer in Rußland preist.[10]

Am 23. November 1992, es ist der Montag nach Totensonntag und vor dem ersten Advent des Jahres, sterben in Mölln drei Türkinnen bei einem Brandanschlag durch Täter, die der Neonaziszene nahestehen. Der

Prozeß, aufwendig vorbereitet und erst unter dem Druck heftiger Solidaritätsdemonstrationen vom Bundesanwalt vorbereitet, beginnt am 17. Mai 1993, zwei Monate nach Erscheinen von *Novemberland*. Das ist der politische und historische Hintergrund des "November".

Aber der November ist nicht nur reich an historischen Reminiszenzen, geeignet, Verbindungen zu ziehen vom 9. November 1989 zur Umwandlung der Hohenzollern-Monarchie in die Weimarer Republik, mit den Nationalsozialisten als wachsender politischer Macht im Hintergrund, und von da aus zur Ausländerfeindlichkeit der Gegenwart. Der November hat auch im Kirchenjahr seine Funktion. Es ist die "stille Zeit" des Gedenkens der Heiligen und der Verstorbenen mit "Allerheiligen" am 1. November und "Allerseelen" am 2. November, dem die Vorbereitung auf Weihnacht folgt, Advent, die Ankunft des Herrn.

Schließlich ist November im Lauf der Natur der kalte, nasse, neblige Monat, literarisch traditionell immer wieder aufgerufen als trüber, melancholischer Monat und als Monat der Besinnung und Einkehr.

Deutschland hat seinen eigenen November, es ist *Novemberland*.

Das sogenannte "Entschlüsseln" literarischer Texte — und von Gedichten insbesondere — hat immer etwas Mißliches an sich. Einerseits ist der Versuch, Dichtung als mehr oder minder kryptische Abbildung einer Realität zu behandeln, bedenklich deshalb, weil er auf das Verschwinden des literarischen Diskurses im Vollzug der Suche nach dem 'eigentlich Gemeinten' drängt. Dichtung wäre demnach verworrene Rede von deutlichen Gegebenheiten, 'Daten'. Sprachliche Formung als Verstellung von Realität zu mißdeuten, hieße aber, dem literarischen Diskurs eine sinnvolle Eigenleistung absprechen, wenn nicht pure Illustration eine solche sein soll. Dementsprechend ist die "Entschlüsselung" von Dichtung ein Unternehmen unter dem Vorzeichen der Vergeblichkeit, von der Möglichkeit, in Dichtung etwas 'hineinzuschlüsseln', ganz zu schweigen. Gerade in bezug auf Günter Grass' Lyrik wurde die Privatheit der Bilder oder das "Sammelsurium seiner privatmythologischen Chiffren"[11] häufiger konstatiert. Es ist also angebracht, sich in der Bemühung um Dechiffrierung zu bescheiden, bei gleichzeitiger Achtung der Eigentümlichkeit des poetischen Diskurses.

Das Thema des vereinigten Deutschland als neue politische und soziale Realität in Mitteleuropa wird im Sonetten-Zyklus unterschiedlich direkt angesprochen. Das 1. Sonett zeigt Deutschland als schönes, aber von parasitärem Kapitalismus geprägtes Land. Das 2. Sonett, das titelgebend für die Sammlung ist, nimmt Stellung zum vereinigten Deutschland, das stammtischhaft die Vereinigung feiert und — "Hier sitzen immer die, die immer hier sitzen", wie eine Stammtischweisheit weiß — Ähnlichkeiten mit dem Dritten Reich zeigt. Das 3. Sonett, formal das auffälligste, ist emblematisch strukturiert und stellt die soziale Trennung der Deutschen als Resultat ihrer Vereinigung dar. Das 4. Sonett geht auf die — durch historische Erfahrungen gespeisten — Bedenken Polens gegenüber den Folgen der Vereinigung ein. Das 5. Sonett — ein Vergleich zwischen Orkan und wirtschaftlichen Turbulenzen sowie Einwanderungsproblemen — hat die Angst um die Stabilität der D-Mark und die Ausländerfeindlichkeit zum Thema. Das 6. Sonett — "Vorm ersten Advent" — geht auf die Komplizenschaft zwischen Kleinbürgertum und Neonazi- bzw. Skinbewegung am Beispiel des Anschlags von Mölln ein. Das 7. Sonett ist ein Spott-Sonett auf das deutsche Feuilleton, das in seiner Welt verbaler Verblasenheit der neuen politischen und sozialen Realität nicht gewachsen ist. Das 8. Sonett fängt die Stimmung in Deutschland ein zu dem Zeitpunkt, als auch in der breiteren Öffentlichkeit deutlich wird, daß die Vereinigung 'mit heißer Nadel' gestrickt worden ist und trotzdem, politisch flankiert von der Streichung des § 146 des Grundgesetzes, betrieben wird. Das 9. Sonett wendet den Topos von der "Festung der Reichen" auf Deutschland an, das sich auf Kosten anderer Länder — und Grass hebt wiederum Polen hervor — abschotten will gegen Einwanderer. Das 10. Sonett thematisiert die Bitterkeit des Schreibers, der trotz der Vergeblichkeit seiner "Litanei" gegen die Wiederbelebung der braunen Vergangenheit ankämpft. Im 11. Sonett kommt die Verdrängung des Brandanschlags von Mölln zur Sprache. Das 12. Sonett greift die Kritik an der überstürzt vollzogenen Vereinigung auf, und das letzte, das 13. Sonett, schließlich artikuliert das Unbehagen, das das "Adventsgebrüll" der Neonazis als sinistre Ankündigung eines neuen Messias, sprich: eines neuen 'Führers' hervorruft. Im übrigen rekurriert dieses letzte Sonett auf Themen und

Motive der vohergehenden Sonette und verweist somit auf die Integration
in einen Zyklus.

Günter Grass' Sonette sind politische und kritische Sonette. Kritisch-
politische Dichtung lebt vom Verweis, der bei Grass von der Namens-
nennung über Anspielung, Zitat und Einarbeitung größerer historischer
Zusammenhänge zur kritischen Profilierung der eigenen Deutung der
Gegenwart geht. Das sei zunächst im Vergleich je zweier Sonette
verdeutlicht.

Das 1. Sonett — "Das Unsre" — ist vor dem Hintergrund der ersten
Strophe des Volksliedes "Kein schöner Land" zu lesen. Der Text der
ersten Strophe lautet:

> Kein schöner Land in dieser Zeit,
> als hier das unsre weit und breit,
> wo wir uns finden
> wohl unter Linden
> zur Abendszeit.

Ein friedliches Lied, wohl zwischen Frühling und Herbst angesiedelt,
voller Gottvertrauen, das die kleine Gemeinschaft nach der Arbeit des
Tages singt. Knapp, aber unmißverständlich greift das 1. Sonett dieses
Lied auf, im Titel, im ersten, dritten und neunten Vers. Der Titel mag
zugleich eine ironische Allusion an die latent agressive und pathetische
Formel "in diesem unserem Land" des Bundeskanzlers Kohl sein, sicher
ist jedenfalls, daß das Volkslied aufgegriffen wird. Dem Lied, das sich
auf ein schwer begründbares Heimatgefühl beruft, wird aber außer den
wenigen, zitierten Worten so gut wie alles genommen: Die milden
Abende sind dem naßkalten November gewichen, es gibt die andächtig
singende Gemeinschaft nicht mehr, das Gottvertrauen ist der Furcht vor
dem "Jüngstgericht" der Preiserhöhung gewichen. Nur die Schönheit des
Landes bleibt noch. Aber auch sie ist nur noch in Lied und Prospekt[12]
erfahrbar. Der vage wehmütigen Erinnerung des Volksliedes steht
desillusionierend die Erfahrung der Realität der Gegenwart gegenüber:
Enge Besiedlung, nichts Privates mehr, das "Glück" des Reichtums, die
wirtschaftliche Macht wird den Nachbarn zum Anlaß für Argwohn:
Deutschland als kapitalistischer Koloß, gemästet vom Elend, fett von

"verkehrte[r] Konjunktur", nachdem ihm im westlichen Bündnis durch Marshall-Plan-Hilfe die "Sünden" des Nationalsozialismus vergeben worden waren[13], und Deutschland als das Land des borniertesten, sprichwörtlichen Fleißes mit starrem Blick auf die Konjunktur, dem nicht der Weltuntergang, sondern die Preiserhöhung als Apokalypse erscheint. "Das Unsre" ist die Exposition der Sonettsammlung, eine grimmige Exposition, die den Mythos des Volksliedes destruiert, indem sie ihn an der Gegenwart, der neuen deutschen Gegenwart, mißt.

Das 12. Sonett — "Bei klarer Sicht" — bietet sich aus mehreren Gründen zum Vergleich mit dem 1. Sonett an. Nicht nur haben beide das gleiche Reimschema (gleiche Reimschemata weisen sonst nur das 6. und 11. sowie das 7. und das 13. Sonett auf). Beide, das 1. und 12. Sonett, haben auch thematische Gemeinsamkeiten. Und das 12. Sonett scheint mir ebenfalls vor dem Hintergrund eines bekannten Liedes gelesen werden zu können. Ich meine Christian Overbecks Lied "Komm, lieber Mai", mit der Melodie von Mozart. Die Eingangszeilen der 1. Strophe lauten:

> Komm, lieber Mai, und mache
> die Bäume wieder grün.

Die 3. Strophe lautet:

> Ach wenn's doch erst gelinder
> und grüner draußen wär.
> Komm, lieber Mai, wir Kinder,
> wir bitten dich gar sehr!
> O komm und bring vor allem
> uns viele Veilchen mit,
> bring auch viel Nachtigallen
> und schöne Kuckucks mit.

Ein naives Kinderlied, hinter angefrorenen Fensterscheiben zu singen in kindlicher Ungeduld und Hoffnung, daß das noch Ferne, Ersehnte herbeizusingen sei. Eine Bitte und Klage, die mit grünen Bäumen,

Veilchen, Nachtigall und Kuckuck topische Natur heraufbeschwört.
Nichts, außer der Beschwörung, bleibt davon im 12. Sonett:

> Komm, Nebel, komm! und mach uns anonym.
> Wir sind ertappt auf frischer (unterlaßner) Tat.

Es mag auch sein, daß eine konterkarierende Anspielung auf Andreas
Gryphius' Sonett auf den ersten Advent (nach Matthäus 21) aus den *Son-
und Feyrtags Sonetten* vorliegt. Das erste Quartett lautet:

> Komm, könig! komm! den offt dein Zion hat begehret!
> Komm Davids kind und herr! Gott! helffer in der noth
> Und zarter menschen sohn! Reiß aus dem sünden-koth
> Die seelen, die gesetz und sünden-last beschweret![14]

Gryphius' weltliche Leiden enden mit dem Jahr 1648; die Sünden freilich
sind nicht getilgt. Wie Gryphius sieht Grass, nun im Jahr 1989, keine
Erlösung, sondern die weiterhin gültige Schuld Auschwitz, die durch die
Einheit verdrängt zu werden droht: Die ehemaligen Kinder der Sieger-
mächte werden zu feindlichen Brüdern und Schwestern, die an einer
untilgbaren Schuld zu tragen haben.

Die Folgen der Einheit zeigen die Diskrepanz zwischen den
märchenhaften Versprechungen seitens der Politiker der alten Bundes-
republik und der sozialen Realität nach der Währungsunion (1.7.90) in
den neuen Bundesländern. Die verheißenen Investitionen der Industrie
blieben aus, der soziale Unfrieden wurde durch Kredite der öffentlichen
Hand kleingehalten, das Wahlergebnis — gemeint ist wohl das der
Wahlen 1994 — scheint vorhersehbar als Niederlage der CDU/CSU/-
FDP-Koalition. Hier sollte Grass Unrecht behalten. Das abschließende
Sextett benennt die Bedingungen, die die 'Suppe versalzen' und 'den
Salat angerichtet' haben: Verkleisterung der sozialen Probleme,
Ausblendung der Notwendigkeit, ein historisch-politisches und morali-
sches Verhältnis zu Auschwitz zu erarbeiten und Meidung der Diskussion
um die Neubesetzung des Nationalbewußtseins. Das ehemals getrennte
Deutschland erscheint als Geschwisterpaar der Sieger; das vereinte
Deutschland erscheint als Opfer des freien Marktes.

Beide Sonette thematisieren kritisch den Kapitalismus und die ihm zuarbeitende Politik als verantwortlich für den falschen Kurs der Vereinigung, der statt Freiheit des Volkes Freiheit des Kapitals durch überstürzte Einheit bringt — die Revolution des Volkes, umgemünzt zum Putsch gegen das Volk. Den Zusammenhang zwischen Auschwitz und deutscher Einheit, wie er in dem 11. Vers des 12. Sonetts angesprochen wird, hatte Grass in seiner Frankfurter Poetik-Vorlesung vom Februar 1990 erläutert:

Gegen jeden aus Stimmung, durch Stimmungsmache forcierten Trend, gegen die Kaufkraft der westdeutschen Wirtschaft — für harte DM ist sogar Einheit zu haben —, ja, auch gegen ein Selbstbestimmungsrecht, das anderen Völkern ungeteilt zusteht, gegen all das spricht Auschwitz, weil eine der Voraussetzungen für das Ungeheure, neben anderen älteren Triebkräften, ein starkes, das geeinte Deutschland gewesen ist.[15]

Das "halblaut[e]" Singen der dritten Strophe des Deutschland-Liedes, das, wie Grass in einem *Spiegel*-Gespräch äußerte, "doch bedeutsamen Inhalt"[16] habe, der vor Abschleifung durch inflationäres Wiederholen geschützt werden müsse — dieses "Halblaute" hat seinen Grund in der Erfahrung der Diskrepanz zwischen in der Verfassung Vereinigtem und Verfassungswirklichkeit.[17] Die Einheit erscheint als Beutezug des westdeutschen Kapitals[18], als Kolonialisierung der ehemaligen DDR[19] und als "Anschluß" der DDR an die Bundesrepublik.

Wo aber bleibt die Konterkarierende zu den beiden Liedern "Kein schöner Land in dieser Zeit" und "Komm, lieber Mai, und mache / die Bäume wieder grün"? Am 4. November 1989, also unmittelbar vor der Öffnung der Mauer, war Günter Grass auf dem Alexanderplatz, und er berichtet über die Demonstration und die gezeigten Transparente:

Aber ein Transparent war darunter, das nicht nur für die DDR gilt: "Sägt die Bonzen ab, schützt die Bäume." Diese Bonzen gibt es auch bei uns in der Bundesrepublik. Und die Bäume, die zu schützen sind, gleichfalls. Eine, wenn Sie so wollen, gesamtdeutsche Parole: Ich habe selten die Doppel-Problematik unserer Existenzlage so knapp formuliert gesehen.[20]

Es ist wohl kaum das Biedermeierliche am Idyllischen in "Kein schöner Land", was Grass zitierend aufscheinen läßt, wohl aber die verlorene

Schönheit, die er als ökologisch-existentiell notwendig für den Menschen versteht. Zugleich scheint aber der kindliche Wunsch, der durch die schlaue Verschleierung der Vereinigungspolitik konterkariert wird, eine Andeutung einer Frustration, eines Verlusts, zu sein — der Frustration nämlich, die Chance eines dritten, eines demokratisch-sozialistischen und ökologischen Weges vertan zu sehen. "Bei klarer Sicht" bietet "Das Unsre" trübe Aussichten für Novemberland, politisch, ökonomisch, sozial, ökologisch, kulturell und moralisch. Die 'Vernebelung' der Vergangenheit könnte sie wieder heraufbeschwören.

Auch das 6. und das 11. Sonett weisen, wie die soeben verglichenen, Gemeinsamkeiten auf. Beide folgen dem gleichen Reimschema, beide haben den Ausländerhaß zum Thema. Das 6. Sonett wird thematisch durch das vorhergehende vorbereitet, wie das 11. durch das 9. und 10. Sonett. Im 5. Sonett — "Sturmwarnung" — werden, wie schon gesagt, Orkan und Wirtschaftsturbulenzen einerseits und Orkan und 'Flut' der Einwanderer andererseits verglichen. Dabei wird die Palette der Vorurteile gegen Ausländer ausgebreitet, was im Reim "durchrassen" — "hassen" kulminiert. Die Reaktivierung der rassistischen Begründung für Ausländerfeindlichkeit, das "Durchrassen", geht auf den CSU-Politiker Edmund Stoiber zurück, dessen "Menetekel, 'die drohende Durchrassung des deutschen Volkes'" Grass in seiner *Rede vom Verlust* zitiert.[21] Die durch das Kollektivsymbol 'Ausländerflut' propagierte christlich-soziale und christdemokratische Politik der Mehrheitssuche rechts der Mitte bereitet vor, was im 6. Sonett — "Vorm ersten Advent" — Thema ist: Mölln.

Die Morde von Mölln und das Klima, in dem sie möglich wurden, werden sarkastisch als "Fest" der Skins "draußen" unter "schweigend grinsend[er]" Teilnahme der Bürger, drinnen, in "unsre[r] kleinen Stadt" vorgeführt. Keine Aufklärung über den Zusammenbruch des Generationenvertrages des Rentensystems, für den Fall, daß die ausländischen Arbeitnehmer ihre Einlagen zurückzögen, vermag die hämischen Voyeure zur Einsicht in Fakten zu bewegen. Die Sorgen ums Alltägliche — steigende Lebenshaltungskosten, Anziehen der Kreditzinsen und Erhöhung der Benzinpreise — sowie das Private (hier in einer der seltenen farbigen Abbreviaturen der "Hagebutten") als Erinnerung sind Grundstimmung für das kraftlose "Novemberland", in dem nicht

Machismo — ein Seitenhieb auf feministische Deutungsmuster —,
sondern Neonazismus für Gewalttaten und 'Altlasten' verantwortlich
sind. Das Land beugt sich larmoyant unter gewalttätigem Rechtsradikalismus und davon parasitierendem Kleinbürgertum. Zur sozialen
Spaltung kommt noch die in Deutsche und Nichtdeutsche hinzu.

Das 11. Sonett nimmt die Verarbeitung, die Verharmlosung der im
6. und 10. Sonett aufgegriffenen Gewalt gegen Ausländer ins Visier. Die
immer noch "aktive[n] Viren" des Nationalsozialismus werden als
harmloser Schnupfen oder Erkältung behandelt, einhellig wird Krokodils-
tränen-Reue geübt, und in den Medien werden Rostock-Lindenhagen,
Hoyerswerda, Mölln und andere Pogrome, die mit deutschen Ortsnamen
verbunden sind, in die Unverbindlichkeit eines angeblich unver-
meidlichen Atavismus geschwatzt. "Nach kurzer Krankheit", so der Titel
des 11. Sonetts, geht man ohne Diagnose, geschweige Therapie, zur
Unterhaltung über, eine kulinarische Aufbereitung des mörderischen
Rassismus, in Grass'scher Perspektive: Auschwitz wird in nuce telegen
zubereitet.

"Novemberland" ist 'unser kleines Mölln', die Schreckensversion
von "Unsere kleine Stadt".

Das 3. und das 10. Sonett thematisieren die Form und das Schreiben
der Sonette selbst. Diese beiden Sonette sind die formal auffälligsten.
Alle anderen Sonette unterliegen folgendem Schema: beide Quartette
ordnen je vier Reimpaare einander zu, wobei innerhalb der Quartette die
drei Reimstellungen umarmender, Kreuz- und Paarreim genutzt werden.
Die Sextette ordnen das fünfte und sechste Reimpaar variierend einander
zu. Es gibt in diesen regelmäßigen Sonetten keine Waisen.

Von diesem Muster weichen das 3. und das 10. Sonett ab. Während
das 10. Sonett in seinen Quartetten noch nicht von der Mehrheit der
anderen Sonette abweicht, ist das 3. Sonett in allen Teilen auffällig. Das
erste Quartett führt gleich drei verschiedene Reimwörter ein, von denen
zwei — "Vergleiche" und "Leiche" — im ersten Quartett, das "Hell"
des ersten Verses aber erst im zweiten Vers des zweiten Quartetts seinen
Reimpartner — "Modell" — findet. Es bleibt also im ersten Quartett, am
Ende des zweiten Verses, eine Waise: "Spott". Diese formale Beson-

derheit, die sich sonst nur im Sextett des 10. Sonetts findet, bleibt aber nicht unkommentiert stehen. Die Waise als solche wird im Gedicht thematisiert und inhaltlich abgesichert. So nämlich, wie den Sonnenblumenstämmen, den "Strünken", der Kopf fehlt, so fehlt der Waise der Reimpartner. "Gott" wird singulär als Binnenreim angeboten, "Leiche" aber als Endreim realisiert.

Die Sonnenblumenstrünke — das Modell für die, wie Grass es nannte, "flächendeckende Enteignung [der ehemaligen DDR] zugunsten des Westens"[22] einerseits, und andererseits für die Verurteilung auf bloßen Verdacht auf Arbeit für die ehemalige Staatssicherheit hin — "ragen" als pictura gegen die grauen Himmel und erinnern — so Grass in der subscriptio des Sextetts — an die maßlosen, weil "jeder parlamentarischen Kontrolle enthobene[n]"[23] Aktivitäten der Gauck-Behörde und der Treuhandgesellschaft. Die ehemalige DDR ist Opfer des Beutezugs westlichen Kapitals. Der Rechtsgrundsatz, "Im Zweifel für den Angeklagten", ist außer Kraft gesetzt. Das vereinigte Deutschland ist geschieden in Ausbeuter und Ausgebeutete, und es herrschen Feme-ähnliche Zustände, d.h. Rechtsverletzung wird begriffen als Vorzeichen eines neuen Totalitarismus, der die nicht geleistete Auseinandersetzung Westdeutschlands mit der nationalsozialistischen Vergangenheit kompensieren soll.[24] Formal schlägt sich in diesem Sonett das Skandalöse des Vorgangs nieder, sowohl im Beibehalten des zweiten Verses als Waise, als auch im Unikat des dreifachen Reims "Leute" — "Beute" — "Meute" und in der, wiederum einmaligen, paarreimigen Voranstellung des siebten Reimpaares ("abgeschöpft" — "köpft") vor den letzten Vers. Daß mit der — inszenierten — Suche nach einem Reim auf "Spott" die Semantisierung der Form bewirkt wird, ist deutlich. Es zeigt sich, daß Grass die Sonettform nicht parodiert, sondern sie so einsetzt, daß er sich sowohl der Form bedient als auch Abweichungen von ihr semantisch nutzt.

Das 10. Sonett geht auf die Schreibmotivation ein. Der bittere Ton des Zyklus, hier bezeichnet als "Litanei" — vergebliche Klage, Anrufung, oder solange zu wiederholen, bis sie Gehör findet — speist sich aus dem 'Drumherum' der geernteten Nüsse, die noch geknackt werden wollen. Man wird sich wohl reife Walnüsse vorstellen dürfen, deren harte Schalen von anfangs grünen, dann langsam sich ablösenden und verfaulenden, schwarzen Hüllen umgeben sind, die einen intensiven, bitteren Farbstoff enthalten. Die Bitterkeit ist also dem Gegenstand, nicht der Laune des Schreibers geschuldet. Er klagt die Weißwäscher an, die die immer deutlicher werdende Desorientierung und Unordnung ignorieren. Das Resultat hebt er im Sextett formal hervor. Der erste ("sind unterwegs, im Gleichschritt wie geübt") und der dritte Vers ("Drauf ein Gebrüll, das nur sein Echo liebt") des Sextetts enden mit Waisen. Was da als Glieder ohne Rumpf im Gleichschritt marschiert, ist losgelöst vom Körper, und macht sich bedrohlich selbständig. Das narzißstische Neonazi-Gebrüll — im gesamten Zyklus kommt es in fünf Sonetten vor und entlarvt die Illusion vom November als der stillen Zeit —, dieses "Gebrüll" im dritten Sextett-Vers als Waise im Gedichtzusammenhang ist die konsequente Semantisierung der Abweichung vom Reimschema.

Es ist deutlich, daß das Schema des Sonetts variierend und auch in den Abweichungen recht souverän genutzt wird, wenngleich einige Bedenken bei der Herstellung des Reims angebracht scheinen. Denn bekanntlich ist es nicht der Reim, der ein Gedicht macht, sondern die Form, von der der Reim eben nur ein Teil ist. Das Sonett nun ist eine Form mit besonders strengen Auflagen, die Reimschema, Strophenaufbau und -abfolge, Vers und Metrum betreffen. Diesen Bedingungen zu genügen, stellt Syntax und Lexikon auf die Probe, und es scheint, als habe Grass das Reimgebot vergleichsweise hoch plaziert im Ensemble der Sonettbedingungen. Sieht man sich etwa den 2. Vers des 6. Sonetts an — "im kahlen Garten spärlich Hagebutten glühn." —, so fällt auf, daß die syntaktische Inversion nicht die Funktion hat, etwas durch Umstellung hervorzuheben und auch nicht dazu dient, dem Umgestellten etwas Ungewöhnliches abzugewinnen, sondern daß die Inversion allein den Zweck hat, dem "Benzin" das Reimwort "glühn" zu beschaffen. Daß hier eine deutliche Allusion an Mignons Lied aus *Wilhelm Meisters Lehrjahren* vorliegt[25] — "Im dunkeln Laub die Goldorangen glühn" —, läßt zwar inhaltlich auf den Kontrast zwischen Italiensehnsucht und melancholisch-trüber Realität in 'Novemberdeutschland' aufmerksam werden, verschlägt aber nichts hinsichtlich der Kritik an der Inversion. In Goethes Lied lauten die ersten beiden Verse: "Kennst du das Land, wo die Zitronen blühn, / Im dunkeln Laub die Goldorangen glühn..."

Goethes zweiter Vers läßt also das Relativpronomen "wo" aus. Bei Grass wird aus dieser Ellipse eine semantisch ungerechtfertigte Inversion, die stehenbleibt und Holprigkeit bewirkt. Das Klappern der darauf folgenden Verse mag Grass' Privilegierung des Reims noch verdeutlichen: "Auf allgemeinem Grau ein Farbenklecks / erinnert uns an Ehestreit und sommerlichen Sex." Das Diktat des Reims diskreditiert ein Gedicht, weil erfüllte Form Sprache eben nicht sperrig machen, sondern zur Geschmeidigkeit der Passung anleiten soll. Mir scheint, daß der Sonetten-Zyklus in dieser Hinsicht einigen Mangel leidet. Es geht freilich bei dieser Feststellung nicht darum, formale Mängel entweder dem Autor anzulasten oder seiner Intention zuzuschreiben, was nur per Spekulation möglich wäre, der auch keine Nachfrage beim Autor eine solide Basis verschaffen könnte.

Die Frage: Warum Sonette? scheint mir sinnvoller zu sein. Warum die unerwartete Reaktivierung gerade dieser strengen Form? Daß Sonette als Form nicht nur in der Liebes-, sondern auch der politischen und der geistlichen Dichtung einige Fortune gemacht haben, ist bekannt. Aber es gibt, soweit ich sehen kann, keine Sonette aus der langen, deutschen Tradition, die als Kandidaten für Vorbilder zu *Novemberland* in Frage kämen. Nicht Gryphius' Sonette, nicht Rückerts *Geharnischte Sonette* oder die Georg Herweghs aus den *Gedichten eines Lebendigen*, nicht Rilkes, aber auch nicht Johannes R. Bechers Sonette scheinen — aus den verschiedensten Gründen — als Sonette Grassens *Novemberland* geprägt zu haben. Das schließt, wie angedeutet, partielle Anleihen nicht aus. Der *Ton* der Grass'schen Sonette ist original in seiner Mischung aus Kritik, Warnung und einer Melancholie, die sich aus dem klaren Bewußtsein begrenzter politischer Wirksamkeit von Literatur zu speisen scheint. Deutlich ist in Grass' Zyklus die Absicht, politische Kritik vorzutragen. Auch ist diese Kritik, trotz des thematischen Basso continuo — Zerstörung der DDR durch den bundesrepublikanischen Kapitalismus, Ausländerfeindlichkeit und Anfälligkeit für Nazismus und Rassismus — komplex und dicht versprachlicht über Vergleich, Metapher und Kollektivsymbolik. Aber es ist nicht zu übersehen, daß die Sonettform mit der eindeutigen 'Botschaft' kollidiert. Schwächt die Form die 'Botschaft'? Oder wäre nicht vielmehr die gelungene Form unter den gegebenen Bedingungen ein Unding? Anders gefragt: Ist die lädierte

Form Äquivalent der expliziten Botschaft? Da der Gegenstand ernst ist, ist auch keine Parodie der Form zu erkennen, zumal Parodie in diesem Zusammenhang als unangemessene Formspielerei erscheinen müßte. Eines bleibt, wie immer die Antwort auf die gestellten Fragen lauten mag, wahr: Zum Genuß bieten sich diese Sonette nicht an. Aber welche politische Lyrik will das schon?

Nun ist dieser "Inhalt" nicht einfach das filettierte Gedicht, dem die Gräten der Form genommen wären. Ereignisse, Gegenstände, Namen sind als Zeichen mehr als sie selbst: Exempla. Geschichte verweist auf Zusammenhänge, Gegenstände wie die Sonnenblumen im 3. und 13. Sonett und die Hagebutten im 6. und 13. Sonett, bekommen Verweis-, Be-deutungscharakter, d.h. Referenz und Semantik. Anders gesagt: sie sind sinnlich imaginierbare Oberfläche einer Prägnanz und semantischen Inklusion, die sie nicht als solche, sondern nur im ausgelegten Zusammenhang freigeben. Grass nimmt an Geschichte und Natur teil, weil er sie 'liest', zeichenhaft wahrnimmt, semantisiert und einer parteilichen Hermeneutik unterzieht, indem er sie als "Modell" nimmt (3. und 13. Sonett), die ihm eine "Botschaft" vermitteln (3. Sonett). "Schönschrift" (7. Sonett) ist — wie auch die beigefügten Sepiazeichnungen anschaulich machen — nicht Grass' Ziel. Statt dessen konfrontiert er die Sonettform mit dem Unschönen politischer, sozialer und historischer Realität, nicht zuletzt mit tagespolitischen Fakten. Ohne Läsion wäre das Sonett 1993 wohl lächerlich, Dokument eines eskapistischen Ästhetizismus. Dennoch: Scylla Politik und Charybdis Ästhetik sind die Ortsmarken politischer Lyrik und auch dieses Sonetten-Zyklus. Wunsch und Klage im 8. Vers des Schlußsonetts, "Ach, wüßt ich dem Adventsgebrüll doch einen Knebel", ist wohl der gordische Knoten politischer Lyrik. Das Schwert, ihn durchzuhauen, ist politische Lyrik nicht.

Anmerkungen

1 Vgl. Volker Neuhaus: *Günter Grass*. 2., überarb. u. erw. Aufl. Stuttgart, Weimar 1992, S. 207.
2 W. Gordon Cunliffe: *Günter Grass*. New York 1969, S. 30.
3 Klaus Wagenbach: "Günter Grass". In: *Schriftsteller der Gegenwart. 53 Portraits*. Hrsg. von Klaus Nonnemann. Olten, Freiburg 1963, S. 120, zit. nach: Dieter Stolz: *Vom privaten Motivkomplex zum poetischen Weltentwurf. Konstanten und Entwicklungen im literarischen Werk von Günter Grass (1956-1986)*. Würzburg 1994, S. 20.
4 Vgl. Anm. 3.
5 Marcel Reich-Ranicki: *Günter Grass. Aufsätze*. Zürich 1992, S. 80f.
6 Ebd., S. 84.
7 "Die Verzweiflung arbeitet ohne Netz". (Gespräch mit Heinz Ludwig Arnold). In: Günter Grass: *Werkausgabe in zehn Bänden*. Bd. X, S. 171. Nach dieser Ausgabe wird im folgenden mit Band- und Seitenzahl zitiert.
8 Ebd.
9 Adolf Hitler: *Mein Kampf*. 112.-113. Aufl. München 1934, S. 782.
10 *Oktober-Land. 1917 1924. Russische Lyrik der Revolution*. Hrsg. von Edel Mirowa-Florin und Leonhard Kossuth. Berlin 1967.
11 Stolz (Anm. 3), S. 60.
12 Vgl. "Politische Landschaft", I, 193.
13 Vgl. zu "Schuld" und "Schulden" den Beitrag von Thomas Kniesche in diesem Band.
14 Andreas Gryphius: "Auf den sontag des sanfftmüthigen königs, oder den I der zukunfft Christi Matth. 21." In: A.G.: *Lyrische Gedichte*. Hrsg. von Hermann Palm. (= A.G.: *Werke in drei Bänden mit Ergänzungsband*. Bd. 3.) Hildesheim 1961, S. 21.
15 Günter Grass: "Schreiben nach Auschwitz." In: G.G.: *Gegen die verstreichende Zeit. Reden, Aufsätze und Gespräche 1989-1991*. Hamburg, Zürich 1991, S. 72.
16 "Viel Gefühl, wenig Bewußtsein." (*Spiegel*-Gespräch mit Willy Winkler.) In: G.G.: *Gegen die verstreichende Zeit* (Anm. 15), S. 18.
17 Vgl. ebd., S. 19.
18 Vgl. das 3. Sonett sowie "Kurze Rede eines vaterlandslosen Gesellen." In: G.G.: *Gegen die verstreichende Zeit* (Anm. 15), S. 36.

19 Vgl. "Ein Schnäppchen namens DDR", in: G.G.: *Gegen die verstreichende Zeit* (Anm. 15), S. 101.

20 "Viel Gefühl, wenig Bewußtsein" (Anm. 16), S. 19.

21 Günter Grass: *Rede vom Verlust. Über den Niedergang der politischen Kultur im geeinten Deutschland.* Göttingen 1992, S. 36.

22 Günter Grass, Regine Hildebrandt: *Schaden begrenzen oder auf die Füße treten. Ein Gespräch.* Berlin 1993, S. 41.

23 Günter Grass: *Rede vom Verlust* (Anm. 21), S. 38.

24 Ebd., S. 39.

25 Johann Wolfgang Goethe: *Wilhelm Meisters Lehrjahre.* In: *Goethes Werke.* Hrsg. von Erich Trunz ("Hamburger Ausgabe"). Bd. VII. München [9]1977, S. 145. Hinweis von Sabine Gross (Madison).

Sabine Gross

"Soviel Wirklichkeit ermüdet."
Sprache und Stil in Günter Grass' *Die Rättin*

I

Wohl keiner der großen Romane[1] von Günter Grass ist zeitgenössischer und inkorporiert mehr aktuelle Elemente als der vierte dieser Romane, die 1986 erschienene *Rättin*. NATO-Doppelbeschluß und Raketen-stationierung, atomare Bedrohung in der Spätphase des Kalten Krieges, Umweltproblematik und ökologisch verantwortungslose Politik werden integriert in eine phantastische Vision, ein apokalyptisches Epos. Dennoch enttäuscht gerade dieser Text trotz seines hartnäckigen Gegenwartsbezugs den Wunsch, er, der Text möge uns den Eindruck einer wiedererkennbaren, plausiblen, vertrauten Wirklichkeit vermitteln. Grass produziert fiktionale Welten mit phantastischen, bizarren, übersteigerten und grotesken Elementen in einer derart präzisen und detailreichen Sprache, daß LeserInnen sich der Anschaulichkeit dieser Beschreibung oft nicht entziehen können. Grass' literarische Texte nehmen ständig Bezug auf die historische, politische, gesellschaftliche Realität. Aber dies geschieht nicht in Form einer getreuen Abbildung der Wirklichkeit, sondern vermittelt durch die Erzählfiktion und eine spezifische Art der Sprachverwendung. Im folgenden wird zunächst Grass' Romanstil kurz charakterisiert und dabei insbesondere die Spezifik seiner Bildlichkeit sowie die gern konstatierte Welthaltigkeit seines Stils problematisiert. Beispiele aus *Die Blechtrommel* und *Hundejahre* ermöglichen es, die *Rättin* im Kontext des Grass'schen Romanwerks zu betrachten und über die Einzelanalyse hinaus sowohl Kontinuitäten aufzuzeigen als auch Veränderungen zu diagnostizieren.

II

Charakteristisch für Grass' Sprache ist die Kombination zweier gegen-läufiger Tendenzen. Zum einen wird immer wieder betont, daß Grass' Sprache welthaltig, bildhaft, anschaulich, dinglich konkret sei — vor allem, wenn es um die frühen großen Romane *Die Blechtrommel* und *Hundejahre* geht. Die Eindringlichkeit seiner Sprache und ihre unbestreitbare Wirkung auf LeserInnen haben zu einem sekundärliterarischen Komplex Anlaß gegeben, der gelegentlich mythenhafte Züge annimmt und häufig ungeprüft und unhinterfragt perpetuiert wird: der Kern dieses Komplexes scheint zu sein, daß Grass schreibe, "als sei das Sprachzeichen noch mit dem Ding identisch".[2] Grass, so heißt es, bringe die Sprache an die Dinge heran.[3] Das hat gelegentlich zu dem Fehlurteil geführt, bei diesem Autor verschwimme die Grenze zwischen Wort und Objekt, als nähere sich die Sprache den Dingen, bis beide zusammenfallen und verschmelzen[4] — oder als orientiere sich zumindest die Sprache derart am Objekt, als sei sie darauf reduzierbar. Grass und seine Erzähler, so heißt es, praktizierten "die radikale Einschränkung auf das konkret Beobachtbare, auf die Dinge".[5] Grass selbst hat dieser Sichtweise Vorschub geleistet, zum Beispiel mit der Äußerung, "daß ich allem, was ich nicht anfassen kann, was ich nicht schmecke, allem, was mit Idee behangen ist, von vornherein mißtrauisch gegenüberstehe".[6] Doch so einfach lassen sich der Realismus, die Sinnlichkeit, der Gegenwartsbezug, die Eindringlichkeit und Anschaulichkeit von Grass' Texten nicht erfassen. Zwischen den Objekten konkreter, sinnlicher Wahrnehmung und dem Bereich der Ideen befindet sich die Sprache, und in der eben zitierten Äußerung spart Grass genau das aus, was ihn zum Schriftsteller macht, nämlich seinen Umgang mit Sprache.

Hinzu kommt, daß — wiederum einer von Grass selbst angelegten Spur folgend — Grass' "Doppelleben" als Schriftsteller und darstellender Künstler (als Zeichner und Bildhauer) oft dahingehend interpretiert wird, er suche in seinen Texten die gleiche Bildlichkeit zu erreichen wie in seinen Zeichnungen und Skulpturen.[7] So geht z.B. Hille-Sandvoss davon aus, "daß Grass' Herkommen aus der bildenden Kunst auch seine Dichtungsauffassung geprägt hat". Sie sieht darin nicht nur die Quelle seiner "Konzentration auf Gegenständliches", sondern betont weiterhin, dieser Ursprung habe "Konsequenzen für den Umgang mit der Sprache und konstituier[e] die spezielle Qualität der sprachlichen Bilder".[8] Aber sprachliche Bilder funktionieren keineswegs genauso wie nichtlinguistische, visuelle Formen der Repräsentation, und für ihre Konkretheit gelten nicht die gleichen Gesetze. Dagegen scheint mir Grass'

Beschäftigung mit gegenständlicher Kunst und mit Sprache etwas anderes gemeinsam zu haben, worin sie sich vielleicht auf den gleichen Impuls zurückführen lassen: das Interesse am Material, an seinen Möglichkeiten und Grenzen, seiner Formbarkeit. Auch Grass' Arbeit mit Sprache ist geprägt von diesem handwerklichen Ehrgeiz. Vielleicht darf man seine kryptische und auch durch den Kontext nicht klar bestimmbare, aber immer wieder zitierte Aussage vom "Reduzieren der Sprache auf die Dinglichkeit hin"[9] nicht, wie es in der Regel geschehen ist, interpretieren als "Reduzieren der Sprache auf die Dinge" mit der Suggestion, Dinge könnten sich in der Sprache befinden, sondern lesen als Reduzieren der Sprache auf *ihre eigene* Dinglichkeit, d.h. ihre Materialität hin.[10] Hartung — eine Ausnahme — hat das erkannt: "Wird von diesem Autor nicht auch das Wort häufig wie ein 'blindes' Material, wie Farbe und Strich gesetzt?" In bestimmten Passagen der *Hundejahre*, so Hartung, "hat das Wort gleichsam dinghaften Charakter, ist opak wie ein Kieselstein oder wie jenes Taschenmesser, das Matern in die Weichsel wirft".[11] Doch auch dieses Urteil ist zu einseitig — Grass geht nicht so weit, den Zeichenstatus des Wortes zu zerstören. Es ist gerade das ständige Oszillieren zwischen Opakheit und Signifikation, das an seiner Sprache so fasziniert.

Die Bildlichkeit dieser Sprache kommt einer grundlegenden Disposition entgegen, die in jedem Leseprozeß zunächst aktiviert wird und die ich als "sprachrealistische Erwartung" bezeichnen möchte: der Wunsch, daß Sprache sich bereitwillig auf das Geschilderte bezieht und ihm unterordnet, daß hinter den sprachlichen Zeichen für uns Objekte, Personen und Sachverhalte erscheinen, mögen sie auch noch so phantastisch oder bizarr sein. Das Bedürfnis, aus Sprache Welt zu konstruieren und herauszulesen, bleibt wirksam auch bei fiktionalen Texten. Der Impuls, sprachliche Zeichen in eine wie auch immer geartete, imaginierte Welt zu transformieren, entspricht einem Versuch, die Zeichenstruktur zu ignorieren, die Signifikanten unsichtbar zu machen, so daß sie hinter der Bedeutung verschwinden. Das funktioniert dann, wenn die sprachliche Referentialität, die Beziehung von Signifikant und Signifikat intakt und dominant bleibt, die kognitive Verarbeitung des Zeichens und dessen Bezug zum Objekt nicht erschwert und gestört werden.[12] Aber aller Exzeß und Sprachüberschwang gerade der frühen

Werke dürfen keinesfalls darüber hinwegtäuschen, daß Grass überaus
genau, sorgfältig und bewußt mit Sprache arbeitet — auf eine Weise, die
uns immer wieder *auf* die Sprache verweist.

Der Rede vom Zusammenfallen der Sprache und der Dinge liegt
zunächst ein grundsätzlicher Irrtum zugrunde. Die Vorstellung, die
Distanz zwischen Sprache und Objekt ließe sich verringern oder gar
überwinden, beruht auf einem Mißverständnis des Bezuges zwischen
Sprache und Welt.[13] Sprache als Zeichensystem transportiert Bedeutun-
gen, die sich auf die Realität im weitesten Sinne beziehen. Doch sie
bleibt immer mittelbar in der Transposition von Realität oder Imagination
ins Medium. Sie kann dem repräsentierten Objekt mehr oder weniger
angemessen sein, kann es möglichst präzise beschreiben, seine Eigenhei-
ten zutreffend erfassen — doch die Barriere zwischen Sprache und Objekt
läßt sich nicht einreißen, das Wort "Trommel" wird in keinem Fall zur
Trommel.

Was sich allerdings mit Sprache bewerkstelligen läßt: Transparenz
suggerieren, sie unauffällig machen, als ermögliche sie den Blick auf
bereits Vorhandenes. Realistische Texte wirken so, erwecken den
Eindruck, als würde ohnehin Vorhandenes lediglich sprachlich abgebil-
det, dupliziert.[14] Dieser Effekt wird zum einen dadurch erreicht, daß
Sprache ihren Gegenstand gewissenhaft, präzise und anschaulich
beschreibt. Wichtiger aber ist ein zweiter Aspekt, nämlich die möglichst
weitgehende Übereinstimmung der verwendeten Sprache mit den
etablierten Regeln, ein Verzicht auf Abweichung von Konventionen. Es
ist diese Unauffälligkeit, die Sprache als Medium förmlich zum
Verschwinden bringt. Die Dienstbarmachung der Sprache, eine Geschmeidigkeit, die dabei nicht gegen Normen verstößt, bewirkt einen
"Realitätseffekt" und erweckt den Eindruck von Transparenz. Die Übereinstimmung mit unseren Erwartungen, wie Sprache im Normalfall
gestaltet wird und funktioniert, macht Sprache förmlich durchsichtig, als
sei sie ein Fenster, das uns den Blick auf die Dinge freigibt. Jede
Abweichung von Konventionen, vom erwartbaren Sprachgebrauch führt
zu Opazität, lenkt die Aufmerksamkeit zunächst auf die Sprache selbst,
als System, Medium und Material.

Allgemein gesagt, kann also die Illusion von Transparenz zusammen
mit dem Wirklichkeitsverlangen, das sich nicht aus dem Prozeß der

Bedeutungszuweisung beim Lesen ausgliedern läßt, zu dem fälschlichen Eindruck führen, Realität sei stufenweise in Sprache überführbar oder, umgekehrt gesehen, Sprache könne sich gleitend der Realität annähern. Aber selbst wenn man die Formulierungen von der Annäherung der Sprache und der Dinge als sprachliche Ungenauigkeit oder als Metapher für den Realitätseffekt, die scheinbare Transparenz von Sprache versteht: diese Vorstellung ignoriert spezifische Elemente des Grass'schen Stils und verfehlt die Wirkung seiner Verfahren. Grass' Sprache läßt sich nicht reduzieren auf eine innovative Vollständigkeit, Intensität, Farbigkeit oder Präzision der Objektschilderung und Wirklichkeitserfassung. Gerade in Untersuchungen zu Stil und Sprachverwendung lassen sich in der Grass-Forschung eine "realistische" und eine "formalistische" Position unterscheiden, von denen aus jeweils eine der zwei einander entgegengesetzten Tendenzen in Grass' Werk diagnostiziert wird. Daß beide Tendenzen koexistieren und in einer spannungsvollen Wechselwirkung miteinander stehen, wird in der Regel nicht erfaßt. Der realistischen Sicht zufolge hat Grass' sprachliche Virtuosität das Ziel, eine fiktionale Realität möglichst vollständig und mit bisher unerreichter Genauigkeit zu erfassen und zeichnet sich durch dingliche Konkretheit aus: Die "scheinbar ungebundene Natur der Grass'schen Prosa ist auf die Fülle der konkreten Erscheinungen bezogen, die der Autor sprachlich vor den Augen des Lesers entstehen läßt".[15] Grass, so heißt es, ist ein Erzähler, "der sich fern aller modischen Abstraktionen eines literarischen Experiments unter Laborbedingungen dinghaft, konkret und mit praller Sinnlichkeit [...] zu äußern weiß".[16] Von Grass' "urwüchsiger Freude am Fabulieren und Erfinden" ist die Rede,[17] und Reich-Ranicki findet "seine Diktion drall und prall, saftig und deftig".[18] Solche Urteile finden sich vor allem in frühen Reaktionen auf die *Blechtrommel*: Enzensberger zum Beispiel betont sowohl die Welthaltigkeit als auch den Realismus der *Blechtrommel* und diagnostiziert an diesem Roman den "Skandal der realistischen Erzählweise überhaupt"[19] — und zwar, "weil er alles berührt, als wäre es antastbar". Die Rede ist von Bildern, Einfällen, Szenen,[20] von "praller Lebensfülle".[21] Solche Urteile — die Liste ließe sich beinahe beliebig verlängern — unterstellen Grass' Sprache einen naiven Wirklichkeitsbezug und gehen, wie oben beschrieben, davon aus, Sprache habe abbildend, realistisch, transparent zu sein.

Wiederholt wird auch ein von Grass angeführtes Zitat von Döblin — "Das Ganze darf nicht erscheinen wie gesprochen, sondern wie vorhanden"[22] — ungeachtet dessen, daß es selbst auf Döblin nur begrenzt zutrifft, unkritisch zur programmatischen Äußerung Grass' für sein eigenes Werk umfunktioniert.[23] Übersehen wird dabei, daß gerade Versuche, die Natur "in allen ihren Nuancen möglichst vollkommen, möglichst adäquat zu erfassen", "die Wirklichkeit gleichsam in der Sprache einzuholen", eine eigentümliche Dialektik entwickeln: ein hypertropher Sprachgebrauch, die Häufung beispielsweise von Adjektivketten, schlägt, statt mit immer größerer Genauigkeit "ein Gesamtbild der Wirklichkeit möglichst umfassend in Sprache umzusetzen",[24] letztlich ins Autorefentielle um und verweist auf sich selbst zurück, insbesondere wenn Wortneuschöpfungen und innovative Kombinationen verwendet werden.

Urteile wie die angeführten sind also einseitig — sie übersehen, daß Grass eben den unterstellten Wirklichkeitsbezug bei aller Anschaulichkeit seiner Sprache zu unterlaufen versucht und sprachliche Verfahren in den Blick rücken will.[25] Grass will "den Leser unterhalten, aber ihn dabei gleichzeitig aktiv halten, damit er sich nicht von der Prosa wegtragen läßt und die Seite frißt als handlungsfördernden Stoff, sondern damit er wach bleibt, oder wenn er ermüdet wird, innehalten und einen neuen Anlauf nehmen muß".[26] Bereits die *Blechtrommel* weist zahlreiche Übertretungen dieses Realismus auf. Just führt Passagen an — er nennt sie "stilisiert" —, in denen die Aufmerksamkeit der LeserInnen weniger dem Bezeichneten gilt als der Signifikantenfolge und ihren internen Bezügen, in denen der Text betont mit Anaphern, Wortwiederholungen und syntaktischen Stufungen arbeitet. "Der Leser reflektiert beim Hören dieser Sätze überhaupt nicht mehr auf die außerfiktionale Realität; die unvertraute, diskontinuierliche Abfolge der Ansichten rückt diese selber in den Mittelpunkt seines Interesses, anders ausgedrückt: sein Interesse ist ganz auf die Beziehung des Zeichens zum Kontext gerichtet."[27] Das gilt zum Beispiel für hypotaktische Ballungen, vielstufige Syntax, das Auftürmen von paradigmatisch, nicht syntagmatisch zu verstehenden Nebensätzen.

Gerade negative Reaktionen auf *Blechtrommel* und *Hundejahre* ignorieren häufig die verschiedenen, dem Text eingeschriebenen Distanzierungsstufen, die mehrfache Brechung der Realitätsdarstellung durch die sprachliche und erzählerische Komposition — und lesen den Text als Abbild der Realität und als direkte Äußerung des Autors. Dabei heißt es dann: "Grunzend kann ich nur das Behagen nennen, mit dem Grass in Abnormitäten und Scheußlichkeiten wühlt."[28] Sprachkritiker wenden sich gegen das, was ihnen als Exzeß, Wahllosigkeit, Überschwang und Beliebigkeit erscheint: die "rein rhetorische Wiederholung [...], die künstlerisch kaum mehr sinnvoll ist".[29] Ein anderer Kritiker: "Ganze Seiten füllt Grass mit Wortassoziationen, deren Sinn wahrscheinlich auch dem Verfasser nicht klar geworden ist."[30] Auch die *Hundejahre* weisen zahlreiche antirealistische Verfahren auf, die mit Urteilen wie dem folgenden quittiert wurden: "Und doch hat der Wurmfraß der Dekadenz gerade die von Haus aus kernige Sprache des Günter Grass zerstört. Episoden von farbkräftiger Prosa, von brillanter Bildhaftigkeit finden sich nur noch wie Oasen in einer Wüste formaler Wort- und Syntaxexperimente."[31] Hier wird immerhin der Antirealismus korrekt diagnostiziert, allerdings als mutwillige Zerstörung einer als Norm implizierten, natürlichen, anschaulichen Sprache verurteilt.

In Untersuchungen zu Grass' Erzähltechnik und den verwendeten Erzählperspektiven ist bereits früh darauf hingewiesen worden, daß seine Erzählerfiguren — allen voran Oskar Matzerath in der *Blechtrommel* — auffällig, unzuverlässig, pikaresk sind, daß Grass ihnen Distanz einschreibt nicht nur den oft abenteuerlichen und grotesken Erzählinhalten, sondern auch den LeserInnen gegenüber. Das kann im Kontext von Genrezuweisungen geschehen: "Die Formen der Groteske und der Satire, der Ironie und des Humors verlangen Distanz, lassen niemals zu, daß der Erzähler sich ganz an das Erzählte verliere."[32] Andere Kritiker rechnen Oskar zu den "Außenseitergestalten, zu den von jeder ordnenden Gesellschaft Entfremdeten"[33] oder sprechen von Oskars "verzerrendem Blick auf die Welt".[34] Die Aufmerksamkeit richtet sich bei dieser Betrachtungsweise auf distanzierende Strategien wie "schockierende Elemente beim Berichterstatter" oder "schockierende Begebnisse".[35] Vernachlässigt werden allerdings Formen sprachlicher Distanzierung, die den Realismus der Erzählerfigur unterlaufen könnten. Zugrunde liegt wiederum häufig eine unausgesprochen "realistische" Erwartung: daß der Erzähler als zwar möglicherweise groteske, singuläre oder phantastische, aber dabei doch ausdifferenzierte, individualisierte und psychologisch geschlossene Figur aufzutreten habe, mit einem Wort — als Subjekt. Diese Erwartung äußert sich insbesondere in Kommentaren zu den drei Erzählern (oder der dreifachen/dreigeteilten Erzählperspektive) der *Hundejahre*. Reich-Ranicki zum Beispiel kritisiert die "oberflächliche und lediglich mechanische und nicht einmal konsequente Aufteilung der erzählerischen Perspektive".[36] Noch interessanter ist Walter Jens' ähnlich ausgerichtete Mißfallenskundgebung. Jens nämlich hatte eben erst konstatiert: "Naturalistische Praktiken sind Grass durchaus fremd." Ungeachtet dieser Einsicht legt er aber einen quasinaturalistischen Maßstab — die Erwartung psychologisch und sprachlich plausibler individueller Subjektdifferenzierung — an die Erzählerfiguren an: "Weshalb das Verschlüsseln, gewaltsame Manipulieren und vielfache Spiegeln, wenn die Autoren sich im Stil nicht im geringsten unterscheiden? Weshalb Liebenau, Matern und Brauxel, wenn doch alle drei wie Grass und wie Oskar, der Blechtrommler, reden?"[37]

Die Erklärung, es sei Grass schlicht mißlungen, die drei Erzähler sprachlich auseinanderzuhalten, greift zu kurz. Daß gerade die unerreichte Vielfalt von Sprachebenen, Dialekten, Terminologiebereichen und rhetorischen Verfahren gleichmäßig auf die drei Erzähler verteilt wird, ohne sie individuell zu charakterisieren und voneinander abzuheben, legt den Schluß nahe, daß Grass an einer psychologisierenden, plausibilisierenden Sprachdifferenzierung nicht gelegen war. Das Sprachspektrum legt sich über die drei Erzählerstimmen und erschwert uns die gewohnte Konstruktion von Subjekten, die traditionelle Auffassung der drei Instanzen als unterschiedliche — und realistische — Figuren. Auch und gerade Wiederholungen zwischen den drei Teilen bestätigen diese Einheit. Die Wirkung ist irritierend: autonom und dominant ist hier die Sprache, auf Kosten jener Illusion von Subjektautonomie im Rahmen der erzählten Welt, die uns in der Regel geboten wird.

Die Distanzierung von Sprache und Realität, die auffällige Verwendung und Bewußtmachung von Sprache ist eine Tendenz in Grass' Werk, die sich bereits in den frühen großen Romanen als gemeinsames Element fast aller verwendeten Sprachstrategien nachweisen läßt. Grass präsentiert eine Ordnung nicht der Dinge, sondern der Worte. Häufig folgt die Sprache ihren eigenen Gesetzen, nicht denen der abgebildeten Welt oder den Eigenschaften der beschriebenen Objekte. Die der Grass'schen Sprache immer wieder attestierte handwerkliche Kunstfertigkeit läßt sich nicht einem an Mimesis orientierten Ideal unterordnen. Grass' Frühwerk zeugt davon, daß er der Sprache nicht mit Skepsis oder dem für die Moderne typischen Sprachzweifel begegnet,[38] sondern mit einem großen Maß an Vertrauen in ihre Fähigkeiten; einem Vertrauen, das realistische mit anti-illusionistischen Absichten verbindet. Sein Stil ist das Gegenteil von "stream-of-consciousness", jener Technik, in der die Sprache dem Bewußtsein angepaßt wird (kryptisch vielleicht, aber psychologisch plausibel) und seinen Gesetzen scheinbar gehorcht. Bei Grass folgt die Sprache zunächst ihren eigenen Gesetzen, und er spürt ihren stilistischen und formalen Möglichkeiten ebenso nach wie ihrer Ausdruckskraft. Seine Sprache zeichnet nicht schmiegsam und transparent die Konturen von Objekten oder Situationen nach, sondern ballt sich, überstürzt sich, setzt immer wieder neu an. Seine Assoziationstechnik, in der sich ein Wort oder Wortfeld verselbständigt, ist sprachlogisch, nicht psychologisch motiviert, und gerade das ermöglicht oft Einsichten in die gesellschaftliche und politische Sprachpraxis und in das kulturelle Umfeld, in dem Sprache funktioniert.[39]

III

Grass nimmt die Sprache beim Wort, schreibt mit Lust an der Sprache *und* an den Dingen, und es macht ihm Spaß, den LeserInnen den Zugang zur geschilderten Welt spielerisch zu erschweren, die Annahme, Sprache habe eine Welt zu enthüllen, genüßlich zu durchkreuzen. Grass bringt nicht die Dinge, sondern die Signifikanten in Bewegung und macht die Sprache durch Entkonventionalisierung lebendig. Viele der auffälligen und häufig kommentierten stilistischen Strategien des Frühwerks enthüllen bei genauerer Analyse ihr dialektisches Potential zur spielerischen Sabotage des Bezugs zwischen Signifikanten und Realität. Hier soll lediglich eine Auswahl kurz angeführt werden, um den Vergleich mit der *Rättin* zu ermöglichen.

Bereits Grass' Sprachvielfalt ist durch dialektische Gegenläufigkeit geprägt. Für das Arsenal von Sprachebenen, -formen und -quellen (Umgangssprache, Fachsprachen aus Bergbau, Ballett, Skat, Rotwelsch, Militärsprache, Heidegger-Jargon und Bibel), dessen er sich bedient, gilt zweifelsohne: "Dieses Sprachmaterial ist weitgehend von sich aus schon handgreiflich, wirklichkeitsnah, von plastischer Bildhaftigkeit, originell und vor allem authentisch."[40] Doch geht andererseits eben diese Vielfalt über die für eine realistische Schilderung erforderliche Konkretisierung und Differenzierung weit hinaus und zerstört damit die Illusion von Transparenz; die ins Extreme gesteigerte Präzision des Wirklichkeitsbezugs, die Authentizität von milieugerechter Sprache schlägt um und lenkt die Aufmerksamkeit wieder auf die Sprache: eine Verschiebung findet statt vom Inhalt auf die Form der Verbalisierung. Ähnliches gilt für die syntaktische Skala. Von gehäuften Ausrufen und knappsten Sätzen bis zu in Fischartscher Manier gehäuften Satzungetümen — Grass' Syntax lenkt die Aufmerksamkeit auf sich, gerade die auffälligen Variationen von Rhythmus und Satzlänge erfordern ständige Anpassungen von Aufmerksamkeit und Verarbeitungsstrategien.[41]

Grass verwendet vorhandenes Sprachmaterial so, daß es neu wirkt — durch den Kontext oder durch Abwandlungen, die die ursprüngliche Form noch erkennen lassen. Phrasen und Floskeln, Klischees und Sprichworte werden überwiegend nicht wie selbstverständlich eingesetzt, sondern in einer Weise, die uns ihre Selbstverständlichkeit vorführt und damit zerstört. Auffällig ist darüber hinaus Grass' Art, Metaphern und Redensarten auszuspielen — zu finden nicht nur in *Blechtrommel* und *Hundejahre*, sondern auch in *Katz und Maus*, dem sprachlich und stilistisch sparsamer gehaltenen, novellenartigen Mittelstück der Danziger Trilogie. Dort werden die Worte des Priestergebets zu Seifenblasen:

"Misereatur vestri omnipotens Deus, et, dimissis peccatis vestris..." hob es sich seifenblasenleicht von Hochwürden Gusewskis gespitztem Mund, schillerte regenbogenbunt, schaukelte, vom insgeheimen Strohhalm entlassen, unschlüssig, stieg endlich und spiegelte Fenster, den Altar, die Jungfrau, spiegelte Dich mich alles alles — und platzte schmerzlos, sobald der Segen Blasen warf.[42]

In der *Blechtrommel* wird zu Beginn ein Streit zwischen Koljaiczek und dem Sägemeister, wörtlich die Metapher in die Tat umsetzend, "vom Zaune gebrochen" und die Latten als Prügelwerkzeuge verwendet.[43] Hier wird die Metapher allerdings in einer Weise verwendet, die sie reliteralisiert. Die Ansicht, daß Grass "gebräuchliche Metaphern und Allerweltswendungen [verfremdet], indem er sie beim Wort nimmt, sie in die Konkretion eines erzählten Bildes zurückholt und materialisiert",[44] greift zu kurz, indem sie nur eine Richtung des Vorgangs beschreibt. Werden einerseits die Metaphern anschaulich gemacht, "gewöhnlich übertragen angewandte umgangssprachliche Wendungen auf ihre ursprüngliche Bildhaftigkeit zurückgeführt",[45] so läßt sich zugleich das anschaulich Geschilderte zurückverfolgen zu einem Ursprung, der in der Metapher und damit in der Sprache und nicht in der Realität liegt. Böschenstein hat erkannt: "Die Konkretheit der realisierten Metapher wird als fiktive durchschaubar gemacht."[46] Wörtlichnehmen und originelle Abweichungen fordern auf zum Hinterfragen eines als unproblematisch und unveränderlich hingenommenen Bezugs zwischen Sprache und einer als vorhanden akzeptierten Wirklichkeit[47]: "Die Grass'sche Einbildungskraft widersetzt sich einer in herkömmlicher Metaphorik vorgetäuschten Entsprechung von Gegenstand und Sprache."[48]

Am häufigsten wird das Verfahren in den *Hundejahren* verwendet, angefangen mit dem Titel. Legt er zunächst eine metaphorische Lesart nahe, so dreht sich die Handlung doch immer wieder um die Hunde:

> Wenn Grass die Nazizeit sowie ihr Vor- und Nachspiel als "Hundejahre" apostrophiert, so macht auch er den längst verblaßten Inhalt einer solchen herabgesunkenen Wendung nachträglich wieder wahr, indem er durch seinen Roman hindurch eine Dynastie wirklicher Hunde laufen läßt, deren letzter Sprößling, Prinz, der Hund des Führers wird.[49]

Wie weitgehend Grass die Sprache zum Agens macht, die Metapher die fiktionale Realität bestimmen läßt, zeigt sich in der Mehlwurmepisode im ersten Buch der *Hundejahre*: mit epischer Länge, liebevoll vorbereitet, entwickelt und aufgebaut, und in einer Detailbeflissenheit, die wieder einmal das Phantastische realistisch macht, wird hier ausgemalt — das ist der einzig angemessene Ausdruck — wie Müller Matern mit seinen

Mehlwürmern kommuniziert, sich von ihnen mit phantastischer Treff-
sicherheit die Zukunft voraussagen läßt, damit zum Orakel der Nachkriegsgesellschaft wird, wie diese Prophezeiungen Ruhm und Reichweite
gewinnen. Grass zitiert ausführlich, arbeitet zum Teil wörtlich genaueste
Informationen über die Wirtschaftsgeschichte Nachkriegsdeutschlands ein
in dieses großartig angelegte Crescendo — um auf dem Höhepunkt die
ganze über Monate und Jahre ausgespielte Szene zu präsentieren als
anschaulich gemachte, in Handlung umgesetzte Metapher: Im Wirtschaftswunder ist der Wurm drin. "Im Wurm ist der Wurm" kontrastiert
und verbindet metaphorische und realistische Signifikation (ähnlich heißt
es an anderer Stelle in den *Hundejahren*: "Sein Ziel ist das Ziel"). Grass'
Kritik an der Nachkriegsentwicklung äußert sich in Form einer über die
Maßen elaborierten und ins Szenische übertragenen Metapher.

Für die Vielzahl von Verfahren, mittels derer Grass auf unterschiedliche Weisen herkömmliche, gewohnheitsmäßig hingenommene
Paarungen von Signifikant und Signifikat im sprachlichen Zeichen
aufbricht, ein letztes Beispiel: Der erste Erzähler der *Hundejahre* wird
mit einem Namen eingeführt, dessen Zuweisung doppelt in Frage gestellt
wird. Gleich zu Beginn heißt es: "Der hier die Feder führt [wiederum
eine Reliteralisierung und Doppeltführung der Metapher], wird zur Zeit
Brauxel genannt."[50] Später erfahren wir, daß er zu anderen Zeiten
andere Namen getragen hat — Amsel, Haseloff, Goldmäulchen. Nicht
einmal die Schreibweise des einzelnen Namens, der Identitäts-
bezeichnung, ist unveränderlich: "Der Federführende schreibt Brauksel
zumeist wie Castrop-Rauxel und manchmal wie Häksel. Bei Laune
schreibt Brauxel seinen Namen wie Weichsel. Spieltrieb und Pedanterie
diktieren und widersprechen sich nicht."[51] Letztere Aussage gilt für den
Autor sicher genauso wie für den Erzähler. Der Text führt die Namens-
varianten vor — gelegentlich bekommen wir innerhalb von vier oder fünf
Zeilen alle drei unterschiedlichen Schreibweisen präsentiert.

Im dritten Buch der *Hundejahre* wird der Name Inge um ein
ganzes Spektrum erotischer wie alltäglicher Elemente bereichert:
Ingeknie — Lutschinge — Ingeschrei — Schnappinge Ingefisch
Jainge Grätschinge Pustinge Beißinge — Ingemüde Ingezu
Ingepause — Wachaufinge Machaufinge Besuchkommtinge
Bringtdorschleberinge Zweifreundeinge Deinbeinmeinarminge.[52]

Hierdurch gelingt es Grass, in den Namensvariationen die ganze Dimension des Umgangs des Figuren miteinander zu charakterisieren und faßbar zu machen. Die kurze Reihung verdichtet Dutzende von Interaktionen und betont zugleich das Klischiert-Habituelle des Verhaltens. Weitere Namensvariationen — zum Strießbach, dem Namen Tulla, dem Ort Osterwick — werden als gewissenhafte Aufzeichnung lokaler und historischer Varianten präsentiert.[53] Doch diese Motivierung neutralisiert nicht den Effekt: die das Zeichen charakterisierende Verbindung zwischen Signifikant und Signifikat wird gelockert. Postmodernes Spiel mit der Instabilität von Signifikation? Aber es gibt zumindest im Fall Brauksels wiederum eine realistische Motivierung. Der so wechselnd Benannte wird als Jude aufgrund seines wechselvollen Lebenswegs im Nazi- und Nachkriegsdeutschland gezwungenermaßen zum Chamäleon und entwickelt eine schillernd vielgestaltige Identität, der mit einem einzelnen Namen nicht beizukommen ist.

IV

Bei Grass ist das Spiel mit Sprache nie Selbstzweck. Das gilt auch für die *Rättin*. Es fällt auf, daß Untersuchungen und Kritiken dieses Romans überwiegend inhaltsorientiert sind und sich mit der Thematik oder der labyrinthischen Erzählstruktur auseinandersetzen.[54] Traum und Katastrophe, Märchen und Holocaust, Utopie, Dystopie — und immer wieder Apokalypse: diese Kategorien wiederholen sich in Kritiken und Untersuchungen zu Grass' Epos über die Zukunft und ihr Ende, den Untergang der Menschen und das Überleben der Ratten. Viele Kritiker waren von dem Roman enttäuscht. Insbesondere die Hoffnungslosigkeit und das grotesk Überzogene der Erzählhandlung wurden mißbilligt — der Roman wurde kritisiert als Versuch einer zu realistischen Schilderung zu phantastischer Inhalte, als vergebliche Liebesmüh. Reich-Ranicki malt in herzergreifender Weise die Anstrengungen des Autors aus, wobei er immer noch davon ausgeht, Grass' Ziel sei es, die Welt nahtlos in Sprache zu verwandeln:

> Man stelle sich das einmal vor: Monatelang, jahrelang hat sich
> Grass beinahe jeden Morgen an den Schreibtisch gesetzt, hat,
> stets um den Rhythmus bemüht, die Worte, die Sätze anein-

andergereiht, immer hoffend oder gar überzeugt, die störrische
Welt ließe sich endlich doch vorladen oder, wie das früher hieß,
evozieren. Und es kommt nichts dabei raus. Was muß er gelitten
haben...[55]
Reich-Ranicki reduziert das fiktionale Epos kategorisch auf seine
inhaltliche Aussage: "Viel ist es nicht. Ein Artikel oder eine Ansprache
mittlerer Länge hätten da schon gereicht."[56] In Urteilen über die
Sprache des Romans finden sich in zahlreichen Variationen die üblichen,
für Grass-Kritiker unverzichtbar gewordenen, stereotypen Urteile über
Sprachmacht, Bildimagination und barock-wuchernde Fabulierfreude.
Der Text sei vital, wortgewaltig, witzig und derb, hieß es, und die
wunderbare Leichtigkeit der Sprache wurde gelobt. Kritisch charakterisiert wurde der gleiche Überschwang als endlose Wort- und Erzählti-
raden, obstipatärer Stil, wucherndes Bilderdickicht; es wird gewarnt vor
der Gefahr des Rhetorischen und die Sprache als wortverliebt, maniert
und hochtrabend bezeichnet.[57]

Aber es gibt noch weitere Stimmen: hier werde Sprache unter Wert
verkauft, sie sei zäh und ledern, leblos und uninspiriert; der kaschubische
Erzähllatem fehle. Für die Enttäuschung, die in letzteren Beurteilungen
zum Ausdruck kommt, gibt es Gründe: die Sprache der *Rättin* erscheint
weniger auffällig und extrem als in den frühen großen Romanen. Die von
vielen Rezensenten immer noch automatisch konstatierte Üppigkeit und
Anschaulichkeit sind reduziert. Aber diese Reaktionen mögen darüber
hinaus Indikatoren einer Irritation sein, die sich zwar an der Sprache des
Romans entzündet, sich aber zugleich auf den Inhalt richtet, ohne dabei
allerdings zur Kenntnis zu nehmen, daß die Sprachverwendung nicht
unabhängig vom Inhalt ist, sondern mit ihm korrespondiert. Nicht zuletzt
diese Korrespondenz soll in der folgenden Analyse herausgearbeitet
werden.

Die Rättin nimmt zahlreiche Elemente früherer Werke wieder auf —
das gilt auch für die Sprache. Es finden sich wiederum hypotaktische
Ballungen (160, 296), paradigmatische (153, 222) und anaphorische
(360) Reihungen, Listen (25, 26), Wortkaskaden und deskriptiver
Überschwang, Detail- und Faktenreichtum.[58] Allerdings wirken sie
weniger exzessiv, werden sparsamer verwendet. Überhaupt erwecken
einige deutliche Parallelen zum Frühwerk den Eindruck, als seien die

entsprechenden Stilmittel bewußt und spielerisch eingesetzt, um auf *Blechtrommel* und *Hundejahre* zurückzuverweisen — Beiträge zu einer Intertextualität, die mit der Intratextualität innerhalb des Grass'schen Werkekorpus beginnt. Das gilt zum Beispiel für Zusammenschreibungen, in denen mehrere Worte zu einem zusammengezogen werden. Auch das Weglassen von ganzen — von den LeserInnen zu ergänzenden — Satzteilen nimmt Grass in der *Rättin* wieder auf, ein Verfahren, das verfremdet, indem es gerade mit der Vertrautheit bestimmter Äußerungen operiert. Es verweist LeserInnen auf die Floskelhaftigkeit und Redundanz von Sprache und betont in der Auslassung die Ergänzbarkeit.[59] In der *Rättin* gewinnen diese gelegentlichen elliptischen Passagen zudem eine Art Zitatstatus im Rückbezug auf die *Hundejahre*, wo Grass solche Verkürzungen häufig praktiziert.

Auffällig ist, wie bereits in den frühen Romanen, das Spiel mit Erzählperspektiven, mit Wissensgrenzen, und in diesem Roman vor allem mit Macht und Ohnmacht des Erzählers. Zusätzlich kompliziert wird es dadurch, daß es zwei Erzähler gibt, die miteinander interagieren: den menschlichen Ich-Erzähler und die Rättin, die ihm zunächst im Traum erscheint und ihm dann das Ende der menschlichen Welt und das Überleben der Ratten erzählt und vorführt, während er als letzter menschlicher Überlebender in einer Raumkapsel die Erde umkreist. Ich-Erzähler und Rättin, seine Hoffnungen und ihre apokalyptische Endgültigkeit, wetteifern miteinander, schließlich wird unklar, wer denn eigentlich wen träumt.[60] Der Erzähler verliert die Kontrolle über seinen Stoff und kokettiert mit der eigenen Hilflosigkeit. Er unterbricht sich und kommentiert: "Ich halte mich raus. Ich sage nicht, was ich weiß." (223) Oder: "Nur Mut, Oskar! rufe ich unserem Herrn Matzerath zu. [...] Ich will ihm beistehen und schlage durch Zuruf Kniefall vor. Aber unser Herr Matzerath behält Haltung." (264-65) Zudem entwickeln sich Konflikte mit seinen Figuren. Insbesondere die Schiffsfrauen und Oskar Matzerath bestreiten seine Erzählgewalt, schränken sie ein oder entziehen sich ihr in offenen Verstößen gegen die Plausibilität der Erzählfiktion. So schildert der Erzähler ausführlich die Schwierigkeiten, denen sein Wunsch, die fünf Frauen auf einem Schiff zu versammeln, begegnete: "Tricks und Notlügen mußte ich mir einfallen lassen und kurz vor Reisebeginn versprechen, daß nie Sturm aufkommen werde und niemals

Maschinenschaden auf hoher See zu befürchten sei." (221) Situations-
beherrschung und Machtlosigkeit sind hier miteinander verschränkt.
Nicht nur unterbricht der Erzähler seine eigene Schilderung; Matzerath
schaltet sich per Autotelefon in den Text des Erzählers ein (vgl.
202), die Schiffsfrauen widersetzen sich häufig seinen Wünschen, ja, sie haben ihn
sogar, wie es heißt, "abgeschrieben" (213).

Das Durch- und Ineinander der verschiedenen Erzählebenen wird in
diesem Roman weiter entwickelt als je zuvor bei Grass. So droht
beispielsweise der Erzähler Matzerath: "'Es könnte mir im Nebensatz
einfallen, Ihr Visum einfach verfallen zu lassen.'" (125) Und Matzerath
beschuldigt den Erzähler, ihm den Tod zugedacht zu haben, dem er nur
mit knapper Not durch den Einsatz einer weiteren Figur entkommen sei:
"'Eine Harnvergiftung mit letalem Ausgang wäre Ihnen zupaß gekommen: ein mir maßgeschneiderter Tod! Wie gut, daß mein Chauffeur
Ihren Absichten zuvorkam, bereits bei Helmstedt die Autobahn verließ
und gerade noch rechtzeitig den tüchtigsten Urologen am Platze
ansteuerte.'" (394) Teilt der Erzähler uns mit, er lasse Oskar, von dessen
bizarrem Tod in der Weltkatastrophe ihn die Rättin unterrichtet hat,
zunächst noch die Illusion des Lebens (vgl. 375), so versichert ihm
andererseits Oskar, "'doch dürfen Sie sicher bleiben, daß nicht ich
Gefahr laufe, dieser Welt enthoben zu werden; vielmehr sind Sie es, der
sich verflüchtigt hat und nun schwebt, als habe man ihn — und sei es aus
Spaß nur — in eine Raumkapsel verwünscht...'" (395)

Der Erzähler ist nicht der einzige, der Schwierigkeiten mit den
selbstgeschaffenen Kreaturen hat, dem die Entwicklungen aus dem Ruder
laufen. Auch die in den Roman importierten Brüder Grimm kom-
mentieren befremdet das wenig textgehorsame Verhalten der von ihnen
geschaffenen Märchenfiguren. So sagt Wilhelm: "'Du siehst, Bruder,
unsere Märchen haben ihr Eigenleben.'" (342) *Im* Text wird hier also
dokumentiert, wie Texte eine Eigendynamik entwickeln, die sich der
Kontrolle des Autors entzieht.

Dieses vielschichtige Spiel mit Erzählfiktionen kann beim Lesen
desorientieren; es frustriert unsere immer erneuten Versuche, eine
stabile, zuverlässige Erzählsituation zu konstruieren. Die Viel-
schichtigkeit der fiktionalen Welt läßt die LeserInnen nicht Fuß fassen
auf einer dominanten Erzählebene. Die Märchenfiguren sprechen

wiederholt in Untertiteln zur Erinnerung daran, daß sie eigentlich in einem Film auftreten, in dem wiederum der Spiegel der bösen Stiefmutter zum Fernsehbildschirm wird. Die Handlung wird von Matzerath und dem Erzähler, der sie zugleich beschreibt, entworfen; beide wetteifern um die Rolle des Regisseurs, und am Ende stellt sich heraus, daß der so bildkräftig beschriebene Film, in dem die Märchenfiguren sich vergeblich um die Rettung der Natur bemühen, nie zur Produktion gelangte.

Die Vermittlung und ironische Brechung von Medien-, Text- und Traumwelten wird zur mise-en-abîme für die LeserInnen. So bei Anna Koljaiczek "die Geburtstagsgesellschaft auf dem Bildschirm, wie sich alle einen Videofilm anschauen, der eine Geburtstagsgesellschaft zeigt, die sich fröhlich und guten Glaubens einem Videofilm aussetzt" — der wiederum die Anwesenden zeigt (317). Und zu Oskars 60. Geburtstag mischt der Erzähler in vergleichbarer Weise die Ebenen: "Ich hatte mir als Geschenk die in Polen illegal gedruckte Übersetzung seiner Erinnerungen ausgedacht." (488) Auch die Rättin trägt dazu bei, wenn sie, dem Erzähler im Traum erscheinend, von der rättischen Klage um den Menschen berichtet: "Was sind wir ohne seine Geschichten, in denen wir eingeschriebenen Platz haben?" (161)

Die Auflehnung des gealterten Oskar Matzerath, die Proteste der Frauen, nicht zuletzt die Unfähigkeit des Erzählers, die von ihm geträumte Ratte zu bändigen, sind nicht nur ästhetischer Effekt. Sie weisen auch auf die Unmöglichkeit hin, lebendige Figuren in Text zu verwandeln: Realität unterwirft sich nicht der Sprache; diese Konsequenz legt der Roman mehrfach nahe.

Grass spielt in der *Rättin* immer wieder mit dem Objektcharakter der Sprache und mit der Vorstellung, Sprache und Dinge könnten sich berühren — allerdings um sie als illusorisch zu entlarven und in der Ausführung ad absurdum zu führen. So heißt es in einer Waldszene: "Aus allen Wipfeln fallen Zitate. Und wie gerufen leert ein Knabe über einer auf Moos gebetteten Prinzessin des Knaben Wunderhorn aus: Blüten, Libellen und Schmetterlinge..." (54) In einer späteren Szene heißt es: "Abschied von allen Wörtern, die aus dem Wald kommen." (123) Die Ratte, "die als Schimpfwort herhalten mußte" (190) wird als Gleichnistier (vgl. 118) und Modell menschlicher Ängste (vgl. 119) bezeichnet und erklärt selbst: "Deshalb hat sich der Mensch von uns mit

Wörtern Bilder gemacht." (119) Der Erzähler erwartet von ihr, "daß du mich durchlässig machst / für Wörter, die winseln und quengeln" (203). In der Literatur "liest sie sich langschwänzig zwischen den Zeilen" (191). Zu Beginn der Bundestagsansprache heißt es vom Erzähler, er nehme, "als wäre es greifbar gewesen, das Wort". Die Schiffsfrauen benutzen "scharfkantige Wörter" (174) und auf dem Schiff werden, wie Vorräte oder Wolle, auch Wörter verbraucht, so daß die Frauen zu einem bestimmten Zeitpunkt nur noch in halben Sätzen reden. Überhaupt wird das Stricken als Metapher des Umgangs mit Sprache anschaulich ausgesponnen (vgl. 37-41 et passim) — und selbst das Meer erscheint "mal glatt, mal kraus" (397). Kann man sich in der Sprache aufhalten? Fragen nach seiner Kindheit, so heißt es, "weicht unser Herr Matzerath in wohnliche Nebensätze aus" (163). Am weitesten wird diese Dingwerdung des Wortes getrieben mit dem in Eisen verschrifteten Wort "Solidarnosc", ein Geschenk zu Anna Koljaiczeks 107. Geburtstag. Es führt zu Unstimmigkeiten, wird Gegenstand der Verehrung und dann gestohlen. "Entführt und seitdem im Untergrund wirksam" (498), wird es nach zunächst erfolgloser Suche schließlich wieder aufgefunden — gehandelt haben die Menschen, so der Vorwurf der Rättin, in jedem Fall nicht danach. Die Objektifizierung des Wortes macht seine Wirkungslosigkeit um so anschaulicher, illustriert das Scheitern. In einem der Gedichttexte heißt es: "Am Ende, sobald sich die Wörter erschöpft haben, / werden wir sehen, was wirklich / und nicht nur menschenmöglich ist." (423) Nur die Ratten können sich von Wörtern nähren und werden satt von ihnen. Sie werden metaphorisch zu Leseratten gemacht, und — wir kennen das Verfahren bereits — die Metapher wird wieder wörtlich genommen. Die Rättin doziert genüßlich:

Klugscheißerei und Kirchenlatein. Unsereins ist fett davon, hat sich durchgefressen bis zur Gelehrsamkeit. [...] Was immer das Wort Leseratte gemeint haben mag, wir sind belesen, uns haben in Hungerzeiten Zitate gemästet, wir kennen durchweg die schöne und die sachliche Literatur, uns sättigten Vorsokratiker und Sophisten. Scholastiker satt! Ihre Schachtelsätze, die wir kürzten und kürzten, waren uns allzeit bekömmlich. Fußnoten, welch köstliches Zubrot! (24f.)

Im Gegensatz zur Sprachaneignung der Ratte erscheint der menschliche Umgang mit Worten unproduktiv und sinnlos:

Ach, euer Denkschweiß und Tintenfluß! [...] Streitschriften und Manifeste. Wörter geheckt und Silben gestochen. Versfuß gezählt und Sinn ausgelegt. So viel Besserwissen. (25)

Buchwissen und die Signifikanz von Signifikanten haben in der *Rättin* einen anderen Status als im Frühwerk. In *Hundejahre* werden Sätze, die die Alltagswelt repräsentieren, in die Ordnung des Konversationslexikons gebracht und alphabetisch geordnet, so wie das Lexikon eben die Ordnung des bürgerlichen Lebens repräsentiert. In der *Rättin* liest Rotkäppchens Märchengroßmutter wiederholt aus Grimms Wörterbuch vor — Mit A beginnend, zunächst Worte wie Angst und Abschied. Als später der Angriff auf den Wald beginnt, liest sie "allen, die hören wollen, aus dem Grimmschen Wörterbuch dem Unheil nahe Wörter vor: 'Ungemach, Unhold, Ungeheuer, Unglück, Unmut...' aber auch: 'unbekümmert, ungestüm, unverzagt...'" (431) Die Worte sind passend gewählt, treffen die jeweilige Situation — und doch wird gerade darin die Wirkungslosigkeit der sprachlichen Realitätsbewältigung deutlich. Der Versuch, mit Worten gegen Gewalt anzugehen, bleibt fruchtlos:

Bis auch sie erfaßt und zerkleinert wird, liest Rotkäppchens Großmutter aus dem Grimmschen Wörterbuch laut gegen die röhrende Gewalt an. "Gnade!" liest sie, "gnädig, gnädiglich, gnadenlos..." Nichts kann die Drachen aufhalten. (435)

Übrig bleibt "zerfetzt das Wörterbuch, ein jeglicher Band..." (436)

Es ist unmöglich, den Roman als geschlossene Wirklichkeitsdarstellung — auch einer phantastischen Wirklichkeit — zu lesen. Zum einen sind in den Prosatext — wie schon im *Butt* — immer wieder Gedichte eingefügt, die zwar in Bezug zur Handlung stehen, aber den prosaischen Wirklichkeitsbezug unterbrechen und es den LeserInnen unmöglich machen, den Text als Realitätsabbildung zu konstruieren. Zum anderen wird auch hier wieder die Heteroreferentialität des Textes durch verschiedene Formen des Autoreferentialität unterminiert.

Ein Element dieser Selbstbezüglichkeit sind mehrfache Anspielungen auf die Grass-Rezeption und die um seine Werke entstandene Interpretationsindustrie, die im Roman thematisiert werden. In zwei Figuren sind unschwer der Grass-Interpret Hans Mayer und der Regisseur Volker

Schlöndorff zu erkennen. Beide bestätigen Oskars Außenseiterrolle, und
Oskar widmet sich ironischerweise dem Exegeten und dem Filmemacher
herzlicher als dem Erzähler, dem er sein Leben verdankt, wie der
letztere aufmerksam notiert (vgl. 490). Als Grund für die Mordpläne des
Erzählers vermutet Oskar: "Ich soll nicht mehr dreinreden dürfen. Sie
wünschen, mich loszuwerden. Niemand soll zukünftig, wenn er Sie
meint, auf mich verweisen können." (394) Oft genug sind in der Grass-
Kritik Erzähler und Autor, Erzählperspektive und Wirklichkeitssicht
gleichgesetzt worden.[61]

Autoreferentialität wird insbesondere auch durch Wiederholung
etabliert. Ähnlich wie im Frühwerk (und dort von Grass-Kritikern oft als
unnötiger Verstoß gegen sprachliche Effizienz getadelt) verschieben
Wiederholungen die Aufmerksamkeit von der Logik des Dargestellten auf
die Struktur der Darstellung, verwandeln den linearen Text in einen
zyklischen. Die einmalige Verwendung eines Signifikanten lenkt die
Aufmerksamkeit auf die Bedeutung. Das durch die Wiederholung
erreichte Insistieren auf dem Signifikanten macht diesen reflexiv und läßt
die Bedeutung zurücktreten; der Ausdruck verweist zunächst auf sich
selbst und all seine früheren Verwendungen im Text. In der *Rättin* wird
die Wirklichkeitsorientierung des Textes ständig unterlaufen, eingebettet
in ein Netz aus Wiederholungen, mit denen sich Text auf Text bezieht,
Sprache auf Sprache. Das geschieht sowohl lokal, wenn ein bestimmter
Ausdruck oder ein Morphem über mehrere Seiten immer wieder
aufgegriffen wird, aber auch durch den ganzen Text hindurch. Auffäl-
liges Beispiel ist das dutzendfach wiederholte "die Rättin, die mir
träumt" mit seinen Variationen. Das ist nicht die einzige formelhafte
Wiederholung — feststehende Epitheta verwendet der Erzähler für
verschiedene Figuren und Ereignisse, insbesondere Märchengestalten, die
dadurch in ihrer Rollenhaftigkeit bestätigt werden — die böse Stiefmutter, das Mädchen mit den abgeschlagenen Händen, der "wachküssende
Prinz", der während des ganzen Romans solcherart auf eine in der
Verlaufsform absurde Tätigkeit reduziert wird; aber auch die Schiffsfrau
Damroka, die beinahe unausweichlich als lockig oder "schöngelockt"
beschrieben wird. Diese Verwendung von Epitheta verweist nicht nur auf
die Formelhaftigkeit von Sprache und Denken — sie verweist auch auf
den Text. Auch in Form von Reimen und Alliterationen ist der Text in

einer Weise strukturiert, die die Aufmerksamkeit vom Syntagma, dem Textverlauf, auf das Paradigma, die Textgestalt lenkt. Das gilt für Alliterationen (z.B. 49, 70, 162, 181, 321) ebenso wie für die Wiederholung feststehender Wendungen wie zum Beispiel "Chips und Klips" (14, 137, 146, 231). Weitere Motive: die Buttercremetorte des Kanzlers, der aufrechte Gang, den die Ratten üben. Häufig verwendet wird das Verb *vergehen* im Sinne von "verschwinden, sich entfernen oder aus dem Blick geraten" — für Matzerath, Lebensmittel, die Frauen, das Schiff, die Küste, und natürlich immer wieder für die Rättin. Hier läßt das Detail die apokalyptische Vision des Texts selbst in scheinbar harmlosen Textpassagen durchscheinen. Der Roman endet mit dem Satz: "Ein schöner Traum, sagte die Rättin, bevor sie verging."

Einige der bisher angeführten Punkte haben bereits Hinweise auf die Intertextualität geliefert, die in der *Rättin* stärker ausgeprägt und auf vielfältigere Weise ausgeführt ist als in irgendeinem anderen Roman von Grass. Indem er andere Texte einbezieht, verweist ein Text immer auch auf sich selbst und seine Textualität. Verstärkt wird dieser Effekt im Falle der *Rättin* durch die Intratextualität des Grass'schen Prosawerks, die Oskar Matzerath und seine Großmutter, lebensecht gealtert, im Text auferstehen läßt. Ja, Oskar spricht sogar — allerdings widerwillig und nicht ganz aufrichtig — über seine in der *Blechtrommel* dargestellte Kindheit (vgl. 163). Es gibt zudem eine Reihe von Anspielungen nicht nur auf weitere Figuren (Tulla aus *Katz und Maus* und *Hundejahre*, Ilsebill aus *Butt*; Walter Matern taucht in dem Ort Matern/Matarnia [62] auf), sondern auch auf frühere Texte aus dem Grass'schen Werkkorpus.[62] Eine weitere Akzentuierung der Textfiktionalität stellt die Aufnahme der Märchenfiguren sowie der Brüder Grimm höchstselbst dar, die zudem gegen Ende doppelt vermittelt über Gemälde, Stiche oder Zeichnungen beschrieben werden (vgl. 467-468). Einzelne Zitate, Anspielungen und Titelnennungen verweisen auf Schriftsteller — beispielsweise Arnim und Brentano, Brecht, Goethe, Jean Paul und Lessing —, auf Filme, auf Gemälde und Zeichnungen.

Auch die zu Beginn des Romans eingeführte Ratte ist literarisch keineswegs ein unbeschriebenes Blatt — selbst im Rahmen des Grass'schen Intratextes.[63] Hier irrt Hans Mayer, wenn er, die *Rättin* einschließend, erklärt: "Dennoch, die Tiere bei Günter Grass haben nichts mit literarischen Vorbildern zu tun. Sie sind weder symbolisch, noch allegorisch, noch emblematisch, sondern ganz einfach Tiere. Auch die Rättin ist eine wirkliche Rättin. Und dann noch etwas mehr."[64] Man ist erfreut über den Nachsatz, aber verwirrt über eine Aussage, die den mit Ratten verbundenen Reichtum an Konnotationen leugnet, den doch Grass im Roman immer wieder anspricht. Ratten und Überlebensfähigkeit, Ratten und Juden, Ratten und Pest, Ratten und Untergang — traditionelle kulturelle und historische Signifikantenbefrachtung geht Hand in Hand mit Bezügen zu Legende, Sprichwort und Idiomatik. Literarische Grundbildung liefert als Basistexte zumindest Camus' *Pest* und Hofmannsthals "Ein Brief".[65] Der Text, das heißt auch die erzählende Rättin selbst, nimmt mehrfach Bezug auf die Legende des Rattenfängers von Hameln — die in verschiedenen Versionen erzählt wird —, die sprichwörtliche Weisheit von den Ratten, die das sinkende Schiff verlassen, und nicht zuletzt wird die Ratte, wie oben zitiert, als Leseratte präsentiert. Sie wird auch in einen Text eingeschmuggelt, in dem sie nur unerwähnt vorkommt: in die biblische Sintflutschilderung. In doppelter Intertextualität wird eine von Grass emendierte Version, in der Noah sich zwar weigert, die Ratten an Bord zu nehmen, sie aber dennoch überleben, wiederum in die *Rättin* inkorporiert, sowohl in Form von zahlreichen direkten Zitaten und Anspielungen als auch in einer Reihe von Passagen, in denen der Erzähler in biblische Diktion verfällt oder fiktive Zitate einfügt (vgl. 13). Auch Bibelzitate werden abgewandelt, sei es in parodistischer Parallele — es ist von den "ungezählt vielschwänzigen Würfen und Wurfeswürfen" (504) der Ratten die Rede — oder im entmetaphorisierenden Zurückverwandeln in Handlung, wenn es heißt: "Ich bin sicher, daß die Maschinistin den ersten Stein und die Steuermännin den zweiten wirft." (254)

Wie für die frühen Romane ist auch für die *Rättin* eine Vielzahl von Sprach- und Stilvarianten zu konstatieren, neben der biblischen Sprechweise unter anderem das dem Rotwelsch nachgebildete Rattenwelsch, Bürokraten- und Politikerdeutsch. Syntaktisch reicht die Spannweite von kurztaktigen Ausrufen und Staccatophrasen, die der mündlichen Redeweise angenähert sind, bis zu rhetorisch kunstvoll überhöhten Satzungetümen, die syntaktisch mit Kleist mithalten können und deren Unartikulierbarkeit in auffälligem Widerspruch dazu steht, daß sie ausdrücklich Erzählfiguren als wörtliche Rede in den Mund gelegt werden. Um Plausibilität der Sprachverwendung geht es Grass nicht. Die Tatsache, daß Anna Koljaiczek nur in kaschubischen Wendungen spricht, ist eine Ausnahme und eher als parodistisches Spiel oder Rückverweis auf die *Hundejahre* zu sehen. In der Regel nämlich werden die unterschiedlichen formalen Charakteristika nicht realistisch moduliert und integriert, sondern betont gegeneinandergesetzt, so daß zum Beispiel absatzweise ein bestimmter stilistischer Charakter vorherrscht und entsprechend die Wechsel im Sprachduktus im Vordergrund stehen und auffällig bemerkbar werden. Dieser Verstoß gegen sprachliche Plausibilität in der Figurendarstellung wird dadurch verstärkt, daß die verschiedenen Sprachformen außer zu ausgewählten Gelegenheiten weder situationsgerecht verwendet noch bestimmten Figuren zugeteilt werden. Rättin und Erzähler lassen sich also nicht durch den ihnen zugeschriebenen Sprachstil unterscheiden, werden nicht linguistisch als Figuren individualisiert. Statt dessen partizipieren beide gleichermaßen an unterschiedlichen Sprachformen, so daß anstelle von sprachlich-psychologischer Ausdifferenzierung eine Art souveräner Subjektivität der Sprache tritt. Die Wirkung ist irritierend: autonom und dominant ist hier die Sprache, auf Kosten jener Plausibilität von Charakterentwürfen, die fiktionale Erzähltexte in der Regel für uns konstruieren. Zwischen und über den Figuren zirkulieren die Signifikanten in einer Weise, die die Figurenindividualität unterminiert, Artikulationszuweisungen ad absurdum führt und die Möglichkeit von Subjektautonomie in Zweifel zieht.

Diesen bewußten Verzicht auf Plausibilität zeigt schon der Auftakt des Romans, mit seinen Verstößen gegen alltägliche Syntax und einer preziösen Sprechweise, die der Fiktion eines zeitgenössischen, glaubhaften Erzählers nicht zuträglich ist: "Auf Weihnachten wünschte ich eine Ratte mir, hoffte ich doch auf Reizwörter für ein Gedicht, das von der Erziehung des Menschengeschlechts handelt." Bereits der erste Satz liefert Material für Wiederholungen: die altertümelnde Wendung "auf Weihnachten" taucht mehrfach wieder auf, Lessings "Erziehung des Menschengeschlechts" zirkuliert als Motiv durch den ganzen Roman. Und die Begründung für den Wunsch nach einer Ratte, die bereits in nuce die Handlungsentwicklung enthält, mag als Beitrag zur Etablierung einer autorähnlichen Erzählerfigur durchgehen, stellt die Ratte aber zugleich als Signifikantenerzeuger, das Lexem "Ratte" selbst als Reizwort vor — und verschiebt die Aufmerksamkeit vom Signifikat zum Signifikanten. Mehr als das: der zu Weihnachten geschenkten Ratte wird mit der Titelkreatur eine aus einem neugeschaffenen Signifikanten entsprungene Doppelgängerin zugesellt und damit deren verbaler Ursprung hervorgehoben: die Ratte wird, wo sie sich in die Träume des Erzählers einschleicht, zur Rättin, die weibliche Form *noch einmal* als weiblich markiert. Damit wird die vorhandene Weiblichkeitsmarkierung zugleich potenziert und neutralisiert[66], aber auch die erwartbare Formulierung "weibliche Ratte" umgangen. Weibliche Ratten gibt es — im Gegensatz dazu ist "Rättin" ein Signifikant ohne Objekt. Die sprachliche Neubildung bezeichnet ein fiktionales Konstrukt, die solcherart eingeführte Traum- oder Alptraumerscheinung wird charakterisiert durch die Devianz, grammatische Markiertheit und Abnormität des Signifikanten.

Die Verwendung von Sprichworten und Idiomen, die in *Blechtrommel* und *Hundejahre* so häufig Basis für Sprachspiele und Variationen wurde,[67] ist erheblich reduziert, obwohl sich eine Reihe von Beispielen finden lassen: "Ach, nicht kurzbeinig, gut zu Fuß schritten die Lügen aus!" (80) Die für Grass typischen Abwandlungen mit entsprechender Bedeutungsanreicherung, oft in portmanteauartiger Verdichtung, führen in der *Rättin* insbesondere zur Verschiebung von positiven auf negative Akzente, beispielsweise in den Überlegungen zum Filmdarsteller des Bundeskanzlers, "damit er uns nicht zu ähnlich mißlingt" (92). Der Bund fürs Leben wird sprachlich auf eine Weise geknüpft, die nicht nur die Seefahrtassoziationen des Kontextes aufnimmt, sondern auch an eine Haftstrafe denken läßt, wenn es von den Eheschließungen in Annas Familie heißt, daß sie mit anderen Familien "lebenslängliche Knoten schlug" (216). In der Umkehrung des Sprichworts "Noch ist nicht aller Tage Abend" werden zugleich musikalischer Kanon, die Borniertheit der Menschen und die Untergangsprophezeiung konzentriert zu "wie wohltönend ihnen aller Tage Abend war" (276). Fistelstimme und Machtposition der Rättin werden kombiniert in einer Variation von 'die Oberhand behalten': "Ihre Stimme hielt den Oberton, siegte" (33). Oft funktionieren die revidierten Formeln anschaulich verdichtend: "der Tisch, auf dem sich zu viele Geschichten verzetteln"

(187). Das Verhängen des Käfigs, um die Weihnachtsratte zum Schweigen zu bringen, wird mit der Wendung "Ein Tuch drüber und fertig!" zusammengefaßt, in der das 'Schwamm drüber' mitklingt.

Beispiele für Anschaulichkeit finden sich also durchaus in diesem Roman: Die Ostsee ist "durch Tangbärte vergreist" (23), es ist die Rede von den "nur noch schwer atmenden [oder auch "aufatmenden"] Meeren" und von "die Luft beschwerenden Teilchen" (183). Von Oskar heißt es, er "war ganz im Besitz alles durchschauender Blauäugigkeit" (491); und er spielt "mit offenen Karten gegen jemand und noch jemand Skat" (267). Wiederum werden Metaphern ausgespielt. So wird das Motiv von der Erziehung des Menschengeschlechts an einer Stelle ausführlich zur Schulmetapher ausgeweitet (vgl. 133).

Insgesamt fällt allerdings bei den sprachlichen Wendungen, die Grass variiert, gegenüber den frühen Romanen eine Verschiebung von bildkräftigen Idiomen zu weniger anschaulichen Wendungen auf. Die Sprache der Rättin wirkt insgesamt ökonomischer, blasser. Dennoch setzt sich in ihr die Tendenz zur Unterminierung des Wirklichkeitsbezugs von Sprache, das Spiel mit etablierten sprachlichen Wendungen fort, allerdings auf weit subtilere Weise als vorher. Häufig lassen sich Formulierungen durchaus "normal" lesen, ohne Eingriff in die dominante Bedeutungsschicht, aber zugleich wird eine weitere Bedeutung, ein doppelter Sinn mit angesprochen. So zum Beispiel, wenn es von den Quallenforscherinnen heißt: "Nie wurde nüchterner über Medusen gesprochen" (64) oder wenn der Erzähler berichtet, wie er anfängt, seine Ratte "zu verwöhnen: mit Rosinen, Käsebröcklein, dem Gelben vom Ei" (9). Die Transparenz des Signifikanten wird nicht gebrochen, aber momentan getrübt — wenn Sprache sich als Spiegel der Wirklichkeit gibt, so taucht in diesem Spiegel für einen Augenblick ein Hintersinn oder eine metaphorische Bedeutung eines eigentlich alltäglichen oder durch den Kontext hinreichend motivierten Ausdrucks auf. Das läßt sich als Zusatzinformation oder Überdetermination einordnen, doch beim Lesen stutzt man und der Lesefluß wird — zumindest für einen Augenblick — gestört.

In der *Rättin* operiert Grass weniger mit bildlichen Wendungen, die er zu neuen Sprachbildern abwandelt. Statt dessen finden wir häufig geringfügige grammatisch-syntaktische Anweichungen und Verschiebungen. Ausgangspunkt sind Elemente der Alltagssprache, die normalerweise als feststehende Fügungen verwendet werden, ohne als solche überhaupt ins Bewußtsein zu gelangen. Diese Wendungen manipuliert Grass, beispielsweise wenn der Erzähler von "meiner sich auswachsenden Weihnachtsratte" (149) spricht. Anderswo heißt es von der Ratte: "Sie ist schläfrig tagsüber und rollt sich ein: abgewendet meinen Geschichten." (100) Eine Auswahl weiterer Beispiele:

— "wenngleich die aufklärende Wirkung der Ratten unbedacht bleibt" (85)

— "als uns das Rumpelstilzchensyndrom noch böhmisch war" (178)

— "Sie spielt mit meinen Ängsten, die ihr handlich sind" (9)

— "Sieh nur [...], wem einzig Hänsel und Gretel zutraulich sind..." (82)

— Die Ratten kommen aus ihren Löchern, "um am hellichten Tage öffentlich zu werden" (84)

— Die Rede ist von einer Wirtschaftsform, "die den polnischen Ratten eingefleischt ist" (106)

— Der Film soll gedreht werden, "solange Wälder noch anschaulich sind" (123)

— Die Rättin "blieb im Bild": "Nun nicht mehr sprunghaft im Bild, vielmehr ruhend in sich" (143)

— "Überdies wußte man, daß die Verantwortung anderswo häuslich war" (146).

Es finden in diesen Formulierungen Verschiebungen statt zwischen Aktiv und Passiv, negierter und affirmativer Form, belebten und unbelebten, Adjektiv- und Verbkonstruktionen. Wiederum gilt, daß der Hinweis auf die Formelhaftigkeit der Sprache diese Formelhaftigkeit gleichzeitig für einen Moment durchbricht. Die subtile Abweichung macht für einen Augenblick die Sprache merkwürdig und befremdlich. Der Signifikant schiebt sich in den Vordergrund und vor die Bedeutung, die Sprache verliert ihre Transparenz. Hinter der Verschiebung vom gewohnten Ausdruck in die "falsche" Redeweise bleibt das Gemeinte erkennbar, aber die Veränderung setzt oft im Wörtlichnehmen der verblaßten Wendung zusätzliche Assoziationen frei. Der Effekt ist aufgrund der Geringfügigkeit der Differenz irritierend. Die Sprache wirkt beinahe normal und ist es doch nicht mehr; die Abweichung hat sich eingeschlichen und bringt die Sprache gerade spürbar aus dem Gleichgewicht — nicht dramatisch, sondern manchmal fast unterhalb unserer Aufmerksamkeitsschwelle. Der Text, in dem die Rede von einer aus dem Gleichgewicht geratenen Welt ist, produziert beim Lesen das Gefühl, "da stimmt etwas nicht". Ich halte das nicht für einen Zufall: Wo die Welt aus den Fugen ist, kann auch die Sprache nicht mehr fugenlos zuverlässig tragen.

Aber über diese generelle Irritation hinaus läßt sich in der Art der Variation eine gewisse Regelmäßigkeit feststellen. Auffällig ist die Vorliebe für Dativkonstruktionen, die Grass für die üblichen präpositionalen Fügungen oder Verbkonstruktionen substituiert — ein Turm ist den Ratten begehbar (vgl. 334), Namen "sind den Frauen nicht lächerlich" (291), dem Erzähler werden "neue Medien gefällig" (492), von angeklagten Politikern heißt es, daß sie "dem Richter ehrenwert blieben" (444). Die Verschiebungen haben Methode, und zwar dreifach.

1. Sie sind in der Regel statischer als die üblichen Wendungen.

2. Sie machen den Vorgang unpersönlicher.

3. Sie verlagern den Akzent vom Subjekt der Handlung auf das Objekt.

Daher heißt es, "die Ratte, die mir träumte" anstatt "die Ratte, von der ich träumte". Deshalb sagt der Erzähler von seiner Rättin, "Sie wurde mir glaubwürdig" (210) — anstelle von "ich begann ihr zu glauben". In der Sprache, in der Häufung und Systematik der abweichenden Konstruktionen, drücken sich Skepsis und Zweifel an der Wirksamkeit von Sprache aus, kommt die Machtlosigkeit des Subjekts von Sprache und Handlung zum Vorschein, das sich nicht mehr als Subjekt empfindet. Worte, so die resignative Aussage dieses Romans auf der inhaltlichen wie der stilistischen Ebene, vermögen nichts gegen Gewalt, Verblendung und falsche Praxis. Mit Nachdruck wird im Roman immer wieder das Gleiche gesagt. Bereits die erste Äußerung der Rättin etabliert das Muster: "Schluß! sagt sie. Euch gab es mal. Gewesen seid ihr, erinnert als Wahn. Nie wieder werdet ihr Daten setzen. Alle Perspektiven gelöscht. Ausgeschissen habt ihr. Und zwar restlos. Wurde auch Zeit." (10) Die der Redundanz eigene Kombination aus Emphase und Leerlauf in diesem Text, die bei der Lektüre immer wieder auffällt und auf die eine Reihe von Kritikern ablehnend reagierten, ist im Rahmen dieser

Perspektive kein Mangel, sondern sprachliche Umsetzung der inhaltlichen Aussage: auch verbales Insistieren bewirkt letzten Endes keine Änderung, vermag nichts auszurichten. Der Nachdruck läuft ins Leere, so wie die Warnungen der Rättin vergeblich bleiben. So praktiziert der Text nicht nur die Suche des Erzählers, der gegen Ende des Romans resümiert: "Ich träumte, ich dürfte mir Hoffnung machen / und suchte nach Wörtern, geeignet sie zu begründen" (503). Er illustriert auch ihr Scheitern.

Die hier diagnostizierten stilistischen Verfahren zeigen den Unterschied zu Grass' frühen Romanen. Im Frühwerk stehen dem sprachlichen Realismus und der sinnlichen Anschaulichkeit als gleichermaßen ausgeprägte Tendenz Sprachentautomatisierung und Sprachspiel mit reflexiven Elementen gegenüber. Die Tendenz zur sprachlichen Reflexivität und Durchbrechung des Wirklichkeitsbezuges setzt sich in der Rättin fort, wie an den aufgezeigten Kontinuitäten zu erkennen ist. Was fehlt, ist der Überschwang, das Vertrauen in die Macht der Sprache als Bild und als Material. Ähnlich wie im Frühwerk zeigt Grass in der *Rättin* souverän, wie deutlich Sprache enthüllen und entlarven kann. Die Akzentverschiebungen des Stils allerdings bringen den Zweifel daran zum Ausdruck, ob sie etwas bewirken, Einfluß auf die Realität nehmen kann. So entspricht die veränderte Ausprägung beider Sprachtendenzen — abgeschwächte Bildlichkeit und statt Provokation unterschwellige Beunruhigung — dem Inhalt der *Rättin*. Sie unterstreicht die Vergeblichkeit der Hoffnung, an die der Erzähler sich klammert. Der Text nagt an dem Vertrauen, das wir in unsere Lesefähigkeit und in die Verläßlichkeit von Sprache als Kommunikationsmedium zu setzen gewohnt sind, die Sprachverwendung verunsichert die LeserInnen. In der *Rättin* entsprechen sich Inhalt und Stil: Skepsis und Hoffnungslosigkeit werden auf beiden Ebenen zum Ausdruck gebracht.

Anmerkungen

1   Die Problematik der Genrezuweisung spielt im Rahmen dieses Artikels keine Rolle. Vgl. dazu Hans-Christoph Graf v. Nayhauss: "Günter Grass' *Rättin* im Spiegel der Rezensionen." In: Germanica Wratislaviensia 81, 1990, S. 107-108 sowie Klaus Kiefer: "Günter Grass: — *Die Rättin* — Struktur und Rezeption." In: *Orbis Litterarum* 46, 1991, S. 367-368. Ich schließe mich Kiefers Meinung an und bezeichne den Text als Roman.

2   Eine immer wieder zitierte Aussage von Walter Hinderer zu Grass' Lyrik, die nicht nur Volker Neuhaus: *Günter Grass*, Stuttgart ²1992, S. 10, auf Grass' Werk insgesamt bezieht. Die neueste Auflage von Neuhaus weist (von den zahlreichen Flüchtigkeiten und fehlerhaften Angaben einmal abgesehen) in ihrer Darstellung von Grass' Sprache und Stil eine interessante Hybridität auf. Während Neuhaus selber offenbar weitgehend der Bildlichkeitstheorie und der Vorstellung von der Sprache/Ding-Übereinstimmung anhängt, vertritt sein Doktorand Thomas Angenendt, dem Neuhaus "für seine Hilfe bei der Neufassung des Abschnitts zur Sprache und Stil" dankt (ebd., S. VII), offenbar eine formalistisch-konventionalistische Auffassung. Leider war Angenendts eigene Arbeit mir nicht zugänglich: in Neuhaus bereits 1992 unter Angabe von Seitenzahlen zitiert, war das Buch (*Wenn Wörter Schatten werfen. Untersuchungen zum Prosastil von Günter Grass*, Frankfurt 1993) im Sommer 1994 immer noch nicht erhältlich. Vom angegebenen Verlag (Peter Lang) erhielt ich auf Anfrage im August 1994 die Auskunft, ein Erscheinungsdatum stünde nicht fest, da das Manuskript noch nicht vorläge.

3   Theodor Wieser: "Einleitung." In: *Günter Grass. Porträt und Poesie*. Hrsg. von Th.W. Neuwied, Berlin 1968, S. 34. Zitiert bei Angelika Hille-Sandvoss: *Überlegungen zur Bildlichkeit im Werk von Günter Grass*, Stuttgart 1987, S. 5.

4   Das geht zum Teil zurück auf Klaus Wagenbach: "Günter Graß (sic)." In: *Schriftsteller der Gegenwart. 53 Porträts*. Hrsg. von K. Nonnemann, Olten, Freiburg 1963, S. 118-126 und seine durchaus zutreffenden Bemerkungen zur Dominanz der Objekte — "Dem dinglichen Stil entspricht eine Blickrichtung, die vornehmlich das Gegenständliche anvisiert", S. 123. Wagenbachs frühe, kluge, und durchaus differenzierte Analyse wird immer wieder zitiert, häufig

aber in mißverstandener Form, als habe Wagenbach Sprache und Objekt gleichgesetzt.

5 Neuhaus (Anm. 2), S. 2.

6 Zitiert nach Neuhaus (Anm. 2), S. 2. Diese Äußerung ist zusammen mit zwei anderen Selbstaussagen — Grass' Formulierung von seiner "Sucht zum Gegenstand" und seiner Erklärung: "ich bin auf Oberfläche angewiesen, und gehe vom Betastbaren, Fühlbaren, Riechbaren aus" — zum Standardarsenal der Wörtlichkeits- und Bildlichkeitsvertreter innerhalb der Sekundärliteratur geworden; diese drei Zitate sind unverzichtbar und werden — zumindest im Tandem, wenn nicht alle drei — immer wieder angeführt; interessanterweise häufig mit unterschiedlichen und gelegentlich unvollständigen Quellenangaben. Offenbar sind sie notwendig und unentbehrlich in einem Maße, das sie jeder Überprüfung und Überprüfbarkeit enthebt — und dies nicht nur formal-bibliographisch, sondern parallel dazu auch inhaltlich in ihrer Anwendbarkeit auf Grass' Werk. Georg Just: *Darstellung und Appell in der "Blechtrommel" von Günter Grass. Darstellungsästhetik und Wirkungsästhetik*, Frankfurt a. M. 1972, S. 119 zitiert Geno Hartlaubs Gespräch mit Günter Grass vom 1.1. 1967 als Quelle für die beiden oben in der Anmerkung angeführten Zitate. Für die gleichen Formulierungen zitiert Hille-Sandvoss (Anm. 3), S. 15 Just, als sei er Urheber, sowie "Dreher, Vorwort, S. 7", ohne daß diese Quelle in ihrer Bibliographie auftaucht. Neuhaus wiederum zitiert außer Grass selbst Hartlaub und Tank als Quellen.

7 Vgl. Grass' etwas gewundene Formulierung "auch aus Gründen der Bildhaftigkeit stehen Zeichnen und Schreiben zueinander in Wechselbeziehung". "Bin ich nun Schreiber oder Zeichner?" In: Günter Grass: *Werkausgabe in 10 Bänden*. Hrsg. von Volker Neuhaus, Darmstadt 1987, Bd. 9, S. 789. Im folgenden zitiert als: WA mit Band- und Seitenangabe.

8 Hille-Sandvoss (Anm. 3), S. 12f.

9 "Eine Reduzierung der Sprache auf ihre Dinglichkeit hin." In: WA 10, S. 7, 9.

10 Vor allem: es ist nicht Aufgabe der Schriftstellers, Selbstanalyse oder Werkexegese zu betreiben, und es empfiehlt sich immer, entsprechende Äußerungen am Werk zu überprüfen. Letzterem sollten wir mehr vertrauen als den dazu gelieferten Kommentaren von AutorInnen zu ihren Praktiken. Auch mit seiner Selbstdarstellung, er "gehe vom Betastbaren, Fühlbaren, Riechbaren" aus (vgl. Anm. 6)

unterschätzt Grass sich selbst; das Fühlbare, Riechbare beschreiben andere Autoren (von Proust über Woolf bis Süskind) ähnlich genau und ausführlich; ihnen fehlen allerdings Grass' charakteristische stilistische Verfahren.

11 Rudolf Hartung: "Hundejahre." Abgedruckt in: *Von Buch zu Buch — Günter Grass in der Kritik*. Hrsg. von Gerd Loschütz, Darmstadt 1968, S. 95.

12 Vgl. dazu auch Just (Anm. 6), S. 24-31, der im Rahmen einer Diskussion von Šklovskijs und Mukařovskýs Verfremdungsbegriff auf die außerästhetische Referentialität eingeht. Zum Weltbezug von Grass' Sprache vgl. auch André Fischer: *Inszenierte Naivität. Zur ästhetischen Simulation von Geschichte bei Günter Grass, Albert Drach und Walter Kempowski*, München 1992, S. 93.

13 Daß Sprache als sinnliches, physisches Phänomen in ihren unterschiedlichen medialen Artikulations- und Erscheinungsweisen, als Handlungsform, selbstverständlich Teil unserer alltäglichen Erfahrungswelt ist, ist ein Aspekt, auf den hier nur im Vorübergehen hingewiesen werden soll, da er in diesem Zusammenhang keine Rolle spielt.

14 In diesem Artikel wird "Realismus" nicht in der literarhistorischen Bedeutung als Bezeichnung einer spezifischen Stilepoche verwendet, sondern im Sinne dieses Effekts.

15 Renate Gerstenberg: *Zur Erzähltechnik von Günter Grass*, Heidelberg 1980, S. 30.

16 Rolf Geißler: "Nachwort." In: *Günter Grass. Ein Materialienband*. Hrsg. von R.G., Darmstadt 1976, S. 172.

17 Heiko Büscher: "Günter Grass." In: *Deutsche Literatur seit 1945 in Einzeldarstellungen*. Hrsg. von Dietrich Weber, Stuttgart 1968, S. 457.

18 Marcel Reich-Ranicki: "Unser grimmiger Idylliker." In: Ders.: *Günter Grass*, Zürich 1992, S. 44f.

19 Hans Magnus Enzensberger: "Wilhelm Meister, auf Blech getrommelt." Abgedruckt in: Loschütz (Anm. 11), S.9f.

20 Walter Höllerer: "Roman im Kreuzfeuer." Abgedruckt in: Loschütz (Anm. 11), S. 15.

21 Walter Widmer: "Geniale Verruchtheit." Abgedruckt in: Loschütz (Anm. 11), S. 18.

22 "Über meinen Lehrer Döblin." In: WA 9, S. 240.

23 Z.B. Neuhaus (Anm. 2), S. 3.

24 Manfred Durzak: *Der deutsche Roman der Gegenwart*, Stuttgart 1971, S. 166 (bezogen auf Arno Holz' Adjektivreihungen, in denen Durzak — in der Vermittlung über Döblin — ein Vorbild für Grass' Sprache sieht).

25 Vergleiche Grass' Äußerung zu seiner Strategie des Zusammenschreibens von Worten, die deutlich macht, daß er die verfremdende Wirkung dieses Verfahrens bewußt einkalkuliert hat: Sie ergibt, so Grass, "ein Zeitkolorit und zwingt gleichzeitig den Leser zu stutzen, innezuhalten, eine Sekunde lang nochmals zu überfliegen." WA 10, S. 8.

26 Ebda.

27 Just (Anm. 6), S. 103f. Just nennt verschiedene Formen der Anapher, der Variation und der Metapher als "artifizielle, spielerische […] Stilisierungsverfahren" (105).

28 Peter Hornung: "Oskar Matzerath — Trommler und Gotteslästerer." Abgedruckt in: Loschütz (Anm. 11), S. 25.

29 Durzak (Anm. 24), S. 165.

30 Anon.: "Die Hundejahre des Günter Grass." In: Loschütz (Anm. 11), S. 100.

31 Ebda., S. 99.

32 Mayer, Hans: *Das Geschehen und das Schweigen. Aspekte der Literatur*, Frankfurt 1963, S. 46.

33 Büscher (Anm. 17), S. 461.

34 Bernhard Böschenstein: "Günter Grass als Nachfolger Jean Pauls und Döblins." In: *Jahrbuch der Jean-Paul-Gesellschaft* 6 (1971), S. 91.

35 Mayer (Anm. 32), S. 57.

36 Marcel Reich-Ranicki: "Bilderbogen mit Marionetten und Vogelscheuchen." In: Ders. (Anm. 18), S. 55.

37 Walter Jens: "Das Pandämonium des Günter Grass." Abgedruckt in: Loschütz (Anm. 11), S. 85f.

38 Volker Neuhaus: "Günter Grass." In: *Kritisches Lexikon zur deutschen Gegenwartsliteratur*. Hrsg. von Heinz Ludwig Arnold, München, S. 3 (1.1. 1989). Siehe auch Hille-Sandvoss (Anm. 3), S. 13-15.

39 Hier irrt Frank Richter: *Die zerschlagene Wirklichkeit. Überlegungen zur Form der Danzig-Trilogie von Günter Grass*, Bonn 1977, S. 76, der diese assoziative Technik als Sprachskepsis interpretiert und damit nicht zuletzt ihre gesellschaftskritische Funktion verkennt: "Zugleich wird in immer neuen Assoziationen das Wort als eine der

kleinsten sinntragenden Einheiten in seiner Manipulierbarkeit und seiner inhaltlichen Entleerung gezeigt und damit in seiner kommunikativen Tragfähigkeit angezweifelt." Negativ oder positiv bewertet — keineswegs dürfen Grass' Sprachmanipulationen als eine Spielart des l'art pour l'art aufgefaßt werden. Verfremdende, erschwerende Sprachverwendung lenkt den Blick zunächst auf die Sprache selbst — das ist die autoreferentielle Funktion; in zweiter Linie aber wiederum auf das in der Verfremdung Dargestellte.

40 Büscher (Anm. 17) S. 468.

41 Neuhaus' Versuch, diese Syntax realistisch zu motivieren — "Grass ist stets bestrebt, die erzählte Wirklichkeit bereits in der Sprachform in ikonischer Weise darzustellen" (Anm. 2, S. 6f.) — trifft also nur in Ausnahmefällen den Sachverhalt. Selbst in diesen Fällen gilt, daß die erreichte Ikonisierung einhergeht mit einer vom Normalfall abweichenden Syntax, die wiederum unsere Lesegewohnheiten durchbricht.

42 Günter Grass: *Katz und Maus*, WA 3, S. 125.

43 Günter Grass: *Die Blechtrommel*, Darmstadt 1959, S. 25.

44 Geißler (Anm. 16), S. 174.

45 Büscher (Anm. 17), S. 468.

46 Böschenstein (Anm. 34), S. 90.

47 Vgl André Fischer: *Inszenierte Naivität. Zur ästhetischen Simulation von Geschichte bei Günter Grass, Albert Drach und Walter Kempowski*, München 1992, S. 93.

48 Manfred Jurgensen: "Die gegenständliche Muse: 'Der Inhalt als Widerstand'." In: *Grass: Kritik. Thesen. Analysen.* Hrsg. von M. J., Bern 1973, S. 199.

49 Böschenstein (Anm. 34), S. 91. Böschenstein nennt anhand eines weiteren Beispiels, der Übersetzung der "nur noch metaphorisch verwendbaren Unterwelt" ins Wörtliche, eine Quelle dieses Verfahrens: "Diese Methode aber, eine zur Redensart verkümmerte Metapher wie das Wort 'Unterwelt' beim Wort zu nehmen und zum Schauplatz der Romanhandlung zu konkretisieren, hat Grass Jean Paul abgelernt." (S. 90)

50 *Hundejahre*, WA 3, S. 144.

51 Ebda.

52 Ebda., S. 600f.

53 Ebda., S. 454, 217, 282.

54 Auch Grass selbst geht in einem langen Interview zur *Rättin* lediglich kurz auf die Erzählweise ein. Siehe: "Mir träumte, ich müßte Abschied nehmen." In: WA 10, S. 342-368.

55 Marcel Reich-Ranicki: "Ein katastrophales Buch." In: Ders.: "Unser grimmiger Idylliker" (Anm. 18), S. 133f.

56 Ebda., S. 135.

57 Eine synoptische Zusammenstellung der Urteile von Rezensenten, auf der dieser Überblick beruht, gibt Nayhauss (Anm. 1), S. 91-100.

58 Günter Grass, *Die Rättin*, Darmstadt 1986. Alle Seitenangaben im Text (in Klammern) nach dieser Ausgabe.

59 Vgl. Grass' Bemerkung dazu in "Ein Reduzieren der Sprache auf die Dinglichkeit hin" (Anm. 9), S. 9.

60 Zur Traumstruktur des Romans vgl. Thomas Kniesche: *Die Genealogie der Post-Apokalypse. Günter Grass' "Die Rättin"*. Wien 1991.

61 Die englische Ausgabe des Romans, 1987 unter dem Titel *The Rat* (übersetzt von Ralph Manheim) bei Harcourt Brace Jovanovich erschienen, liefert im Klappentext ein Paradebeispiel für dieses Vorgehen. Dort wird durchgängig der Erzähler mit dem Autor Grass gleichgesetzt: "Grass received her as a gift one Christmas. [...] That's how the rat came into Grass' life and imagination. Dream alternates with reality in this story within a story within a story. Of Grass and his Christmas rat."

62 Vgl. dazu die Verweise in den Anmerkungen der (in dieser Hinsicht generell sehr nützlichen) Werkausgabe: Günter Grass, *Die Rättin*, WA 7, hrsg. von Angelika Hille-Sandvoss.

63 Vgl. Patrick O'Neill: "Grass's Doomsday Book: *Die Rättin*." In: *Critical Essays on Günter Grass*. Hrsg. von P.O., Boston 1987, S. 213-224.

64 Mayer (Anm. 32), S. 77.

65 Hofmannsthals Brief des Lord Chandos erwähnen sowohl Hille-Sandvoss (Anm. 3) als auch Kniesche (Anm. 60).

66 Zur feministischen Interpretation dieses Vorgehens vgl. Luise Pusch: "Die Kätzin, die Rättin und die Feminismaus." In: *Women in German Yearbook* 4 (1988), S. 15f.

67 Vgl. vor allem Blanche-Marie Schweizer: *Sprachspiel mit Idiomen. Eine Untersuchung zum Prosawerk von Günter Grass*, Zürich 1978.

Peter Morris-Keitel

Anleitung zum Engagement.
Über das ökologische Bewußtsein in Grass' Werk

Der politische, ökonomische, soziale und kulturelle Aufbau nach 1945 — zunächst in den westlichen Besatzungszonen und dann in der Bundesrepublik — stand ganz im Zeichen der Wiedereinführung der freien Marktwirtschaft, der Integration in westlich verstandene Freiheitskonzepte und der zunehmenden Konfrontation durch den Kalten Krieg. Infolge der von Adenauer und Erhard rigoros vorangetriebenen Rekapitalisierungs-, Monopolisierungs- und Restaurationspolitik entwickelte sich die Bundesrepublik in den fünfziger und sechziger Jahren zu einem profitorientierten 'Wirtschaftswunderland', das breiten Bevölkerungsschichten unbegrenzten Wohlstand, immer mehr Freizeit und ein ständig steigendes Warenangebot versprach. Gegner dieser Entwicklung, zu denen anfangs neben der KPD auch die SPD-Führung und die Gewerkschaften zählten, wurden entweder im Sinne der gängigen Rot-gleich-braun-These als Befürworter des 'bolschewistischen Totalitarismus' politisch und ideologisch kaltgestellt oder als Kuriosa eines 'fortschrittsfeindlichen' Sektierertums abgetan, wie die erst im Rahmen des sich später herausbildenden ökologischen Bewußtseins wiederentdeckten Romane *Vineta. Ein Gegenwartsroman aus künftiger Sicht* (1955) von Hans Albrecht Moser oder *Der Tanz mit dem Teufel* (1958, 15. Auflage 1991) von Günther Schwab.[1] Trotz solcher Verunglimpfungen setzte um 1960 eine heftige Kritik an der Bundesrepublik ein, die über Adenauers CDU-Staat hinaus die westliche Fortschritts- und Konsumgesellschaft in Frage stellte. Den literarischen Anstoß zur "politischen Polarisierung" in den sechziger Jahren gab Günter Grass mit der Veröffentlichung der *Blechtrommel* (1959).[2] Hierin wurden nicht nur die politischen Auswirkungen kleinbürgerlicher Mentalitäts- und Verhaltensstrukturen in Deutschland seit dem Ende des 19. Jahrhunderts nachgezeichnet, sondern auch ein höchst skeptischer Blick in die Zukunft geworfen, demzufolge "sechzig, siebenzig Jahre später ein endgültiger Kurzschluß aller Lichtquellen den Strom unterbrechen werde".[3] Heute sei man allgemein

gut beraten, so urteilte Hans Mayer kürzlich, *Die Blechtrommel* als ein
Beispiel für "Warnliteratur" aufzufassen,[4] da der Roman thematisch
einiges von dem vorwegnehme, was Grass in späteren Werken wie
Hundejahre (1963), *Der Butt* (1977), *Die Rättin* (1986) und *Unkenrufe*
(1992) wieder aufgriff.

Doch nicht nur mit literarischen Warnungen trat Grass immer
häufiger in Erscheinung, sondern auch durch sein politisches Engagement
gegen die restaurative Wirtschafts- und Kulturpolitik in Westdeutschland.
So wandte er sich schon um 1970 in scharfer Form gegen den herrschenden "Vulgärmaterialismus mit christlichen Vorzeichen", den er als
ein "Produkt der Adenauer-Erhard-Ära" bloßstellte.[5] Statt dessen trat er
immer nachdrücklicher für die Verwirklichung demokratischer Sozialismuskonzepte in der Bundesrepublik ein,[6] wobei er zum einen auf den
Marx-Kritiker Eduard Bernstein zurückgriff, der in seinem Buch *Die
Voraussetzung des Sozialismus und die Aufgabe der Sozialdemokratie*
(1899) revolutionäre Mittel zur Eroberung der Macht durch die
Arbeiterklasse verworfen hatte und statt dessen für ein reformerisches
Hineinwachsen in den Sozialismus eingetreten war. Zum anderen berief
sich Grass auf die schärfste Kritikerin derartiger Sozialismusvorstellun-
gen, Rosa Luxemburg, die in ihrer Schrift *Sozialreform oder Revolution?*
(1900) Bernstein als Revisionisten und Opportunisten angegriffen hatte.
Diese sich widersprechenden Sozialismuskonzepte versuchte Grass
miteinander zu verbinden, indem er einerseits mit Bernstein die "Utopie
des Endzieles" grundsätzlich in Frage stellte sowie sich andererseits mit
Luxemburg gegen den gewalttätigen Umsturz des Systems und für die
friedfertige Revolution "in kulturellen Formen" aussprach.[7] Im Zuge
dieser Argumentation versäumte es Grass keineswegs, Gegenvorschläge
zu unterbreiten, mit denen er immer häufiger in den Bereich des
Ökologischen und Utopischen vorstieß. Daher sollen hier zusammen mit
den Romanen auch seine Aufsätze, Reden und Interviews sowie ein Teil
seiner künstlerischen Arbeiten in die Betrachtung miteinbezogen werden,
was allein schon dadurch erleichtert wird, daß Grass' Werk ohnehin eine
nur schwer zu trennende Einheit bildet.

In den Zusammenhang gesamtgesellschaftlicher Veränderungsforderungen stellte Grass um 1970 ebenfalls den "Bereich des Umweltschutzes", da sich das "Problem Umweltverschmutzung" seit dem

Slogan "Blauer Himmel über Rhein und Ruhr" aus dem Jahre 1961 "so katastrophal weiterentwickelt" habe, "daß es nur noch innenpolitisch und außenpolitisch gleichzeitig gelöst werden kann".[8] Diese Auffassung reflektierte das seit Ende der sechziger Jahre in der Öffentlichkeit gestiegene Krisenbewußtsein, das aufgrund der zunehmenden Zahl von naturzerstörerischen Katastrophen einen immer breiteren Raum einnahm. Allerdings verstand Grass die Ausplünderung und Verseuchung der Natur nicht als Ergebnis einer "kommunistischen Enteignungspolitik", sondern als Folge der "unverantwortlichen Wirtschaftspolitik". Weder der "Privatkapitalismus" des Westens noch der "Staatskapitalismus kommunistischer Prägung" sei in der Lage, sich ernsthaft mit den Aufgaben des Naturschutzes auseinanderzusetzen, wie er immer wieder betonte. Vielmehr bedürfe es eines "neuen Bewußtseins" hinsichtlich der Natur und vor allem einer "Neubestimmung materiellen Besitzes", denn "aller Wohlstand" erweise sich spätestens dann als unsinnig, wenn man an den "Nebenprodukten des Wohlstands zu ersticken" drohe.[9] In Ablehnung der Hegelschen Machtstaatlehre wandte sich Grass — wie vor ihm schon andere bürgerliche Hegelianer[10] — an das radikale Demokratieverständnis von Gruppen, Organisationen und Bürgerinitiativen, deren gemeinschaftlicher Veränderungswille seiner Meinung nach am ehesten in der Lage sei, den "ethischen Wert" christlicher und sozialistischer Utopiekonzepte zu erhalten und in die Wirklichkeit umzusetzen.[11]

In diesem Sinne sprach er sich als Autor immer wieder für den "evolutionären Weg" zur Veränderung der Gesellschaft aus, da bei Revolutionen stets historisches "Bewußtsein" und soziale "Erfahrung" übersprungen würden, in deren Folge nicht Aufklärung und Vernunft triumphierten, sondern die Kräfte der Restauration.[12] Grass' schriftstellerisches und künstlerisches Schaffen versteht sich daher in der historischen Abfolge vernunftbezogener und aufklärerischer Konzepte, zu denen sich schon sehr früh ein zunächst noch anthropozentrisch formuliertes Umweltdenken gesellte. So verurteilte er zwar in seiner Rede "Der Arbeiter und seine Umwelt", die er am 1. Mai 1971 in Hamburg hielt, die im Namen der "Freien Marktwirtschaft" betriebene "gleichmäßige Umweltverschmutzung" und argumentierte statt dessen für den von der SPD geforderten, gesetzmäßigen Umweltschutz,[13] räumte jedoch weiterhin der ökonomischen Expansion Vorrang vor naturschonenden

Maßnahmen ein. Auch erste "Umweltprogramme", wie sie zu diesem Zeitpunkt von der sozial-liberalen Bundesregierung entworfen wurden, basierten keineswegs auf den Postulaten von Bescheidenheit, Solidarität und Ökologie.[14]

Ähnliche Einsichten bestimmen auch die Romane *Örtlich betäubt* (1969) und *Aus dem Tagebuch einer Schnecke* (1972), in denen Grass zwar von umfangreichen Luftverschmutzungen berichtet, dies aber nicht als ökologisches Problem auffaßt. Immerhin empfand er zu diesem Zeitpunkt bereits einen "Aufklärungsfeldzug gegen die Gesellschaft im Überfluß" als wesentlich wichtiger als die ohnehin ins Private tendierende studentische Revolutionsemphase. In einem Land wie der Bundesrepublik, schrieb er, wo "Egozentrik" und "narzißhaftes" Konsumgehabe dominierten und obendrein "Umweltverlust und Informationsschwemme" für verbreitete Frustrationen sorgten, sei fortan eine politisch progressive Entwicklung nur noch im Schneckentempo möglich.[15]

Indirekt bestätigt wurde diese Einschätzung durch den vom Club of Rome angeregten Bericht *Die Grenzen des Wachstums* (1972), der in aller Deutlichkeit die bevorstehende ökologische Katastrophe und den Zusammenbruch des herrschenden Wirtschaftssystems voraussagte. Angesichts dieser Doomsday-Perspektive, die durch die 'Ölkrise' von 1973/74 noch verstärkt wurde, entwickelte sich in diesen Jahren in der Bundesrepublik eine Ökologiedebatte, welche die Frage nach den Möglichkeiten des Überlebens zusehends in den Mittelpunkt der Diskussion rückte. Bücher wie Herbert Gruhls *Ein Planet wird geplündert. Die Schreckensbilanz unserer Politik* (1975), Carl Amerys *Natur als Politik. Die ökologische Chance des Menschen* (1976) und Erhard Epplers *Ende oder Wende. Von der Machbarkeit des Notwendigen* (1975) wandten sich der Problematik aus liberal-humanistischer bzw. sozialdemokratischer Perspektive zu und stimmten trotz unterschiedlicher Auffassungen darin überein, daß der wissenschaftlich-technologische Fortschrittswahn über kurz oder lang selbstmörderische Formen annehmen werde, dem nur durch eine radikale Beschränkung des Konsumverhaltens, eine erhebliche Reduzierung des Energieverbrauchs und eine Dezentralisierung der wirtschaftlichen Produktion Einhalt geboten werden kann. Eppler ging sogar noch einen Schritt weiter, indem er für einen linken, auf Solidarität basierenden "Wertkonservatismus" eintrat, der sich zunehmend als existenzbestimmend erweise und deshalb im besten Sinne progressiv sei.[16]

Im Zuge dieses allgemeinen Bewußtseinswandels setzte sich auch bei Günter Grass die Erkenntnis durch, daß der weltweite "zügellose Raubbau" an der Natur durch wohlmeinende Appelle an die Vernunft nicht zu stoppen sei. Wie er in seiner Rede vor dem Council of Cultural Relations in Neu Delhi im Februar 1975 erklärte, müsse dem gegenwärtigen Trend zur "zwanghaften Selbstbezogenheit", zum "gesteigerten Konsum" und zum "fatalistischen Gleichmut" angesichts des drohenden ökologischen Desasters mit "solidarischem Handeln", aufklärerischen Konzepten und historischem Bewußtsein begegnet werden, wozu er mit seinen Romanen beitragen wolle.[17] Vor diesem Hintergrund ist auch *Der Butt* zu verstehen, der 1977 erschien, zwei Jahre nach Grass' erster Indienreise. Die auf einer Erzählung Philipp Otto Runges basierende Handlung teilt zunächst dessen romantische Naturauffassung, also die Verbindung einer "Verlandschaftung des Menschen durch eine neue Einbeziehung menschlicher Personen in das Walten, Weben und Wachsen der Natur",[18] weist aber aufgrund der politisch-aufklärerischen Absicht auf die Aktualität des Utopischen und des Ökologischen hin. Und zwar berichtet Grass in diesem Monumentalwerk — neben vielem anderen — ebenfalls von der Auslaugung, Ausbeutung und Zerstörung der Natur, wozu auch eine "absurde Ideologiefeindlichkeit" beigetragen habe. Die eigentliche Ursache für den verbreiteten "Wegwerfluxus" und das "Weltproblem der Überbevölkerung" liege jedoch bei der profitorientierten Vorgehensweise internationaler "Großkonzerne". Zur Überwindung der sich ausbreitenden "Weltuntergangsstimmung" empfahl Grass einen allgemeinen "Konsumverzicht", um mit Hilfe naturerhaltender Maßnahmen zu den Zielen des demokratischen Sozialismus vorzustoßen.[19] Seine konkrete Hoffnung setzte er dabei — wie vor ihm schon Goethe in seinem *Faust* — auf das weibliche Prinzip,[20] indem er das Kollektivbewußtsein der neuen Frauenbewegung als Träger für die soziale und ökologische Umgestaltung der Gesellschaft ausmachte.[21]

Infolge seines Festhaltens an linken und ökologiebewußten Konzepten geriet Grass durch seine unveränderte Kritik am ausbeuterischen System der Marktwirtschaft ins Kreuzfeuer jener Schichten, die sich nach dem 'Trendwechsel' von 1973/74 verstärkt ins Subjektive und Persönliche zurückzogen. Andererseits war es gerade sein unvermindert anhaltendes Engagement für alle Unterdrückten, für die 'Dritte Welt' und für die ökologische Problematik, die Grass näher an die Neuen Sozialen Bewegungen heranrücken ließ, die sich in der zweiten Hälfte der siebziger Jahre besonders im Lager der Frauen- und Friedensbewegung sowie bei den Grünen und Alternativen herausbildeten.[22]

Für diese Annäherung sprechen auch seine Erzählungen *Das Treffen in Telgte* (1979) und *Kopfgeburten oder Die Deutschen sterben aus* (1980). Während erstere sich primär als Hommage an die Gruppe 47 versteht und in diesem Zusammenhang die Misere der literarisch-aufklärerischen Tradition in Deutschland beklagt, prangert Grass in den *Kopfgeburten* das hochmütige, konsumistische Habenwollen der Deutschen an, das er als "computergläubig, raketengeil, zuwachssüchtig" definiert. So werde Atomenergie in großen Mengen erzeugt, um die Profit- und Zuwachsraten der Industrie stabil zu halten, doch kümmere sich fast niemand um die atomare und ökologische Bedrohung, die von den sogenannten Schnellen Brütern und anderen Atomkraftwerken ausgehe. Um den vermeintlich liberalen Statusdünkel der inzwischen verbeamteten "Veteranen des Studentenprotests" herauszustellen, konfrontiert er das selbstsüchtige "feige Wegducken" dieser Schichten mit aktuellen politischen und ökologischen Problemen wie der Überbevölkerung,[23] der "marktgerechten" Ausbeutung der Natur, der ständigen, materiellen Bedürfnissteigerung der Deutschen und dem "vernünftelnden Wahnsinn", der die Welt mit der Formel "Abrüstung durch Aufrüstung" in Schach halte. Statt dessen argumentiert Grass für eine Askese nach christlichem Vorbild als verbindliche Grundhaltung für die achtziger Jahre,[24] um nicht auf die "Ethik des Demokratischen Sozialismus" verzichten zu müssen.[25]

Unter dem Eindruck des atomaren Katastrophenbewußtseins, des massiven Natur- und Solidaritätsverlusts sowie der Lektüre von Orwells dystopischem Roman *1984* (1949) modifizierte er das "Prinzip Hoffnung" allerdings dahingehend, daß er Bloch fortan nur noch mit "Camus'schen Augen" las, wie er in einem Gespräch im Juni 1985 rückblickend bemerkte. Allerdings bezweckte Grass keineswegs, den Utopiebegriff ins Existentialistische zu verengen, sondern er empfahl seiner Leserschaft nachdrücklich eine historisch orientierte "Sisyphoshal-

tung", die trotz eskalierender "Resignation und zynischer Hoffnungslosigkeit" auch in Zukunft eine weltanschauliche Perspektive ermöglichen
würde.[26] Darüber hinaus basiert diese Empfehlung zweifellos auf den
Erkenntnissen Rosa Luxemburgs, die in *Sozialreform oder Revolution?*
den Kampf gegen die kapitalistische Gesellschaft als eine unentbehrliche
"Sisyphusarbeit" bezeichnet hatte.[27] In diesem Zusammenhang erstaunt
es kaum, daß Grass der Partei der Grünen, die sich 1980 bundesweit
konstituiert hatte, zunächst noch skeptisch gegenüber stand, da sie ihm
entweder zu anarchisch oder — wie Rudolf Bahro — zu marxistisch
auftrat. Die ablehnende Haltung, die noch in den *Kopfgeburten* dominier-
te, veränderte sich jedoch rasch aufgrund der zahlreichen Aktionen von
Grünen, Alternativen, Atomgegnern und Friedenskämpfern gegen die im
November 1979 geplante "Nato-Nachrüstung" und die US-amerikanische
Hochrüstungspolitik.

Der Protest gegen die drohende Atomkriegsgefahr in Mitteleuropa
führte neben anderem auch zu den beiden deutsch-deutschen Schriftstellertreffen, die im Dezember 1981 und im April 1983 stattfanden und an
deren Zustandekommen Günter Grass als Präsident der Berliner
Akademie der Künste wesentlich beteiligt war.[28] So trat der Autor in
seinen zahlreichen Reden, Aufsätzen und Kommentaren in diesem
Zeitraum, wie *Die Vernichtung der Menschheit hat begonnen* (1982),
Widerstand lernen. Politische Gegenreden 1980-1983 (1984) und der
Veranstaltungsreihe *Der Traum der Vernunft. Vom Elend der Aufklärung*
(1985/86), ausdrücklich für die von ihm als "revolutionär" verstandenen
Ziele der Friedensbewegung ein, die seiner Meinung nach eine "ganz
andere Lebenserwartung hat, ganz andere Zeit hat, Abschied genommen
hat von Karriere und Wachstumsfetischismus".[29] Da Abrüstung allein
wegen des ewig strahlenden Atommülls unmöglich sei und die selbst-
mörderischen Rüstungsanstrengungen in West und Ost sämtliche
"Überlebenschancen" der Menschheit zerstört hätten, setzte Grass immer
stärker auf den Faktor der "Phantasie als Existenznotwendigkeit", wobei
er sich auf Epplers linken Wertkonservatismus berief, um sich eindeutig
gegen die "vulgär-materialistischen" Ansprüche der "Freizeitindustrie"
abzugrenzen.[30] Noch schärfer ging er 1982 mit allen modebewußt-neo-
konservativen Bestrebungen ins Gericht, indem er deren "christliche

Fortschrittsgläubigkeit" aus ökologischer Sicht als wissenschaftlich-technologische Ausbeutermentalität entlarvte:

> Die insgesamt katastrophale Entwicklung der Menschheit kann — wenn überhaupt — nur dann abgewendet werden, wenn man auch im religiösen Bereich einen empfindlichen Schnitt macht, indem man den Menschen nicht mehr zum Mittelpunkt des Lebens auf diesem Erdball erklärt, sondern begreift, was ja in anderen [...] hochkultivierten Religionen immer der Fall gewesen ist, daß wir mit anderen Lebewesen 'haushalten' müssen, daß wir — im günstigsten Fall — gleichberechtigt sind und auf jeden Fall die Dominanz aufgeben müssen.[31]

Anstatt sich einer subjektiven Schicksalsgläubigkeit und damit dem ungebremsten Konsumismus hinzugeben, rief Grass also erneut zum politischen Engagement auf, das für ihn auch eine nicht-anthropozentrisch verstandene "Demut" vor der "geschundenen Natur" mit einschloß.[32]

Dementsprechend ist auch der 1986 erschienene Roman *Die Rättin* nur teilweise als apokalyptische Warnutopie zu verstehen. Das Phänomen eines drohenden atomaren und ökologischen Untergangs trat in der ersten Hälfte der achtziger Jahre in beinahe allen Kulturformen in den Vordergrund, was in Romanen und Erzählungen wie *Der Winterkrieg in Tibet* (1981) von Friedrich Dürrenmatt, *Ende. Tagebuch aus dem 3. Weltkrieg* (1983) von Anton-Andreas Guha, *Die letzten Kinder von Schewenborn* (1983) von Gudrun Pausewang und *Frauen vor Flußlandschaft* (1985) von Heinrich Böll ebenso zu bemerken ist wie in zahlreichen Kunstwerken und Ausstellungen sowie in Hans Werner Henzes 7. Symphonie (1983/84).[33] Die Mehrzahl dieser Kulturwerke orientierte sich eindeutig an den utopischen Idealen der Aufklärung, versuchte aber gleichzeitig, mit apokalyptischen Mitteln auf die Gefahr einer endgültigen Zerstörung der Welt hinzuweisen. Diese Dialektik liegt auch der *Rättin* zugrunde, die aufgrund von Grass' Kritik an dem ausschließlich ökonomisch-freiheitlich definierten Fortschrittsbegriff in der Bundesrepublik und an der "Verkürzung des Vernunftbegriffs auf das Technische, auf das Machbare" sofort ins Kreuzfeuer liberalistisch gesinnter Rezensenten geriet.[34] Die thematische Vielfalt spiegelt — ähnlich wie im *Butt* — die technologisch-ideologische Entwicklung der letzten zweihundert Jahre in Deutschland wider, wobei die aufklärerische Intention eindeutig in die von Heines "Wanderraten" (1854/55) bis zu Degenhardts "Schmuddelkindern" (1965) reichende Tradition einzureihen ist.

Zukunftsweisend erscheint in diesem pessimistisch-überladenen Werk auf den ersten Blick wenig. Bei genauerem Hinsehen sind es jedoch in erster Linie die ökologischen Einsichten, die in der Verbindung des weiblichen Prinzips mit einem nicht-anthropozentrischen Denken als Hoffnungsträger bestehen. Dabei wird zunächst die menschliche Hybris am Beispiel der Umweltforschung aufgezeigt, wo man zwar den Grad der ökologischen Zerstörung mit wissenschaftlicher Genauigkeit festlege, diese Ergebnisse jedoch ausschließlich zur Entwicklung neuer, naturvernichtender Technologien verwende. Erneut setzt Grass auf die Frauenbewegung und deren andauernde Suche nach "Utopia Atlantis Vineta", die allein in eine wahrhaft "posthumane Zeit" vorausdeute. Mit realistisch-ironischer Skepsis verweist der Autor allerdings auch auf die sich in der Frauenbewegung immer weiter ausbreitende Selbstbezogenheit, die in der *Rättin* — wie schon in Mosers *Vineta* (1955) — durch die modischen "Kleiderextravaganzen der Damen" zutage tritt.[35] Da für exklusive Schönheitswettbewerbe keine Zeit mehr sei, verlagert Grass die Hoffnung kurzerhand in den konkreten Bereich aufklärerischer Forderungen nach "Liebe", Bescheidenheit und Solidarität. Doch damit nicht genug. Um die Dringlichkeit der ökologischen Problematik noch schärfer hervortreten zu lassen, besteht er auf dem vollständigen Abbau aller egoistischen Selbstverwirklichungsansprüche des Menschen. Als Vertreterin dieser Forderung, somit gleichzeitig Trägerin vorsokratischer Naturauffassungen, des "Heimat"-Konzepts im Sinne von Ernst Blochs *Freiheit und Ordnung. Abriß der Sozialutopien* (1946) wie auch Vorbild für einen geregelten Stoffwechsel mit der Natur, steht die Rättin, auf die Grass alle positiv-vorwärtsweisenden Merkmale überträgt.[36] So ist die ekelhaft erscheinende Ratte — eindeutiger noch als die schleimigen Aale oder der glitschige Butt — kein romantisches Fabeltier, sondern scheint als Teil des Naturhaushalts ähnliche Privilegien einzufordern, wie sie der Mensch für sich allein in Anspruch nimmt. Der Wirklichkeitsbezug wird noch dadurch vertieft, daß Tiere "mit sicherem Instinkt immer nur das ihnen Gemäße, das Nützliche, das ihre Art Erhaltende" tun,[37] während der faustische Fortschrittskult des Menschen alle anderen Lebensformen rücksichtslos unterdrückt, zertrampelt und auslöscht. Denn "nur wenn es gelingt", so hatte der Autor bereits 1983 in seinem Beitrag über "Die Zukunft des Demokratischen Sozialismus" spekuliert, "jedem ökonomischen Entschluß den ökologischen Vorbehalt beizuordnen, wenn der Begriff von Ökonomie ökologisch durchsetzt wird und der Gegensatz von Arbeit und Umwelt zugunsten der Natur versöhnt werden kann", ließe sich vielleicht eine Zukunftsperspektive eröffnen.[38]

Daß derartige gesellschaftsverändernde Postulate Mitte der achtziger Jahre kaum wahrgenommen wurden, lag sowohl am anhaltenden Wirtschaftsboom in der Bundesrepublik, am Yuppietum und den Theorien der 'Postmoderne', dem wachsenden Nationalismus sowie dem zunehmenden Mißtrauen gegen alle ins Ganzheitliche gerichteten Ideologien. Dabei war es offensichtlich, daß Grass mit der *Rättin* die Frage nach der Zukunft der Menschheit gestellt hatte. Anstatt das Werk jedoch als romanhaft-realistische Widerspiegelung und Kritik an der politischen, ökonomischen und ökologischen Situation der Bundesrepublik zu begreifen, stürzten sich zynisch-postmoderne Kritiker auf die modernistisch-grotesken Elemente des Romans und schlugen diesen — und damit auch den Autor — lieber einem ästhetisierenden 'Zeitgeist' zu, um sich jeder verpflichtenden Stellungnahme zu entziehen.

Es zählt mit zu Grass' großen Verdiensten, angesichts der fortschreitenden Entpolitisierung der Kultur, sein politisch-ökologisches Engagement in den folgenden Jahren eher noch verstärkt zu haben. Und zwar vertrat er nicht nur als angeblich "vaterlandsloser Geselle" eine höchst unpopuläre Position im Zusammenhang der von einer Welle nationaler Gefühligkeiten bestimmten Übernahme der DDR durch die ehemalige BRD,[39] sondern er verlagerte auch seine Aktivitäten — nicht zuletzt unter dem Eindruck des Golfkriegs von 1991 — immer mehr zugunsten der ökologischen Problematik. Ein erstes Beispiel hierfür ist die Ausstellung "Waldungen. Die Deutschen und ihr Wald", die vom 20. September bis zum 15. November 1987 in der Berliner Akademie der Künste stattfand und nur durch Grass' massives Einwirken zustande kam. Wie es im Vorwort des Katalogs heißt, sollte mit dieser Ausstellung ausdrücklich auf den Zusammenhang zwischen dem "kritischen Zustand der Wälder" und der "Krise der Kultur" hingewiesen werden.[40]

Auch in Grass' literarisch-künstlerischem Schaffen am Ende der achtziger und zu Beginn der neunziger Jahre ist eine Konkretisierung festzustellen, die in bezug auf die politische Kritik an der gezielten Vernichtung der Natur an Deutlichkeit nichts zu wünschen übrig läßt. Seine Erzählungen *Zunge zeigen* (1988) und *Unkenrufe* (1992), seine Rede vor dem Club of Rome mit dem Titel "Zum Beispiel Calcutta" (1989), seine Arbeiten *Totes Holz* (1990) und der "Werkstattbericht" *Vier Jahrzehnte* (1991), sowie die Peter Rühmkorf gewidmeten "13 Sonette", die 1993 unter dem Titel *Novemberland* erschienen, zeichnen sich vor allem dadurch aus, daß Grass den "Niedergang der politischen Kultur" mit dem Verlust von "Heimat" und Natur zueinander in Beziehung setzt. Im Gegensatz zum herrschenden "Kulturtourismus" und zur "dogmatischen Borniertheit der Freien Marktwirtschaft" besteht er darauf, den "zerstörerischen Zusammenhang" zwischen der "Verelendung der Dritten Welt", dem "Rüstungswettlauf", der "ungehemmten industriellen Expansion" und der daraus resultierenden ökologischen Vernichtung unmißverständlich aufzuzeigen, wie er in seiner Rede vor dem Club of Rome betonte.[41]

Daher handelt es sich bei der auf Grass' zweiter Indienreise basierenden Erzählung *Zunge zeigen* nicht etwa um einen eurozentrisch gefärbten, "postmodernen Reisebericht",[42] sondern im Mittelpunkt steht hier — ähnlich wie in der Erzählung *Kopfgeburten oder Die Deutschen sterben aus* (1980) — eindeutig das Problem des weltweiten Bevölkerungswachstums. Indem er auf die seit der Zeit der bürgerlichen Auklärung in Deutschland bestehende Indienfaszination verweist, geht es ihm gerade darum, die fatalen Auswirkungen der wirtschaftlichen Fortschrittsideologie aufzuzeigen. Durch die privatökonomische Verfreiheitlichung sei es den Industrieländern zwar gelungen, Macht und Wohlstand zu erringen, aber ausschließlich auf Kosten einer rigorosen Ausbeutung der Natur und der 'Dritten Welt'. So zielt die an tagebuchartige Genauigkeit grenzende Schilderung von Müll und Armut, Bodenerosion und Verkarstung, Überbevölkerung und technologischem 'Fortschritt' darauf ab, den Bankrott des Weltwirtschaftssystems am Beispiel Calcuttas zu verdeutlichen. Die zerstörerischen Auswirkungen ökonomischer 'Sachzwänge' lassen sich ebenfalls anhand der Tuschezeichnungen erkennen, auf denen von der natürlichen Schönheit des

Landes kaum etwas zu bemerken ist.[43] Vielmehr sollte die herausge-
streckte Zunge allen Betrachtern aus der 'Ersten Welt' als Warnung dafür
dienen, daß sich in Kürze auch hier die politischen und ökologischen
Verhältnisse radikal verändern werden.[44]

Im Gegensatz zur deutsch-deutschen Vereinigungseuphorie, die sich
in erneuten Wohlstandsversprechungen und -ansprüchen entlud, widmete
sich Grass also weiterhin jener Problematik, die er als vordringlich
empfand: der "um sich greifenden Umweltzerstörung".[45] So setzte er sich
vom Sommer 1988 bis zum Winter 1989 in Dänemark, im Oberharz, im
Erzgebirge und in Schleswig-Holstein in den Wald und zeichnete *Totes
Holz* (1990). Da über den absterbenden Wald schon alles geschrieben ist,
versah er seine Zeichnungen lediglich mit knappen Kommentaren und
Zitaten aus dem "Waldzustandsbericht des Bundesministeriums für
Landwirtschaft und Forsten, 1989". Dieser "Nachruf" — so lautet der
Untertitel — auf den Wald wie auf den Verfall der DDR bringt zum
einen Scham und Trauer des "zeichnenden Zeugen" über diesen
doppelten "Kahlschlag" zum Ausdruck,[46] ist darüber hinaus als Dokumentation zur Vernichtung der natürlichen Lebensgrundlagen ebenfalls
eine Form des politischen Engagements. Anstatt weiterhin die "Japaner,
die Koreaner, überhaupt die Asiaten" ökonomisch auspowern zu wollen,
ruft Grass dazu auf, nach dem Motto "Sägt die Bonzen ab, schützt die
Bäume" endlich "mit Glasnost in den Wäldern zu beginnen!"[47]

Ebenso reformfreudig, ja im besten Sinne utopisch, gab sich der
Autor in seiner bislang letzten "Erzählung" *Unkenrufe* (1992), bei der es
sich um einen briefartigen Rückblick aus dem Jahre 1999 auf die
politischen Ereignisse zu Beginn des Jahrzehnts handelt. Hier werden
nicht nur Macht-, Gebiets- und Eigentumsansprüche vermeintlich
heimatverbundener Organisationen als revanchistisch gebrandmarkt,
sondern auch "früher mal extrem links" stehende, jetzt aber dem
postmodernen "Zeitgeist" verfallene Studenten und Intellektuelle als
ahistorische "Zyniker" gegeißelt, von denen es einmal heißt: "Die haben
alles und wissen nichts." Dem Leitgedanken der Mobilität in der voll
entfalteten Industriegesellschaft stellt Grass mit Bezug auf Bloch das
"Recht auf Heimat" als "Naturrecht" aller Menschen entgegen, das
eindeutig auf langfristig-ökologischen Prinzipien beruht. Diese Perspektive nehme allein schon deswegen eine immer größere Bedeutung

ein, weil die Menschheit durch Überbevölkerung und Genmanipulatio-
nen, durch die ans Unerträgliche grenzende Verpestung von Luft, Wasser
und Böden, durch die großflächige Abholzung tropischer Regenwälder,
durch die konstante Aufheizung der Erdatmosphäre sowie durch
Atomkraftwerke von einem globalen Heimat- und Naturverlust bedroht
ist. Statt der "menschlichen Selbstaufgabe" zu frönen, unterbreitet die
Erzählung nachahmenswerte Vorschläge, anhand derer sich ein "Überleben der Menschheit" sichern ließe. Da der wohlmeinende Einsatz
linksliberaler Einzelpersonen trotz ihrer "ökologischen Überzeugung"
gegen die "räuberische" Besitzgier des marktwirtschaftlichen Systems
wirkungslos bleibt, hofft Grass — höchst indirekt und verhalten — auf
das solidarische Gewissen derjenigen, die sich allen Rechtfertigungs- und
Legitimationsstrategien der Fortschrittsideologen aktiv widersetzen. Auf
dieser Grundlage sind bereits "um die Jahrtausendwende" jene "strengen
Gesetze" verwirklicht, die "viel von dem, was heute wichtig tut, unter
dem Kennzeichen: Es war einmal. Abgelebter Luxus!" verkümmern
lassen. Der sichtbarste Erfolg ist zweifellos die Einführung der Fahr-
radriksscha in allen europäischen Großstädten,[48] die sich als naturschonen-
des "Fahrzeug der Zukunft" gegen die "blecherne Absurdität" des
Autoverkehrs durchgesetzt hat.

Unkenrufe wendet sich — wie *Novemberland* — gegen den materialis-
tisch-ausbeuterischen "Schnellimbiß der Zeit"[49] und bietet statt dessen
eine mustergültige Anleitung für das Entstehen einer sozialistisch-
demokratischen Gesellschaftsordnung, deren politische, ökonomische und
kulturelle Grundlagen sich eindeutig auf die Konzepte Bernsteins und
Luxemburgs zurückführen lassen. Da sich Grass jedoch weder an eine
Gruppe, noch an eine Bewegung oder gar an eine Klasse wenden kann,
die in der Lage wäre, im Rahmen eines derartigen Systemumbaus eine
führende Rolle zu übernehmen, setzt er auf das Ökologiebewußtsein
breiter Bevölkerungsschichten. Um diese vernunftbezogene Hoffnung
nicht ins Abstrakte oder gar Idealistische abgleiten zu lassen, besteht der
Autor weiterhin auf der Totalität gesamtgesellschaftlicher Veränderungsforderungen, deren Anfänge in der Erzählung vorgezeichnet sind.
Anhand dieser Perspektive, die Grass schon 1989 vor dem Club of Rome
vertreten hatte,[50] läßt sich ablesen, daß durchaus noch Überlebens-
möglichkeiten bestehen, auch für die vom Aussterben bedrohten Gelb-

und Rotbauchunken. *Unkenrufe* ist daher — trotz der pessimistischen Grundstimmung und des tragischen Ausgangs — Grass' bislang hoffnungsvollste Erzählung, die ökologisches, sozialbetontes und utopisches Denken und Handeln in einer konkreten Synthese miteinander verbindet.

Kommen wir zu Folgerungen. Grass' Werk läßt sich eindeutig im Rahmen des seit dem Zeitalter der Aufklärung bestehenden ökologischen Bewußtseins begreifen,[51] zumal sein Engagement — besonders in den vergangenen zwanzig Jahren — immer mehr in diese Richtung tendiert. Obwohl er ohne den literarischen Entwurf gesamtgesellschaftlicher Gegenkonzepte auskommt, läßt er sich dennoch nicht mit jenem "völlig utopielosen Typ" vergleichen, der teilnahmslos abwartet, "bis die ökonomischen Bedingungen zum Sozialismus sozusagen völlig reif geworden sind", wie Ernst Bloch einmal den gewöhnlichen Sozialdemo-kraten charakterisierte.[52] Denn gerade durch seine unablässige Ausein-andersetzung mit der deutschen Geschichte, durch seine kämpferische Haltung und durch das Aufzeigen ökologie- und sozialbetonter Alternati-ven zu den destruktiven Kräften des "Fortschritts" beweist Grass, daß utopisches Denken zu den Überlebensnotwendigkeiten in der politischen, sozialen und kulturellen Weiter- und Höherentwicklung der Gesellschaft gehört. Darüber sollte auch seine bisweilen recht herbe Kritik an älteren Utopiemodellen nicht hinwegtäuschen, wobei Grass stets das "technolo-gisch Machbare" dieser Schriften verwarf.[53] Bei seiner Argumentation wird allerdings kaum einsichtig, warum er ausgerechnet das kapita-listische System als "wandlungsfähig" verteidigt,[54] obwohl die ge-schichtliche Entwicklung im 20. Jahrhundert zeigt, daß die hegelianische Fortschrittsperspektive weniger durch die Industrialisierung der Sowjet-union als durch den Sieg des europäischen Faschismus über die sozialistische Arbeiterbewegung ein für allemal diskreditiert wurde.[55] Und gerade die ökonomische Entwicklung in der Bundesrepublik seit 1945 belegt die Anpassungsfähigkeit der unbeschränkt vorgehenden Marktwirtschaft, der es trotz Dauerkrise wieder und wieder gelingt, sich durch das beständige Erwecken von immer neuen Bedürfnissen als 'freiheitliches' System der Wohlstandsgesellschaft hinzustellen.

Welches Ausmaß die ökologische Misere in den letzten Jahren angenommen hat, belegt eine Vielzahl von Veröffentlichungen, die das

Überschreiten aller vernünftigen Wachstumsgrenzen nachweisen. Aufgrund der Verdoppelung in der industriellen Produktion zwischen 1970 und 1990 und dem damit verbundenen Verschleiß an Rohstoffen, dem erhöhten Energieverbrauch, der weiteren Abnahme landwirtschaftlicher Nutzflächen und der von 3,6 auf 5,4 Milliarden gestiegenen Gesamtbevölkerung ist der Lebensstandard in den Industrieländern zwar weiter gestiegen, die Natur wurde jedoch immer mehr zurückgedrängt. Trotz der globalen ökologischen Misere nimmt der Raubbau an der Natur ständig größere Dimensionen an, die Welbevölkerung wächst jährlich um 92 Millionen Menschen, das heißt um die Gesamtbevölkerung der Bundesrepublik, der Schweiz und Österreichs,[56] während der "glückversprechende" Fortschritts- und Konsumfetischismus in den hochtechnisierten Ländern allenfalls noch als suchthaftes Frustrationsverhalten zu beschreiben ist.[57] Andererseits werden trotz der unübersehbaren Anzahl wissenschaftlich abgesicherter ökologischer Warnungen und trotz des gestiegenen Umwelt- und Ökologiebewußtseins bei allen Bevölkerungsschichten engagierte Kritiker und Organisationen noch immer als "Weltverbesserer" belächelt oder — wie jüngst im *Spiegel* — als "kostümierte Ökoschelme" und "Bic Macs" einer vermeintlich "machtvollen Öko-Internationale" abgekanzelt.[58]

Im Gegensatz zu jenen Schriftstellern, Künstlern und Kulturwissenschaftlern, die sich in den letzten zwei Jahrzehnten, also jenem Zeitraum, in dem das Ökologiebewußtsein mehr und mehr in den Vordergrund der öffentlichen Diskussion rückte, verstärkt postmodern-modischen, elitär-ästhetischen oder auch pluralistisch-inhaltslosen Themen und Diskursen zuwandten, hielt Grass unvermindert an seinen grundlegenden Veränderungsforderungen fest. Von dieser Gesinnung ließ er sich auch durch den jüngst erfolgten Abbau staatswirtschaftlicher Organisationsprinzipien nicht abbringen, in deren Folge sich bei vielen Intellektuellen eine politische Orientierungslosigkeit einstellte, die nicht selten zur Aufgabe aller utopischen Hoffnungen auf eine 'bessere' Zukunft führte. Während sich Regierung und Massenmedien weiterhin um das Aufrechterhalten der brüchigen Wohlstandsfassade in der Bundesrepublik bemühen und dadurch zu Gleichgültigkeit und Teilnahmslosigkeit verleiten, engagiert sich Grass — wie nur wenige andere Autoren — künstlerisch und schriftstellerisch für die Erhaltung des ökologischen Gleichgewichts in der

Natur, indem er deren großangelegte Verhunzung, Ausplünderung und
Verwirtschaftung in seinen Werken thematisiert. Dabei geht er von einer
grundlegenden Kritik am herrschenden Wirtschaftssystems aus, wodurch
die ideologischen Zusammenhänge zwischen der konsumintensiven
Bedürfnis- und Profitsteigerung, der rigorosen Naturausbeutung und dem
von den meisten Staaten und Religionen geförderten Bevölkerungswachs-
tum bloßgestellt werden. Seit den späten siebziger Jahren entfernt er sich
immer weiter von einem rein anthropozentrisch urteilenden Umweltdenken und rückt statt dessen die Konzepte des sozialbetonten Ökologiebewußtseins in den Mittelpunkt seiner Arbeit. Um einer unverbindlich-
allgemeinen oder subjektivistischen Haltung vorzubeugen, verbindet
Grass seine Kritik stets mit der "deutschen Frage". Denn die Verhunzung, Ausplünderung und Verwirtschaftung der Natur läßt sich immer
auf lokale Ursachen zurückführen, wobei Lösungen auch nur im Rahmen
eines regionalistisch-kollektiven Mitverantwortungsbewußtseins und auf
der Basis von gesamtgesellschaftlichen Planungsstrategien verwirklicht
werden können, die statt der freizügigen Erweiterung von Straßen,
Flughäfen und Industriestandorten umgehend naturerhaltende und
bevölkerungspolitische Maßnahmen in Angriff nehmen.

Es ist allerdings offensichtlich, daß eine breite, von der Bevölke-
rungsmehrheit getragene Bewegung, die zur Durchsetzung solcher
Forderungen notwendig wäre, derzeit in der Bundesrepublik nicht
auszumachen ist. Diese Erkenntnis reflektieren auch Grass' Romane und
Erzählungen. Während er sich mit Werken wie *Der Butt*, *Kopfgeburten*
oder Die Deutschen sterben aus und *Die Rättin* noch direkt an die
Frauen- und Friedensbewegung wandte, wird in *Unkenrufe* nur noch der
zwar begrüßenswerte, aber letztendlich doch zum Scheitern verurteilte
Aktivismus einzelner, ökologisch und sozial handelnder Menschen
geschildert. Andererseits verweist dieses Scheitern auf ein höchst
aktuelles gesellschaftliches Phänomen, das sich mit dem soziologischen
Begriff "Ökophobie" umschreiben läßt,[59] tatsächlich jedoch auf indivi-
dualpsychologischen Vorgängen und Erfahrungen beruht. Demnach
vermischen sich verbreitete Zukunftsängste, individuelle Schuldgefühle
und eingeübte Verdrängungsmechanismen zu einem diffizilen Komplex,
der auf der fatalen Überzeugung beruht, daß die Menschheit dem Prozeß
der Naturzerstörung hilflos ausgeliefert ist. Das Gefühl der Hilflosigkeit

wird nicht nur durch die vielfach als selbstverständlich hingenommene Arbeitsteilung verstärkt, sondern auch durch die konstanten Beschwichtigungsformeln von Regierungen und multinationalen Konzernen. Während durch diese Vorgänge die selbstmörderische Trennung von Natur und Mensch noch verschärft wird, fordert Grass die Aufhebung dieses Gegensatzes, indem er für einen grundsätzlichen Wandel in der ästhetischen Beziehung des Menschen zur Natur eintritt. Denn im Zuge der Entwicklung einer politisch verstandenen Naturästhetik würde der Mensch sich wieder als Teil der Natur auffassen und dadurch gleichzeitig zu den ganzheitlichen Konzepten von Freiheit, Gleichheit und Brüderlichkeit vordringen.

Ansätze zur Verwirklichung einer solchen Naturästhetik spiegeln die Werke *Kopfgeburten oder Die Deutschen sterben aus*, *Die Rättin*, *Totes Holz*, *Unkenrufe* und *Novemberland* wider, in denen Grass den Prozeß der Naturzerstörung als Prozeß der Selbstzerstörung des Menschen darstellt. Diese negative Ästhetik, die einerseits das technologisch orientierte Vernunftwesen Mensch ins Zentrum der Kritik rückt, basiert andererseits auf aufklärerischen Konzepten von der Veränderbarkeit politischer und sozialer Strukturen. Grass baut daher mit Bloch auf die Naturallianz oder die Solidarität mit der geschundenen Natur, wodurch sein Utopiekonzept zum Ausdruck kommt. Wenn gesellschaftlicher Fortschritt nach dem Diktum Oscar Wildes also weiterhin die Verwirklichung von Utopien bedeutet, so bedeutet Fortschritt im ökologischen Sinne heute ebenfalls die Verwirklichung einer Naturästhetik.[60]

Angesichts der sich beständig verschlimmernden ökologischen Probleme ist es also nicht damit getan, das politische und künstlerische Engagement von Autoren wie Grass, Böll, Peter Weiss, Bertolt Brecht, Arnold Zweig, Ernst Toller, Heinrich Mann, Anna Seghers und anderen aufgrund einer subjektiv-liberalen 'Zeitgeist'-Haltung für obsolet zu erklären. Wichtige Impulse zu umfassenden gesellschaftlichen Veränderungen müssen auch weiterhin von einer ins Ganzheitliche strebenden Literatur und Kunst ausgehen, die sich vornehmlich durch das Aufzeigen von machbaren Alternativen zum Wachstumsfetischismus der Wohlstands- und Industriegesellschaft legitimiert. Beispiele für einen ökologie-politischen Aktivismus bieten — neben Luise Rinser und Heinrich Böll — auch die Arbeiten von Günter Grass, dessen Konzepte

wesentlich humanistisch-radikaler, hoffnungsvoll-kämpferischer und
verantwortungsbewußt-sinnstiftender wirken als der zynische Realismus
eines Joschka Fischer, der in seinem Buch *Die Linke nach dem Sozialismus* (1992) utopisches Denken im Sinne Blochs als "überständige
Marotte", linke "Realitätsverweigerung" und "groben Unfug" angriff
und vom Boden der postmodernen Tatsachen aus allein einer vagen
"Vernunft der Selbsterhaltung" das Wort redete.[61]

Gerade im Bereich des Sozial- und Ökologiebewußten lassen sich
Grass' Werke wie *Kopfgeburten oder Die Deutschen sterben aus* (1980),
Die Rättin (1986), *Zunge zeigen* (1988) und *Unkenrufe* (1992) durchaus
mit anderen ökologisch ausgerichteten Werken wie Ernest Callenbachs
Ein Weg nach Ökotopia (1981), Christa Wolfs *Störfall* (1987), Horst
Sterns *Jagdnovelle* (1989), Johannes Mario Simmels *Im Frühling singt
zum letztenmal die Lerche* (1990) oder Gudrun Pausewangs *Rosinkawiese*
(1980) und *Die Wolke* (1987) vergleichen.[62] Wie diese verweist auch
Grass mit seinen "Traumspielen"[63] auf Alternativen zum ausbeuterischen
System der Marktwirtschaft, ohne jedoch voll entwickelte Utopien im
Sinne von William Morris' *News from Nowhere* (1890) oder Ernest
Callenbachs *Ecotopia* (1975) zu projizieren. Allerdings geht er in seinem
Engagement für die Ziele eines demokratisch-sozialbetonten und
ökologisch-friedfertigen 'dritten Wegs' weit über gängige linksliberale
Auffassungen hinaus. Hier lassen sich eindeutig Parallelen zu ökosoziali-
stischen Schriften wie Robert Havemanns *Morgen. Die Industriegesellschaft am Scheideweg* (1980) und Ossip K. Flechtheims "Die Futorologie
und der Fortschritt" (1990) ausmachen,[64] denen Grass' Aufsätze,
künstlerische Arbeiten und Erzählungen wie "Im Wettlauf mit den
Utopien" (1978), "Die Zukunft des Demokratischen Sozialismus"
(1983), *Totes Holz* (1990) und *Unkenrufe* (1992) in ihrer Suche nach
einer 'besseren' Welt um nichts nachstehen. Alle diese Aufrufe zu
Umkehr und zum Andershandeln, zu wirtschaftlicher Planung und
technologischem Verzicht, zu Selbstbegrenzung und utopischem Denken,
ja alle Anleitungen zu Aufklärung, Engagement und Solidarität weisen
einen realistischen Weg nach vorn und entwickeln ökologische und
politische Perspektiven für die Zukunft, denen wir uns nicht länger
verschließen sollten.

Anmerkungen

1   Rolf Peter Sieferle: *Fortschrittsfeinde? Opposition gegen Technik und Industrie von der Romantik bis zur Gegenwart*, München 1984, S. 225ff.

2   Vgl. Jost Hermand: "Fortschritt im Rückschritt. Zur politischen Polarisierung der westdeutschen Literatur seit 1961". In: *Deutsche Gegenwartsliteratur*. Hrsg. von Manfred Durzak, Stuttgart 1981, S. 299-313.

3   Grass: *Die Blechtrommel*, Neuwied 12. Aufl. 1965, S. 49.

4   Hans Mayer: *Die umerzogene Literatur. Deutsche Schriftsteller und Bücher 1945-1967*, Frankfurt a. M. 1991, S. 155. [1988]

5   Grass: "Die Ideologien haben versagt. Gespräch mit Günter Schäuble". In: *Stuttgarter Zeitung* vom 18. Februar 1969. Zitiert in Günter Grass: *Werkausgabe in zehn Bänden*. Hrsg. von Volker Neuhaus, Band 10, *Gespräche mit Günter Grass*. Hrsg. von Klaus Stallbaum, Darmstadt 1987, S. 59-62.

6   Ders.: "Ich bin Sozialdemokrat, weil ich ohne Furcht leben will. Gespräch mit Leo Bauer". In: *Die Neue Gesellschaft* Nr. 2, 1971. Zitiert in: *Werkausgabe*, Band 10, S. 89-105; vgl. dazu ebenfalls seine "Sieben Thesen zum demokratischen Sozialismus". In: *Der Bürger und seine Stimme. Reden, Aufsätze, Kommentare*, Neuwied 1974. Zitiert in *Werkausgabe*, Band 9, *Essays Reden Briefe Kommentare*. Hrsg. von Daniela Hermes, Darmstadt 1987, S. 640-644.

7   Ders.: "Ich bin Sozialdemokrat". Zitiert in: *Werkausgabe*, Band 10, S. 89; Rosa Luxemburg: "Bemerkungen über die sogenannte Zusammenbruchstheorie. Rede auf dem Parteitag der SPD im Oktober 1899". Zitiert in Rosa Luxemburg: *Ein Leben für die Freiheit. Reden-Schriften-Berichte*. Hrsg. von Frederick Hetmann, Frankfurt a. M. 1980, S. 63. In ihrer Rede hatte Luxemburg u.a. erklärt: "Da wir wissen, daß der Sozialismus sich ohne weiteres, wie aus der Pistole geschossen, nicht durchführen läßt, sondern nur dadurch, daß wir in einem hartnäckigen Klassenkampfe auf wirtschaftlichem und politischem Boden von der bestehenden Ordnung kleine Reformen erreichen, um uns wirtschaftlich und politisch immer besserzustellen und die Macht zu erhalten, endlich der heutigen Gesellschaft das Genick zu brechen, sind unsere Minimalforderungen nur auf die Gegenwart zugeschnitten. Wir akzeptieren

alles, was man uns gibt, aber fordern müssen wir das ganze politische Programm. [...] Wenn wir auf diese Weise [gemeint ist die Forderung nach einer Verkürzung der Arbeitszeit (PM-K)] einen geringen Teil aus unserem Minimalprogramm zu unserem eigentlichen, wirklichen Minimalprogramm machen, dann wird das, was wir jetzt als Minimalprogramm betrachten, zum Endziel, und unser wirkliches Endziel scheidet gänzlich aus dem Bereich der Wirklichkeit und wird tatsächlich zur 'revolutionären Phrase'." Ebd. S. 64/65.

8 Grass: Ebd., S. 93.

9 Ebd., S. 93ff, S. 102.

10 George L. Mosse: *Die völkische Revolution. Über die geistigen Wurzeln des Nationalsozialismus*, Frankfurt a. M. 1991, S. 200.

11 Grass: "Zwischenbilanz. Versuch, ein Nachwort zu schreiben". Zitiert in *Werkausgabe*, Band 9, S. 264-274; ders.: "Ich bin Sozialdemokrat". Zitiert in *Werkausgabe*, Band 10, S. 89.

12 Ebd., S. 103f.

13 Ders.: "Der Arbeiter und seine Umwelt". Zitiert in *Werkausgabe*, Band 9, S. 517-524.

14 Klaus-Georg Wey: *Umweltpolitik in Deutschland. Kurze Geschichte des Umweltschutzes in Deutschland seit 1900*, Opladen 1982, S. 204.

15 Grass: *Tagebuch einer Schnecke*, Neuwied 1972, S. 352, S. 368.

16 Erhard Eppler: *Ende oder Wende. Von der Machbarkeit des Not wendigen*, Stuttgart 1975, S. 30.

17 Grass: "'Nach grober Schätzung'. Rede in Neu Delhi vor dem Council of Cultural Relations". Zitiert in: *Werkausgabe*, Band 9, S. 673-682.

18 Richard Hamann: *Die deutsche Malerei vom 18. bis zum Beginn des 20. Jahrhunderts*, Leipzig 1925, S. 108.

19 Grass: *Der Butt*, Darmstadt 5. Aufl. 1978, S. 13, 348, 448, 490, 572.

20 Vgl. dazu Jost Hermand: "Freiheit in der Bindung. Goethes grüne Weltfrömmigkeit". In: *Im Wettlauf mit der Zeit. Anstöße zu einer ökologiebewußten Ästhetik*, Berlin 1991, S. 29-51.

21 Vgl. hierzu Ivan Illich: *Selbstbegrenzung. Eine politische Kritik der Technik*, Reinbek 1980, S. 132 [1973]; Barbara Garde: "'Die Frauengasse ist eine Gasse, durch die man lebenslang geht.' Frauen in den Romanen von Günter Grass". In: *Text+Kritik. Günter Grass*, München 6. Aufl. 1988, S. 101-107.

22 Vgl. Jost Hermand: *Die Kultur der Bundesrepublik Deutschland 1965-85*, München 1988, S. 471f, 530ff.

23 Grass: *Kopfgeburten oder Die Deutschen sterben aus*, Darmstadt 1980, S. 11, 14, 26, 32, 41.

24 Ders.: "Im Wettlauf mit den Utopien". In: *Die Zeit* vom 16. Juni 1978. Zitiert in: *Werkausgabe*, Band 9, S. 715-736; ders.: "Orwells Jahrzehnt I. Rede im Landtagswahlkampf Baden-Württemberg". In: *Westfälische Rundschau* vom 3. Mai 1980. Zitiert in: Ebd, S. 779, 785.

25 Ders.: *Kopfgeburten oder Die Deutschen sterben aus*, S. 101.

26 Ders.: "Sisyphos und der Traum vom Gelingen. Gespräch mit Oskar Negt, Johano Strasser und Horst Wernicke". In: *L'80*, 35 (1985). Zitiert in: *Werkausgabe*, Band 10, S. 328.

27 Rosa Luxemburg: "Sozialreform oder Revolution?" (1900). Zitiert in: Rosa Luxemburg: *Politische Schriften* I. Hrsg. von Ossip K. Flechtheim, Frankfurt a. M. 1966, S. 104.

28 Vgl. dazu *Berliner Begegnung zur Friedensförderung. Protokolle des Schriftstellertreffens am 13./14. Dezember 1981*, Darmstadt 1982; *Zweite Berliner Begegnung. Den Frieden erklären. Protokolle des zweiten Berliner Schriftstellertreffens am 22./23. April 1983*, Darmstadt 1983.

29 Grass: "Die Klampfen nehme ich in Kauf. Gespräch mit Jörg Fauser und Werner Mathes". In: *tip magazin* 1 (1982). Zitiert in: *Werkausgabe*, Band 10, S. 287.

30 Vgl. Grass: "Phantasie als Existenznotwendigkeit". In: *Über Phantasie: Siegfried Lenz: Gespräche mit Heinrich Böll, Günter Grass, Walter Kempowski, Pavel Kohout*. Hrsg. von Alfred Mensak, Hamburg 1982. Zitiert in: *Werkausgabe*, Band 10, S. 255-281; ders.: "Von morgens bis abends mit dem deutschen pädagogischen Wahn konfrontiert. Gespräch mit Carl-Heinz Evers und Peter E. Kalb". In: *betrifft: erziehung* 7/8 (1980). Zitiert in: Ebd., S. 248.

31 Ders.: "Einsicht ist nicht immer gerade eine christliche Tugend gewesen. Gespräch mit Robert Stauffer im österreichischen Rundfunk am 25. August 1982". Zitiert in: Ebd., S. 305.

32 Ebd.

33 Vgl. dazu den Ausstellungskatalog *Apokalypse. Ein Prinzip Hoffnung? Ernst Bloch zum 100. Geburtstag*. Hrsg. von Richard W. Gassen und Bernhard Holuczek, Heidelberg 1985; Peter Cornelius Mayer-Tasch: *Ein Netz für Ikarus. Zur Wiedergewinnung der Einheit*

von Natur, Kultur und Leben, München 1987; Henze unterlegte seine Symphonie mit einem Gedicht Hölderlins, um die Vision einer "menschenleeren, kalten und sprachlosen Welt" zu erwecken. Vgl. Henze: *Symphonie Nr. 7*, EMI 754762, 1993.

34 Grass: "Mir träumte, ich müßte Abschied nehmen. Gespräch mit Beate Pinkerneil im ZDF am 24. März 1986". Zitiert in: *Werkausgabe*, Band 10, S. 348; vgl. auch den Überblick zu den Rezensionen in Christiane Lamparter: *Der Exodus der Politik aus der bundesrepublikanischen Gegenwartsliteratur*, Frankfurt a. M. 1992, S. 126ff. sowie Joanna Jabłowska: *Literatur ohne Hoffnung. Die Krise der Utopie in der deutschen Gegenwartsliteratur*, Wiesbaden 1993, S. 227; eine gründliche Analyse bietet hingegen Thomas W. Kniesche: *Die Genealogie der Postapokalypse. Günter Grass' Die Rättin*, Wien 1991.

35 Hans Albrecht Moser: *Vineta. Ein Gegenwartsroman aus künftiger Sicht*, Zürich 1955, S. 690.

36 Grass: *Die Rättin*, Darmstadt 1986, S. 65, 100, 151, 184, 187, 200, 213f., 276, 453f.

37 Wolfgang Ignée: "Apokalypse als Ergebnis eines Geschäfts-berichts. Günter Grass' Roman *Die Rättin*". In: *Apokalypse. Weltuntergangsvisionen in der Literatur des 20. Jahrhunderts*. Hrsg. von Gunter E. Grimm, Werner Faulstich und Peter Kuon, Frankfurt a. M. 1986, S. 393; vgl. dazu ebenfalls Hans Mayer: "Günter Grass und seine Tiere". In: *Text+Kritik. Günter Grass*, München 6. Auflage 1988, S. 76-83.

38 Grass: "Die Zukunft des Demokratischen Sozialismus. Plädoyer für eine Revision des Godesberger Programms". In: *Frankfurter Rundschau* vom 22. Juni 1983. Zitiert in: *Werkausgabe*, Band 9, S. 861.

39 Vgl. z.B. Grass: *Ein Schnäppchen namens DDR. Letzte Reden vorm Glockengeläut*, Frankfurt a. M. 1990; ders.: *Deutscher Lastenausgleich. Wider das dumpfe Einheitsgebot. Reden und Gespräche*, Frankfurt a. M. 1990.

40 Vgl. *Waldungen. Die Deutschen und ihr Wald*. Hrsg. von Bernd Weyergraf, Berlin 1987, S. 5.

41 Grass: *Rede vom Verlust. Über den Niedergang der politischen Kultur im geeinten Deutschland*, Göttingen 1992, S. 34, 42; Tschingis Aitmatow und Günter Grass: *Alptraum und Hoffnung. Zwei Reden vor dem Club of Rome*, Göttingen 1989, S. 55, 61.

42 Vgl. Monika Shafi: "Günter Grass' *Zunge zeigen* als postmoderner Reisebericht". In: *The German Quarterly* 66 (1993), S. 339-349.

43 Grass: *Zunge zeigen*, Darmstadt 1988, S. 76, 90, 94, 96, 100, 107, 110ff.; ders.: *Vier Jahrzehnte. Ein Werkstattbericht*, Göttingen 1991, S. 294ff.

44 Ders.: "Diese Regierung muß zurücktreten. Über den Golfkrieg und die Bundesrepublik". In: *taz* vom 16. Februar 1991, zitiert in: *Gegen die verstreichende Zeit. Reden, Aufsätze und Gespräche 1989-1991*, Hamburg 1991, S. 124f.

45 Ders.: "Viel Gefühl, wenig Bewußtsein. Gespräch mit Willi Winkler". In: *Der Spiegel* vom 20. November 1989. Zitiert in: *Deutscher Lastenausgleich*, S. 17.

46 Ders.: *Vier Jahrzehnte*, S. 323, 325.

47 Ders.: *Totes Holz*, Göttingen 1990, S. 103-110.

48 Ders.: *Unkenrufe*, Göttingen 1992, S. 18, 38, 124f, 164, 184, 187, 282.

49 Ders.: *Novemberland. 13 Sonette*, Göttingen 1993, S. 21.

50 Ders.: "Alptraum und Hoffnung", S. 50.

51 Vgl. Jost Hermand: *Grüne Utopien in Deutschland. Zur Geschichte des ökologischen Bewußtseins*, Frankfurt a. M. 1991.

52 Ernst Bloch: *Das Prinzip Hoffnung*. In: *Gesamtausgabe*, Band 5, Frankfurt a. M. 1959, S. 677.

53 Vgl. z.B. Grass: "Im Wettlauf mit den Utopien". In: *Die Zeit* vom 16. Juni 1978. Zitiert in: *Werkausgabe*, Band 9, S. 715-736; "Die Zauberlehrlinge". In: *Der Orwell Kalender 1984*. Hrsg. von Johano Strasser, Köln 1983. Zitiert in: Ebd., S. 880-885.

54 Ders.: "Ein neuer Begriff von Arbeit". In: *L'76*, 7 (1978). Zitiert in: Ebd., S. 714.

55 Vgl. Richard Saage: *Das Ende der politischen Utopie?* Frankfurt a. M. 1990, S. 90.

56 Donella und Dennis Meadows und Jørgen Randers: *Die neuen Grenzen des Wachstums*, Reinbek 1993, S. 46f, 60, 78.

57 Vgl. Iring Fetscher: *Überlebensbedingungen der Menschheit*, Berlin 1991, S. 15.

58 "McDonald's der Umweltszene". In: *Der Spiegel* vom 16. September 1991, S. 15.

59 Anton-Andreas Guha: *Der Planet schlägt zurück. Ein Tagebuch aus der Zukunft*, Göttingen 1993, S. 104f.

60 Vgl. hierzu Gernot Böhme: *Für eine ökologische Naturästhetik*, Frankfurt a. M. 1989.

61 Joschka Fischer: *Die Linke nach dem Sozialismus*, Hamburg 1992, S. 122ff., S. 218.

62 Vgl. dazu Peter Morris-Keitel: "'Hoffnung im Überfluß'. Über die Erfahrbarkeit einer anderen Welt im Werk Gudrun Pausewangs". In: *The German Quarterly* 67 (1994), S. 391-401.

63 Mayer: "Günter Grass und seine Tiere", S. 82.

64 Vgl. Ossip K. Flechtheim und Egbert Joos: *Ausschau halten nach einer besseren Welt*, Berlin 1991.

Thomas Kniesche

"Das wird nicht aufhören, gegenwärtig zu bleiben."
Günter Grass und das Problem der deutschen Schuld

Für Günter Grass ist die Geschichte des Nationalsozialismus ein deutsches Erbe und ein deutsches Problem. "Problem" kann hier freilich nicht im herkömmlichen Sinne verstanden werden als das Angehen einer komplizierten Fragestellung aus der Motivation des Staunens heraus, als das wissenschaftliche Projekt oder die Aufgabe der Erkenntnis, die man sich stellt. Dies ist bereits die Bedeutung des lateinischen problema, das seinerseits aus dem Griechischen übernommen wurde. Diese philosophische Bedeutung war aber ihrerseits abgeleitet aus dem Verb pro-bállein "vorwerfen, hinwerfen; aufwerfen".[1] Eine Untersuchung über die Schuld in den Texten von Günter Grass muß auf diese ursprüngliche Bedeutung zurückgehen. "Problem" muß hier verstanden werden als 'das Vorgeworfene,' 'das Hingeworfene', das, was sich aufdrängt, ohne die im Ermessen eines Subjekts liegende Entscheidung abzuwarten, das nicht aus eigenem Antrieb Aufgenommene, das, was sich von einem anderen Schauplatz herschreibt oder einschreibt.

Was sich als roter Faden durch die Texte von Grass zieht, ist der Drang, schreiben zu müssen, um auf das, was "Auschwitz" genannt wird, zu reagieren. In zahlreichen autobiographischen Bemerkungen hat Grass darauf hingewiesen, daß "Auschwitz" für ihn und seine Generation ein Vor-Wurf war, der nicht eingeholt werden konnte. In der Frankfurter Poetik-Vorlesung *Schreiben nach Auschwitz* erinnert sich Grass:

Denn als ich mit vielen meiner Generation — von unseren Vätern und Müttern sei hier nicht die Rede —, den Ergebnissen von Verbrechen konfrontiert wurde, die Deutsche zu verantworten hatten und die seitdem unter dem Begriff Auschwitz summiert sind, sagte ich: Niemals. Ich sagte mir und anderen, andere sagten sich und mir: Niemals würden Deutsche so etwas tun.[2]

Trotz der erdrückenden Last der Beweise, fährt Grass fort,

brauchte es weitere Jahre, bis ich zu begreifen begann: Das wird nicht aufhören, gegenwärtig zu bleiben; unsere Schande wird sich weder verdrängen noch bewältigen lassen; die zwingende Gegenständlichkeit dieser Fotos — die Schuhe, die Brillen, Haare, die Leichen — verweigert sich der Abstraktion; Auschwitz wird, obgleich umdrängt von erklärenden Wörtern, nie zu begreifen sein.[3]

Die "Erkenntnis, daß Auschwitz kein Ende hat," — die er nach eigenen Worten Paul Celan verdankt[4] — und das Entsetzen, "das nicht aufhören wollte"[5], begleiten Grass auf seinem Weg und prägen seine ersten lyrischen Versuche, die alle noch unter dem Zeichen des Verdikts von Adorno stehen, das Grass nachträglich jedoch "nicht als Verbot, sondern als Maßstab"[6] verstanden wissen will. Seine Antwort auf Adorno ist das Gedicht "Askese", in dem das wiederkehrende "Du sollst" die mosaischen Gesetzestafeln imitiert, dabei jedoch die andere Formel, "Du sollst nicht", ausläßt.[7] Wer sich und sein Schreiben von Auschwitz her oder "nach Auschwitz" definiert, kann nicht anders als am Ende einer Bilanz oder Zwischenbilanz — als die man die Frankfurter Poetik-Vorlesung lesen muß — nochmals zu konstatieren: "Wir kommen an Auschwitz nicht vorbei [...], weil Auschwitz zu uns gehört, bleibendes Brandmal unserer Geschichte ist und — als Gewinn! — eine Einsicht möglich gemacht hat, die heißen könnte: jetzt endlich kennen wir uns."[8] Jemand, der obsessiv schreibt, den — wie Grass — auch "nach fünfunddreißig Jahren" noch etwas drängt, etwas, "das noch nicht zu Wort kam", jene "alte Geschichte", die immer noch oder wieder "ganz anders erzählt werden"[9] will: dieser jemand hat im ältesten und primären Sinne des Wortes ein Problem, oder besser: dieses Problem hat ihn.

Ziel der folgenden Bemerkungen soll es sein, diese Obsession mit der Schuld und der Schande, mit Scham und Reue, mit Trauer, die nicht geleistet wurde und vielleicht nicht mehr geleistet werden kann, durch einige Texte von Grass hindurch zu verfolgen und zu sehen, auf welche verschiedenen Weisen dieser Autor das Hingeworfene, das ihm Vor-Geworfene aufhebt und zum Konstituens seines Schreibens macht. Denn die Schuld ist nicht nur auslösendes Moment für das Schreiben dieses Autors, sondern auch diejenige Kategorie, die seine mannigfaltige Produktion zusammenhält, seine Teile miteinander in Beziehung setzt, dieses Schreiben nicht aufhören läßt, es immer wieder von neuem in Bewegung setzt, kurz: es konstituiert, dem Schreiben und dem Schreibenden seine Verfassung gibt.[10]

Zur Diskussion steht zunächst die Schuld als narratives Strukturelement, die verschiedenen Weisen, in denen sich Schuld im erzählerischen Werk manifestiert; außerdem die Metaphorisierung von Schuld, die in den Texten von Grass durchgespielt wird; und nicht zuletzt die Analyse eines Bruches in der Bearbeitung des Schuldkomplexes durch Grass, eines Bruches, der auf das Ende der siebziger Jahre datiert werden muß und der eine neue Sichtweise des Schuldproblems bewirkt, die sich in den Texten seit den achtziger Jahren bis heute niederschlägt, was sich insbesondere beim Streit um die deutsche Wiedervereinigung ausgewirkt hat.

Bevor ich jedoch den Versuch unternehme, die Spuren der Schuld im Werk von Grass zu lesen, sei auf den historischen Kontext verwiesen, in dem eine solche Beschäftigung steht. Im Wintersemester 1945/46 hielt Karl Jaspers eine Reihe von Vorlesungen, mit denen er versuchen wollte, ein Gespräch über die "geistige Situation in Deutschland"[11] in Gang zu bringen. Im Jahre 1946 erschien der Teil der Vorlesungen, die sich mit dem Problem der Schuld der Deutschen befaßte, unter dem Titel *Die Schuldfrage* als Buch. Jaspers lehnt die nach dem Zweiten Weltkrieg verbreitete Auffassung von der Kollektivschuld der Deutschen ab. Zentral für seine Argumentation ist die Unterscheidung von vier Schuldbegriffen, die allein ein sinnvolles Gespräch über die unmittelbare Vergangenheit möglich machen könne. Jaspers grenzt eine kriminelle von einer politischen, einer moralischen und einer metaphysischen Schuld ab.[12] Nur die kriminelle Schuld, der eindeutige Verstoß gegen Gesetze, kann juristisch belangt werden. Die politische Schuld oder Haftung ist Sache jedes Staatsbürgers, der für die Taten des von ihm mitgetragenen Staates einstehen muß. Die moralische sowie die metaphysische Schuld sind Sache des Einzelnen. Es gibt keine Instanz außerhalb des Gewissens, die hier ein Mitspracherecht hätte. Die moralische Schuld ist bezogen auf das individuelle Handeln und kann nicht umgangen werden durch Berufung auf Prinzipien wie "Befehl ist Befehl". Die metaphysische Schuld betrifft das Menschsein im allgemeinen und das, was Menschen angetan wird. Hier ist es vor allem das Nichthandeln, das Dabeistehen, das schuldig macht, obwohl es weder juristisch, noch politisch oder moralisch zu belangen ist.

Jaspers ist sich darüber im Klaren, daß seine Unterscheidung mißbraucht werden und zum Vergessen jeglicher Schuld führen kann. Gerade diejenigen, die keine kriminelle Schuld auf sich geladen haben, könnten seine Kategorien benutzen, um sich von aller Schuld freizusprechen.[13] Hierunter fällt für Jaspers auch die Berufung auf die "Erbsünde", auf das Gefallensein des Menschen, das zur Relativierung der deutschen Schuld herangezogen werden könnte. Gerade bei einem Autor wie Grass, für den die Kategorie der Gefallenheit des Menschen grundlegend ist, gilt es darauf zu achten, die Schuld nicht zu einer reinen Transzendenzfrage verkommen zu lassen.[14]

Neben vielen anderen hat auch Jürgen Habermas — dabei die von Karl Jaspers gestellten Fragen aufgreifend — im sogenannten "Historikerstreit" darauf hingewiesen, daß eine Neuorientierung bei der Suche nach einer nationalen Identität der Deutschen nur dann möglich ist, wenn eine kritische Bestandsaufnahme des Traditionszusammenhanges stattfindet, in dem sich auch die Nachgeborenen immer schon befinden. Jaspers hatte darauf hingewiesen, daß die Frage der Schuld auch eine Frage der Überlieferung ist, daß man die Verantwortung für die Greuel der Nazizeit nicht einfach auf eine einmalige historische Konstellation abwälzen könne.[15] "Wir müssen übernehmen die Schuld der Väter", hatte Jaspers verlangt und damit den Traditionszusammenhang angesprochen, den es in die Diskussion der Schuld miteinzubeziehen gilt. Jürgen Habermas versuchte vierzig Jahre später, diesen Gedanken zu konkretisieren und auf die gewandelte historische Situation anzuwenden. Jetzt geht es nicht mehr um die Schuld der Täter, sondern um die Verantwortung der Nachgeborenen. Sind die Gedanken von Jaspers überhaupt noch relevant für eine Generation, für die jene Unterscheidung in Täter und Mitläufer — die für Jaspers' Kategorisierung der Schuld entscheidend war — nicht mehr sinnvoll ist? Habermas schreibt:

> Nach wie vor gibt es die einfache Tatsache, daß auch die Nachgeborenen in einer Lebensform aufgewachsen sind, in der das möglich war. Mit jenem Lebenszusammenhang, in dem Auschwitz möglich war, ist unser eigenes Leben nicht etwa durch kontingente Umstände, sondern innerlich verknüpft.

Unsere Lebensform ist mit der Lebensform unserer Eltern und Großeltern verbunden durch ein schwer entwirrbares Geflecht von familiaren, örtlichen, politischen, auch intellektuellen Überlieferungen — durch ein geschichtliches Milieu also, das uns erst zu dem gemacht hat, was und wer wir heute sind. Niemand von uns kann sich aus diesem Milieu heraustehlen, weil mit ihm unsere Identität, sowohl als Individuen wie als Deutsche, unauflöslich verwoben ist.[16]

Die Analyse eines Strukturzusammenhanges, den es nach wie vor zu untersuchen gilt, will man die deutsche Vergangenheit angemessen diskutieren, der Blick auf ein "geschichtliches Milieu", das Auschwitz möglich machte, das Insistieren auf einer Erinnerung, die das Leiden des anderen nicht vergißt, die kritische Einstellung zu den eigenen Traditionen, die nicht durch einen kollektiven Narzißmus verzerrt werden darf, all das geht zurück auf Gedanken, die Theodor W. Adorno in seiner Rede "Was bedeutet: Aufarbeitung der Vergangenheit" aus dem Jahre 1959 entwickelte. Adorno schloß seine Rede ab mit den Worten: "Aufgearbeitet wäre die Vergangenheit erst dann, wenn die Ursachen des Vergangenen beseitigt wären. Nur weil die Ursachen fortbestehen, ward sein Bann bis heute nicht gebrochen."[17]

Habermas spricht im polemischen Umfeld des Historikerstreites einen Komplex an, den Norbert Elias in den Jahren 1977/78, einer Krisenzeit der alten Bundesrepublik, der man den Titel "Deutschland im Herbst" gab, als "das Problem der nationalen Identität" angesprochen hat. Elias verwies bereits seinerzeit auf die zunehmende Entfremdung zwischen den Generationen, die sich in extremer oder extremistischer Weise in der Abspaltung einer Reihe von terroristischen Gruppen von der Gesellschaft und der unerbittlichen Verfolgung dieser Gruppen durch die politische und wirtschaftliche Elite dieser Gesellschaft manifestierte. Die "schleichende Identitätskrise",[18] die Elias diagnostiziert, könne nur überwunden werden, wenn die auseinander driftenden Gruppen in einer öffentlichen Diskussion des gemeinsamen Erbes des Nationalsozialismus zusammenfinden. Elias denkt dabei vor allem an "das Problem des Makels und der Schuldgefühle, die der Nationalsozialismus den nachfolgenden Generationen Deutschlands hinterlassen hat. Trotz aller gegenteiligen Beschwörungen hat es nie aufgehört, das deutsche

Gewissen zu belasten. Man hat viel von der Bewältigung der Vergangenheit gesprochen. Aber es ist recht klar, daß man sie nur verdrängt und in keiner Weise bewältigt hat."[19] Etwas später weist Elias darauf hin, "daß das nationalsozialistische Problem nicht ein Problem der Vergangenheit ist; es hat nie aufgehört, ein aktuelles Problem zu sein."[20] Wie Grass und Habermas besteht Elias auf dem Gegenwartscharakter dessen, was Auschwitz genannt wird. Geschichtlichkeit wird bei allen drei Autoren um eine Dimension erweitert: Dies ist die Dimension der "Vergangenheit, die nicht vergehen will", um die Worte von Ernst Nolte zu gebrauchen, dem prominentesten Vertreter der Ansicht, daß man diese Vergangenheit relativieren müsse, um eine neue nationale Identität herstellen zu können.[21] Günter Grass dagegen besteht immer wieder darauf, daß diese Vergangenheit nicht vergeht. Dies ist jedoch, wie ich zu zeigen versuche, eine intuitive Einsicht, die nicht theoretisch fundiert wird, obwohl ein solcher Begründungszusammenhang erbracht werden kann.

Beginnen wir also mit einem Blick auf die ersten größeren Prosaarbeiten. Grass hat selbst darauf hingewiesen, daß die Erzählstruktur in der Danziger Trilogie vom Schuldmotiv beherrscht wird, wenn er von den "Schuldmotoren in der Erzählposition" spricht,[22] die sogar dafür verantwortlich zu machen wären, daß andere Themen in diesen Texten vielleicht zu kurz gekommen seien.[23] Wie die Texte der Danziger Trilogie schon von ihrer narrativen Struktur her durch das Motiv der Schuld überdeteminiert werden, läßt sich leicht zeigen. Die *Blechtrommel* beginnt mit dem Bericht von einem für die Nachkriegszeit typischen Ritual,[24] vor dem sich der "Insasse der Heil- und Pflegeanstalt" nur unzureichend schützen kann, da die Gitter seines Bettes nicht hoch genug sind: "Einmal in der Woche" bekommt Oskar Matzerath Besuch. Die Besucher wollen Oskar "retten", sie planen laufend "Rettungsversuche", mit denen sie Oskar "vom hohen Stand ihrer Nächstenliebe zu überzeugen" suchen.[25] Nach diesen Besuchen "finden sie wieder Spaß an der eigenen Existenz." Diese Besuche dienen demnach einer Reinigung. Die Besucher entdecken ihre während der Nazizeit verloren gegangene Menschlichkeit wieder, indem sie das vermeintliche Unschuldslamm Oskar vor ungerechter Verfolgung retten wollen. Oskar kommentiert: "Dann kommen sie, die mich retten wollen, denen es Spaß macht, mich

zu lieben, die sich in mir schätzen, achten und kennenlernen möchten."[26] Oskar dient als Projektionsfigur, als Spiegel, in dem sich die
vermeintliche Unschuld der Betrachter reflektieren und ihre Schuldgefühle verlieren sollen. Erst nach diesem Bericht beschließt Oskar, seine
Lebensgeschichte niederzuschreiben, er bittet seinen Pfleger Bruno, ihm
auf seine "Rechnung fünfhundert Blatt Schreibpapier" zu kaufen. Auf
diesen Blättern wird Oskar die Geschichte seines Schuldigwerdens
aufschreiben, um damit das Reinigungsritual, zu dem er allwöchentlich
benutzt wird, zu konterkarieren. Deshalb auch kann er keinen seiner
Besucher fragen, ihm Papier zu kaufen: "Besorgte, mir verordnete Liebe
hätte den Freunden sicher verboten, etwas so Gefährliches wie unbeschriebenes Papier mitzubringen."[27] Oskar ist eben kein unbeschriebenes Blatt, er hat eine Geschichte, die ihn schuldig werden
ließ,[28] was aber von den Besuchern unterdrückt werden muß, damit sie
sich weiter in ihm spiegeln können. Unbeschriebenes Papier in Oskars
Händen muß für sie gefährlich sein, denn sobald seine Geschichte
bekannt würde, wäre es aus mit dem Ritual.

Der Gegensatz zwischen Oskars (fiktiver) Autobiographie und dem
"unschuldige[n] Papier", auf dem sie niedergeschrieben werden soll,
wird von Anfang an betont. Der Schreib-Akt selber wird thematisiert,
wenn der Pfleger Bruno eher von weißem Papier sprechen möchte, die
Verkäuferin im Schreibwarengeschäft auf das Verlangen nach dann doch
unschuldigem Papier "heftig" errötete, Oskar schließlich bereut, auf der
Redeweise bestanden zu haben, weil dies ein "längeres Gespräch über
Verkäuferinnen in Schreibwarenhandlungen" auslösen und damit von der
eigentlichen Aufgabe ablenken könnte.[29] Durch das Schreiben auf
unschuldigem Papier wird eigene Schuld manifestiert und Trauerarbeit
bei den anderen eingeklagt. Worin Oskars Schuld besteht, ob es sich um
eine Mitverantwortung beim Tod seiner zahlreichen Eltern handelt oder
um eher existentiell verstandene "Schuld, als Erkennender, Wissender
und Durchschauender sich dennoch dem Handeln entzogen zu haben",[30]
wird dann vielleicht sogar zweitrangig.

Der Schluß der *Blechtrommel* mit der Heraufbeschwörung der
"Schwarzen Köchin" und der Einsicht, daß sie "immer schon" hinter
dem Rücken des Erzählers dessen Geschick lenkte, läßt eher an eine
schicksalhafte Verstrickung des Menschen in das Geschehen denken als

an eine konkret in historisch-gesellschaftlichen Zuständen verankerte Verantwortlichkeit. Die Symbolik der Schwarzen Köchin paßt deshalb auch nur schlecht zu der Absicht von Grass, mit seinem Roman die Entstehung des Nationalsozialismus aus seinen kleinbürgerlichen Wurzeln darzustellen. Dieses Manko des Romans versucht Grass dann in den anderen beiden Texten der Danziger Trilogie auszugleichen.

Noch deutlicher als in der *Blechtrommel* wird die Verankerung des Erzählstruktur in der Schuld in *Katz und Maus*. Auch hier wird nach einer Urszene, in der die Schuld metaphorisch umschrieben wird, der Schreibakt motiviert: "Ich aber, der ich Deine Maus einer und allen Katzen in den Blick brachte, muß nun schreiben. Selbst wären wir beide erfunden, ich müßte dennoch. Der uns erfand, von berufswegen, zwingt mich, wieder und wieder Deinen Adamsapfel in die Hand zu nehmen, ihn an jeden Ort zu führen, der ihn siegen oder verlieren sah."[31] Das Erzählmedium Pilenz, durch die ironische Durchbrechung der Erzählfiktion ausdrücklich als solches gekennzeichnet, stellt einen Zusammenhang her zwischen dem Akt des Schreibens und dem zentralen Schuldmotiv des Textes, dem Adamsapfel. Der Zwang, schreiben zu müssen, das "Ich aber [...] muß nun schreiben" gilt für die verschiedenen Variationen der Ich-Erzählung bei Grass, wobei die wechselnde Identität des schreibenden Ich die genauere Bestimmung der Schuld bestimmt. Handelte es sich bei Oskar Matzerath noch um einen Fall von abstrakt-allgemeiner Verwicklung in die Zeitläufte, der durch Oskars nur scheinbar unmittelbare Schuld am Tod mehrerer Personen lediglich verschleiert wird, so personalisiert Grass die Schuld in *Katz und Maus* und macht sie anschaulich am Beispiel eines ganz bestimmten Schicksals. Pilenz wird indirekt schuldig am Tod des "Großen Mahlke" und kommt von "Katz und Maus und mea culpa"[32] nur los, indem er schreibt, "denn das muß weg".[33] Wenn Pilenz sich an den während der Kriegsjahre vorherrschenden Zwiebelgeruch erinnert und sogar seine Schreibmaschine "oberflächlich mit Zwiebelsaft einreiben" will, um somit den Geruch jener Jahre vor Augen zu haben, dann erinnert dies an die Zwiebelkeller-Episode in der *Blechtrommel*, in der das Zwiebel-Ritual als Trauerersatz entlarvt wird. Auch Pilenz durchschaut die Verwendung von Zwiebeln, deren Geruch den omnipräsenten "Leichengeruch" verdrängen soll.[34] Schreiben wird zur Trauerarbeit, die unabschließbar zu werden droht, weil, von den isolierten Ich-Erzählern der Grass'schen Texte abgesehen, niemand bereit ist zu trauern. Schon in *Katz und Maus* heißt es deshalb in ungläubig-resigniertem Ton: "Gibt es Geschichten, die aufhören können?"[35]

In *Hundejahre* hat Grass das Vergessen der Trauer und die Schuld, die man nicht loswerden kann, wiederum in die zentrale Symbolik des Textes eingearbeitet. Mit Amsels oder Brauxels Vogelscheuchen-produktion in einem aufgegebenen Bergwerk wird die Vergangenheit und die Erinnerung, die Schuld und die Trauer unter der Erde, in der Unterwelt, konserviert und als Mahnmal im Geiste des Wirtschafts-wunders — und zugleich dieses parodierend — industriell verbreitet. Auf der anderen Seite symbolisiert der Hund, der Matern nach Kriegsende hinterherläuft, die nicht loszuwerdende Schuld. "Hundejahre" sind Jahre der versäumten Trauer, der Verdrängung und des Schweigens.

Am Ende des zweiten Buches des Romans referiert Grass eine rhetorische Verarbeitung von Schuld, die dann in späteren Texten immer wieder aufgenommen wird: die metonymische Ersetzung von Schuld durch Schulden.[36] In *Hundejahre* heißt es vom Ende des Zweiten Weltkrieges:

> Zurück bleiben Knochenberge, Massengräber, Karteikästen, Fahnenhalter, Parteibücher, Liebesbriefe, Eigenheime, Kirchen-stühle und schwer zu transportierende Klaviere.
>
> Nicht bezahlt werden: fällige Steuern, Raten für Bausparkas-sen, Mietrückstände, Rechnungen, Schulden und Schuld.
>
> Neu beginnen wollen alle mit dem Leben, mit dem Sparen, mit dem Briefeschreiben, auf Kirchenstühlen, vor Klavieren, in Karteikästen und Eigenheimen.
>
> Vergessen wollen alle die Knochenberge und Massengräber, die Fahnenhalter und Parteibücher, die Schulden und die Schuld.[37]

In dieser Passage mit ihren im Kreise laufenden Reihungen, die am Ende wieder auf die "Knochenberge und Massengräber, die Fahnenhalter und Parteibücher" zurückkommen, wird ein Zirkel der Schuld konstruiert, aus dem es kein Entkommen gibt, während gleichzeitig die Mentalität der Nachkriegsgesellschaft gespiegelt wird, die in einem linearen "Zurück bleiben...", "Nicht bezahlt werden", "Neu beginnen wollen alle...",

"Vergessen wollen alle..." die Phantasie der 'Stunde Null' beschwört, in der Schuld als Schulden abgeschrieben werden kann. Die Ersetzung von Schuld durch Schulden kehrt als rhetorische Figur wieder u.a. in *Aus dem Tagebuch einer Schnecke*, *Der Butt* und *Die Rättin*. Die Danziger Trilogie unter dem Blickwinkel der Schuld betrachtend, resümiert Grass: "Alle drei Ich-Erzähler in allen drei Büchern schreiben aus Schuld heraus: aus verdrängter Schuld, aus ironisierter Schuld, im Fall Matern aus pathetischem Schuldverlangen, einem Schuldbedürfnis heraus."[38] Diese Charakterisierung kann genauso noch für *örtlich betäubt* gelten, obwohl Grass und mit ihm eine auf bloße Inhaltsanalyse fixierte Forschung mit diesem Roman die große Wendung zu den Gegenwartsproblemen gesehen haben. Erzähltechnisch erfolgt der Neubeginn jedoch erst mit *Aus dem Tagebuch einer Schnecke*.[39] Dieser Neubeginn hat eine Vorgeschichte.

Bereits in der Rede "Schwierigkeiten eines Vaters, seinen Kindern Auschwitz zu erklären" vom Mai 1970 nimmt Grass vieles von dem vorweg, was er dann in der eingangs zitierten Frankfurter Poetik-Vorlesung vom Februar 1990 wiederum vorbringt. So versteht er schon in der früheren Rede Adornos Verdikt nicht als Verbot, sondern als "Maßstab", an dem Gedichte gemessen werden müßten.[40] Ebenso wird bereits der Gedanke formuliert, daß mit Auschwitz, zumindest "unvermeidbar unterbewußt", wie Grass sich ausdrückt, "eine neue Zeitrechnung" begonnen werden müßte, was in der Frankfurter Rede als Forderung wiederkehrt, Auschwitz als "Zäsur" zu begreifen und "unseren Begriff von menschlicher Existenz mit Ereignissen zu datieren, die vor und nach Auschwitz geschehen sind."[41] Darüber hinaus kritisiert Grass in dem frühen Text aber auch die Redeweise von "Auschwitz" selber. Die "Reduzierung der Realität Auschwitz zum zeitlichen Wendepunkt" habe zu einer "Symbolisierung" geführt, die in der bloßen "Ortsbezeichnung das Schlüsselwort für jeglichen Völkermord" gleich mitliefert.[42] Das Schlüsselwort "Auschwitz" umfaßt in seinem semantischen Gehalt also gleichzeitig zuwenig und zuviel: einerseits reduziert es die auf grauenhafte Weise komplexe Realität der Vernichtungslager — aller Vernichtungslager — auf einen bloßen Ortsnamen, der es beinahe unmöglich macht, "den alltäglichen Mechanismus" dieser Lager zu erklären, andererseits verweist der Name nur allzuleicht auf "jeglichen

Völkermord". Damit macht der Name nicht nur auf eine der zahlreichen Entlastungsstrategien aufmerksam, die eine zur Trauer unfähige oder unwillige Bevölkerung — von wenigen Ausnahmen abgesehen — unmittelbar nach dem Krieg sich zu Nutze machte,[43] sondern nimmt auch die Neuauflage dieser Strategie im "Historikerstreit" vorweg.

Gerade aus dieser zweifachen Ungenauigkeit erwachsen die "Schwierigkeiten eines Vaters, seinen Kindern Auschwitz zu erklären." Einer Nachkriegsgeneration, der Grass Geschichtsmüdigkeit bescheinigt und die er einem "neue[n] Irrationalismus" huldigen sieht,[44] gilt es Auschwitz auf eine Weise nahezubringen, die das Gegenständlich-Reale ebensowenig ausblendet wie die geschichtliche Dimension dieses durch einen Ortsnamen nur unzulänglich Bezeichneten. Die Aufzeichnungen *Aus dem Tagebuch einer Schnecke* sind der Versuch, jenen "Schwierigkeiten" beim Schreiben der Wahrheit über Auschwitz zu begegnen. Die Fragen der Kinder über die Juden und was aus ihnen wurde können nur aufgegriffen werden, indem Geschichte Geschichten erzählend anschaulich gemacht wird: "Jetzt erzähle ich euch (solange der Wahlkampf dauert und Kiesinger Kanzler ist), wie es bei mir zu Hause langsam und umständlich am hellen Tag dazu kam."[45] Wenn Grass die Geschichte der Danziger Juden ab 1933 mit dem Reisetagebuch des Wahlkampfes 1969 verbindet, dann illustriert er damit die Bedingtheit von literarischer Erinnerungsarbeit durch das Fehlen dieser Erinnerungsarbeit in der sonstigen öffentlichen Diskussion. Das zweite Kapitel des Tagebuch beginnt mit einer Ermahnung an die Kinder, bevor die Geschichte der "(laut Volkszählung vom August 1929) [...] 10448" Danziger Juden erzählt wird:

Es stimmt: Ihr seid unschuldig. Auch ich, halbwegs spät genug geboren, gelte als unbelastet. Nur wenn ich vergessen wollte, wenn ihr nicht wissen wolltet, wie es langsam dazu gekommen ist, könnten uns einsilbige Worte einholen: die Schuld und die Scham; auch sie, zwei unentwegte Schnecken, nicht aufzuhalten.[46]

Das Vergessen würde bewirken, daß Schuld und Scham die neue Generation einholen. Wie die Schwarze Köchin am Ende der *Blechtrommel* von vorne auf Oskar zukommt, so würden sich die Nachgeborenen mit einer Schuld konfrontiert sehen, die nun scheinbar erst vor ihnen liegt. Am Ende der Rede von der "Schwierigkeit eines Vaters, seinen Kindern Auschwitz zu erklären" hatte es schon kategorisch geheißen: "Auschwitz liegt nicht nur hinter uns."[47]

Im "Politischen Tagebuch", einer Serie von Kolumnen, die Grass zwischen Oktober 1970 und Juli 1972 für die *Süddeutsche Zeitung* schreibt, erscheint anläßlich der Unterzeichnung des Deutsch-Polnischen Vertrages eine Notiz, in der Grass "die zurückgewonnene Fähigkeit, betroffen zu sein" kommentiert. Der Warschau-Besuch Willy Brandts habe seine eigentliche Bedeutung erst durch ein ungeplantes, außerhalb des Protokolls liegendes Ereignis erhalten. Im Zusammenhang damit habe das Buch *Die Unfähigkeit zu trauern* "nachzuweisen versucht, mit welch beängstigendem Geschick wir, die Deutschen, Schuld verdrängt, Erkenntnis der Schuld vermieden und die Fähigkeit, Trauer zu zeigen, verlernt haben".[48] Den Kniefall Willy Brandts vor der Gedenkstätte des Aufstandes im Warschauer Ghetto wertet Grass als Zeichen eines Neubeginns: es "kam zum erstenmal an bezeichnender Stelle Trauer zu ihrem Ausdruck".[49]

Alexander und Margarete Mitscherlich hatten in ihrem 1967 erschienenen, epochemachenden Buch den psychischen Immobilismus der westdeutschen Nachkriegsgesellschaft zu analysieren versucht und waren der Frage nachgegangen, wie sich die Unfähigkeit der Westdeutschen, ihre neue Gesellschaft sozial fortschrittlich zu gestalten, erklären lasse. Das Ergebnis ihrer an Freuds Arbeiten über Metapsychologie und der in *Massenpsychologie und Ich-Analyse* (1921) entwickelten Theorie des Faschismus orientierten Untersuchung ergab, daß während des Dritten Reiches eine weitgehende narzißtische Identifikation weiter Bevölkerungsteile mit dem 'Führer' stattgefunden hatte. Nach dem Scheitern des an die Stelle des eigenen Ich-Ideals gesetzten Führers habe eine "Derealisation" stattgefunden, um die drohende Melancholie-Epidemie zu vermeiden, die durch eine nur unvollständige Abwendung von dem verlorenen Liebesobjekt und die damit einhergehende "Ich-Verarmung" gedroht habe.[50] Erst die Abwendung von der Realität habe dann die Verleugnung, Verdrängung oder Verwerfung der unmittelbaren Vergangenheit und die gleichzeitige Versenkung in der Manie des 'Wirtschaftswunders' möglich gemacht. Der Preis, den man freilich für das Vergessen der Vergangenheit zu zahlen hatte, sei der Verlust jedweder Energie gewesen, die sich außerhalb der Melancholie-Vermeidung hätte ausleben können.

Günter Grass kommentiert diese Auffassung der deutschen Mentalität auf seine Weise in der zum *Tagebuch einer Schnecke* gehörenden Rede zum Dürer-Jahr "Vom Stillstand im Fortschritt. Variationen zu Albrecht Dürers Kupferstich 'Melencolia I'." Wiederum auf Willy Brandts Warschauer Kniefall Bezug nehmend, erklärt Grass, daß Brandt dort stellvertretend "der Erkenntnis ungemilderter Schuld späten Ausdruck gegeben" habe.[51] Daran schließt sich jedoch eine Neuinterpretation der Melancholie an, die die Bedeutung des von Freud und den Mitscherlichs verwendeten Begriffes auf den Kopf stellt.[52] Für Grass wird die Melancholie zu einer Erkenntnismöglichkeit, zur Voraussetzung von "Reue" als "Utopie."[53] Als Gegengewicht und Komplement zur Utopie wirkt die Melancholie als "Schneckenprinzip" und sorgt dafür, daß gesellschaftlicher Fortschritt möglich wird, zwar mitunter quälend langsam, aber doch merkbar sich auswirkend. Während in der Unfähigkeit zu trauern die Melancholie noch im Sinne einer jeden wirklichen Fortschritt lähmenden Spätfolge der "deutsche[n] Art zu lieben"[54] verstanden wird, will Grass die Melancholie als produktives Element in den Seelenhaushalt der siebziger Jahre einführen, in denen man zwischen "Freud und Marx",[55] deren Namen metonymisch für die pathogene Melancholie und die ebenso pathologische Formen annehmende Utopie stehen, die nötige Balance finden müsse. Zwischen Melancholie und Utopie, zwischen "genormter Arbeit" am Fließband und immer mehr Freizeit, zwischen Massentourismus und der am Horizont bereits sich abzeichnenden "absoluten Beschäftigung"[56] gelte es, in einer Gesellschaft, "an deren Rändern sich Gruppen verzweifelt extrem zu verhalten" beginnen,[57] das Motto "Stillstand im Fortschritt" zu behaupten, das Grass als reformerisches Prinzip politischen Handelns während der Zeit der sozialliberalen Koalition sowohl dem utopischen und zuweilen ins Extremistische umschlagenden Drängen der 68er-Generation als auch den ein Verharren im Altgewohnten propagierenden konservativen Kreisen der Bundesrepublik entgegenhält. Die Aufbruchstimmung, die sich Anfang der siebziger Jahre bei Grass noch hält, kommt in den Schlußsätzen der Dürer-Rede zum Ausdruck: "Ich spreche für die Melancholie [...], damit sie uns nicht mehr fremd und verdächtig, damit sie uns gegenständlich ist."[58] Die Melancholie, der noch bei Alexander und Margarete Mitscherlich der pathogene Zustand einer "Unfähigkeit zu trauern" entspricht, wird bei Grass zu einer Voraussetzung der Trauer.

Was am Anfang der siebziger Jahre noch wie ein Projekt literarischen Arbeitens aussieht, wird am Ende der Dekade zunehmend fragwürdig. Erinnerungs- und Trauerarbeit werden im Werkstattgespräch mit Peter Bichsel, Uwe Johnson und Gabriele Wohmann noch in die bekannte Grass'sche Definition des Schriftstellers gekleidet: "Ein Schriftsteller ist jemand, der gegen die verstreichende Zeit schreibt."[59] Im Rückblick auf die Danziger Trilogie und die eigene literarische Produktion versucht Grass, seine Definition des Schriftstellers zu präzisieren:

> Er versucht das, was unmittelbar verrinnt, in Vergessenheit gerät, mit ästhetischen Mitteln neu zu benennen und dadurch gegen diese verstreichende Zeit anzuschreiben. [...] Ein für meine Generation sehr bezeichnendes Nachholbedürfnis, ein Sichklarwerdenwollen über das, was unsere Kindheit ausgemacht hat und was dann weiterhin in der Nachkriegszeit belastete, war wohl der Hauptantrieb für diese Form des Schreibens. Ich habe das — für mich wenigstens — vorläufig abgeschlossen.[60]

Was Grass hier also — zumindest für sich persönlich — meint abgeschlossen zu haben,[61] erweist sich wenig später als dauerhaftes Trauma. Dies klingt schon an in *Kopfgeburten oder Die Deutschen sterben aus*, wo er, in der Position des Ich-Erzählers, der mit dem Autor identisch ist, über einen kürzlich in den Feuilletons stattgefundenen Streit über die Literatur der Inneren Emigration nachdenkend schreibt:

> Sobald sich die Deutschen — Täter wie Opfer, Ankläger und Beschuldigte, die Schuldigen und die nachgeborenen Unschuldigen — in ihre Vergangenheit verbeißen, nehmen sie eingefleischte Positionen ein, wollen sie Recht behalten, Recht bekommen. Blindlings — im Irrtum noch — machen sie deutsche Vergangenheit gegenwärtig, ist wieder die Wunde offen und wird die Zeit, die verstrichene, die glättende Zeit aufgehoben. Ich nehme mich nicht aus.[62]

Obwohl Grass sich seit *Kopfgeburten* mehr jenen Problemen widmet, die mit den globalen Bedrohungen der Menschheit zusammenhängen, wie etwa dem unkontrollierbaren Bevölkerungszuwachs, dem Nord-Süd-Gefälle zwischen armen und reichen Nationen, dem Wettrüsten, oder der Umweltzerstörung,[63] holt ihn der Komplex "Auschwitz" doch immer wieder ein.[64]

Seit Anfang der achtziger Jahre häufen sich bei Grass Äußerungen, die darauf schließen lassen, daß die Schuld der Deutschen immer unbegreifbarer, unfaßbarer wird, daß sie sich jedem Versuch der 'Bewältigung' entzieht. In einer Rede auf der Gedenkveranstaltung der SPD in Frankfurt zum 50. Jahrestag von Hitlers Machtergreifung erklärt Grass, daß noch seine Kinder und Kindeskinder "beschwert, gezeichnet bleiben [...] von den Folgen dieser Machtergreifung. [...] Sie müssen mit der Teilung [...], mit ererbter, nicht zu löschender Schuld leben."[65] An gleicher Stelle formuliert Grass einen Gedanken, der dann noch oft von ihm vorgebracht werden wird: ihre Vergangenheit werde für die Deutschen etwas, das sich jeder Art von Bewältigung immer mehr entzieht und gleichzeitig etwas, das zum Sprechen gelangen will, das eine Einsicht ermöglichen kann, eine Selbsterkenntnis, ohne die dieses Volk nicht fortbestehen könne.[66] Im Gespräch mit Françoise Giroud bekräftigt Grass 1987 den ersten Aspekt noch einmal:

Wichtig bei alldem ist, daß die Deutschen — und das mag eine moralische Position sein, aber die bejahe ich — mit ihrer Schuldfrage nicht fertig geworden sind. In den fünfziger, sechziger Jahren gab es den sicher gutgemeinten Begriff der 'Bewältigung der Vergangenheit': heute zeigt sich, und das stelle ich auch bei mir fest, daß die Vergangenheit nicht zu bewältigen ist. Das 'Verbrechen Auschwitz', um es mal auf eine Formel zu bringen, ist nicht zu bewältigen. Je größer die zeitliche Distanz wird, umso unbegreiflicher, um so schrecklicher wird es.[67]

Es sei ein Verdienst der Literatur, daß die jungen Generationen an diese Schuld immer wieder erinnert wurden. Zugleich sei es Aufgabe junger deutscher Schriftsteller, sich mit der deutschen Vergangenheit auch sprachlich auseinanderzusetzen. Gegen Ende des Gesprächs kommt Grass noch einmal auf die Frage der Bewältigbarkeit zurück. Er spricht über seine eigene traumatische Konfrontation mit dem, was heute die deutsche Vergangenheit genannt wird:

Ich wurde — als Siebzehn-, Achtzehnjähriger — unausweichlich mit dem konfrontiert, was mit Deutschland verbunden ist, mit dem unermeßlichen Verbrechen, das nicht zu bewältigen ist. Und es begann die Scham über das, was geschehen ist, und ich weiß, daß das mein Leben bis zum Ende bestimmen wird. Zumal die Dimension dieses Verbrechens — für das ich hier nur den Namen Auschwitz nennen will — und all dessen, was dazugehört, mit verstreichender Zeit nicht kleiner wird. Es wird immer unbegreiflicher, unfaßbar und darf deshalb auch nicht verdrängt werden.[68]

Es ließen sich noch mehr Belege dafür anführen, daß für Grass die Schuld und die Scham immer größer werden.[69] Diese Diagnose muß im Kontext der verstreichenden Zeit und der Vergangenheit, die nicht vergehen will, gelesen werden. Der 1986 beginnende Historikerstreit war für Grass ein weiterer Anlaß, den Umgang der Deutschen mit ihrer Vergangenheit skeptisch zu beurteilen. Die Auseinandersetzung um die Einzigartigkeit des von Deutschen verübten Völkermords ist nur eines in einer Reihe von Symptomen, die durch die Verweigerung einer Auseinandersetzung mit der Schuld entstanden sind. Im gleichen Jahr 1987 erschienen zwei Erklärungsversuche, mit denen auf dieses Problem reagiert wurde. Margarete Mitscherlich veröffentlichte mit *Erinnerungsarbeit — Zur Psychoanalyse der Unfähigkeit zu trauern* eine "Fortschreibung"[70] des mittlerweile zum Klassiker gewordenen Buches von 1967 unter dem Motto: "Die Diagnose gilt noch."[71] Ralph Giordano prägte den Begriff der "zweiten Schuld", die entstanden sei aus der Unfähigkeit, die erste anzuerkennen. Diese neue Schuld sei bereits mit der "Verdrängung und Verleugnung der ersten nach 1945", also unmittelbar nach Kriegsende, entstanden.[72] Die Opfer der zweiten Schuld seien vornehmlich die Söhne, Töchter und Enkel, denn auf diese komme zu, was von den Älteren versäumt worden sei, die Aufarbeitung der Schuld.[73]

Grass denkt in ähnlichen Bahnen. In einer Rede zum 40. Jahrestag der deutschen Kapitulation versucht er zu "bilanzieren", was von Deutschen nach dem Krieg alles geleistet worden sei und fügt dann hinzu: "Und doch schlägt bei allem Bemühen das Ungenügen durch. Es ist, als hinge den Deutschen der Fluch ihrer Opfer an. Alttestamentlich bis ins dritte, vierte, ins siebte Glied: was wir auch tun, der Makel bleibt."[74] Es setzt sich etwas fort, was bereits in den erzählerischen Texten der achtziger Jahre immer wieder angesprochen worden war: die Metaphorisierung der Schuld in Schulden, anschließend die Übertragung der Schulden auf die jüngere Generation und schließlich die Einsicht, daß die Schuld als Schulden nie zurückgezahlt werden kann.[75]

In diesem Zusammenhang müssen auch die 1990 beginnenden Auseinandersetzungen um die deutsche Nachkriegsliteratur und Grass' Einstellung zur deutschen Vereinigung gelesen werden. Für Grass sind die Bemühungen der Schirrmacher, Greiner und Bohrer nichts anderes als der Versuch, der Literatur eine "Stunde Null" zu bereiten, was hinausliefe auf das Diktum "Weg mit der Nachkriegsliteratur!"[76] Der "Prozeß", den man Christa Wolf, "stellvertretend für viele", gemacht habe, diene dazu, die Nachkriegsliteratur zu diskreditieren, da man an der Auseinandersetzung mit Inhalten nicht mehr interessiert sei. Nach der Vereinigung komme es darauf an, die Erinnerung an die Vergangenheit, für die ja die deutsche Nachkriegsliteratur stellvertretend stand,[77] unter den Tisch zu kehren.

Damit ist der zweite Aspekt dieser Frage angesprochen. Die deutsche Vereinigung wird von den Psychologen Michael Lukas Moeller und Hans-Joachim Maaz in ihrem deutsch-deutschen Zwiegespräch als möglicher Anlaß zum Entstehen einer 'dritten Schuld' gesehen. Sie bestehe darin, die Vereinigung und den durch sie wieder möglich gewordenen und auch tatsächlich aufkommenden Nationalismus als Gelegenheit wahrzunehmen, die Schuld endgültig abzuschreiben. Die Spaltung Deutschlands hatte es noch ermöglicht, die "eigene Schuld durch gegenseitige Projektionen abwehren zu können".[78] Die Westdeutschen hätten die Vereinigung nicht zuletzt auch deshalb abgelehnt, weil sie dadurch ihre Schuldprojektionen beibehalten konnten. Die Vereinigung werfe die Deutschen jedoch auf ihre "gesamtdeutsche Schuld" zurück und mache es erst jetzt — in der dritten Generation — möglich, "unter Umständen die Angst, die Scham und die Schuldgefühle" auf sich zu nehmen.[79]

Grass dreht das Argument um. Er läßt nur die negative Seite gelten: mit der Vereinigung werde "die Wunde Deutschland" geschlossen, es werde die letzte Erinnerung an Auschwitz gelöscht, die Projektionen gehen weiter, wenn auch nur in einer Richtung. Jetzt wird die Aus-

wertung oder Ausbeutung der Stasi-Akten dazu verwendet, die eigene
schuldhafte Vergangenheit zu vergessen. Im Gespräch mit Regine
Hildebrandt sagt Grass dazu: "Jetzt können wir das, was wir in den
fünfziger Jahren versäumt haben, auf dem Rücken der übriggebliebenen
fünfzehn Millionen noch einmal durchexerzieren, damit es besser
gemacht wird. Das lenkt kolossal ab."[80] Die Einstellung von Grass zur
deutschen Vereinigung, die von vielen, wenn nicht als irrational, so doch
zumindest als realitätsfern eingeschätzt wurde, hat in seinem Bestehen auf
Erinnerungs- und Trauerarbeit ihre Grundlage.

Im Sonett "Novemberland", das der gleichnamigen 1993 ver-
öffentlichten Sammlung auch den Titel gibt, heißt es in den letzten
beiden Zeilen, nachdem die Terzette die Novembertoten der deutschen
Geschichte aufgerufen haben: "Nicht abgebucht noch steuerfrei ist der
Gewinn / aus Schuldenlast, für die ich haftbar bin."[81] In nur zwei
Zeilen wird die These der Mitscherlichs zusammengefaßt und aktuali-
siert. Der "Gewinn aus Schuldenlast" ist natürlich nichts anderes als der
Ertrag jenes sogenannten "Wirtschaftswunders", das ein zeitweiliges
Vergessen der durch deutsche November verursachten Schuld ermöglicht
hat. Die neunziger Jahre sind der Zeitraum, in dem diese Gewinne einer
jüngeren Generation vererbt werden — ein Zeitungsbericht spricht von
einem Vermögen von schätzungsweise 1,3 Billionen Mark, das von der
Erbengeneration übernommen werden wird.[82] Grass ist sich dieser
Tatsache bewußt, wie eine Bemerkung im Gespräch mit Regine
Hildebrandt beweist.[83] Was jedoch zugleich mit den Vermögen vererbt
wird, sind die Schulden oder die Schuld. Die Übernahme der Schuld
durch die dritte Generation, die Generation der Enkel (der Täter), ist
jedoch gefährdet.[84] In einem Gedicht über die No-future-Generation der
achtziger Jahre aus der *Rättin* hieß es: "Söhne, biblisch oder sonstwie
versorgte / entlaufen früh. / Niemand will mehr den sterbenden Vater
erleben, / den Segen abwarten, Schuld auf sich nehmen."[85] Wenn die
Kinder oder Enkel die Schuld der Eltern oder Großeltern nicht mehr auf
sich nehmen wollen, fängt die 'dritte Schuld' an, jene Effekte zu
produzieren, an die wir uns seit Rostock und Solingen schon zu
gewöhnen beginnen.

Eine Theorie dieser Effekte haben die beiden französischen Analyti-
ker Nicolas Abraham und Maria Torok bereits Mitte der siebziger Jahre

vorgelegt. Wenn eine Schuld der Großeltern als mit Schande bedeckte Vergangenheit verschwiegen wird, kann es in der Generation der Enkel zu unbewußten Identifikationen mit den Schuldigen, deren Geheimnisse tabuisiert wurden, kommen. Diese Schuldigen kehren dann als "Phantome" wieder, die eine Generation überspringen und in den Enkeln eine geisterhafte Existenz führen.[86] Die Andeutung einer intuitiven Einsicht in diese Mechanismen lassen sich bei Grass nicht verkennen. Als zeitgemäße Alternative zur oder Weiterentwicklung der Theorie von Margarete und Alexander Mitscherlich muß Abraham und Toroks Modell in jede heutige Auseinandersetzung mit deutscher Schuld und ihrer Gegenwärtigkeit einbezogen werden. Die Texte von Grass sind geeignetes Material, jene Phantom-Effekte zu untersuchen. Grass gehört, wie er selber immer wieder aufs neue betont, einer Generation an, die zu jung war, um schuldig zu werden und zu alt, um unschuldig zu sein. Er spricht aus einer Position zwischen den Generationen der Schuldigen und der Unschuldigen und bleibt dieser Position verhaftet. Die in den Texten seit den achtziger Jahren immer öfter zu beobachtende Betonung der Scham gegenüber der Schuld ist ein Reflex dieses Zusammenhangs. Denn Scham ist das Gefühl, an einer Verantwortung zu tragen, ohne direkt schuldig geworden zu sein. Die Scham stellt sich ein, wenn die Untaten anderer als Vorwurf vor dem eigenen Gewissen erscheinen. Die anderen sind hier zunächst und vor allem die Angehörigen der Väter- und Müttergeneration — die Grass signifikanterweise in *Schreiben nach Auschwitz* noch aus dem Spiel lassen möchte.[87] Grass findet ähnliche Schuld- und Schamkonstellationen aber auch in den Mythen des indischen Subkontinents und in der neueren Geschichte dieses Teils der Welt. Die in *Zunge zeigen*, dem 1988 veröffentlichen Reisebericht, niedergeschriebenen Erfahrungen sind schließlich deshalb so relevant für Grass, weil er ständig auf Parallelen zur europäischen Geschichte des zwanzigsten Jarhrhunderts stößt. Scham zu fühlen und zu demonstrieren, so wie es die indische Göttin Kali vormacht, ist das Gebot der Stunde für die Nachkriegsgenerationen. Die schwarze Göttin ist die Nachfolgerin der Schwarzen Köchin.

Betrachtet man das Werk von Günter Grass, dann lassen sich vier textuelle Strategien zur Repräsentation von Schuld unterscheiden: Eine erste Strategie unternimmt den Versuch, die Schuld in die Erzählstruktur einzubetten und das Erzählen durch das Schuldbewußtsein des Ich-Erzählers zu motivieren; dazu gehören die Texte von der Danziger Trilogie bis zu *örtlich betäubt*. Ein zweiter Ansatz versucht, die geschichtliche Aufarbeitung von Schuld am konkreten Fall zu demonstrieren; hierzu lassen sich die Texte von der Danziger Trilogie bis einschließlich *Aus dem Tagebuch einer Schnecke* rechnen. Eine dritte erzählerische Strategie macht sich die Metaphorisierung der Schuld zunutze. Diese Technik findet sich in *Der Butt* und *Die Rättin*, aber auch schon in *Die Blechtrommel* und *Hundejahre*. Aus dieser Anordnung wird ersichtlich, daß die drei genannten Verfahren nicht chronologisch aufeinander folgen, sondern in verschiedenen Stadien des Erzählprojekts verwendet werden. Davon abgesetzt werden muß eine Haltung, die sich seit dem Ende der siebziger Jahre bei Grass immer mehr durchsetzt. Nach dieser Auffassung ist die Schuld nicht mehr faßbar, das Vor-Geworfene kann nicht mehr zum Gegenstand eines auf Verstehen oder Erklären abzielenden Prozesses gemacht werden.[88] Das bedeutet jedoch nicht, daß die Schuld sich der Repräsentation entzieht. Von seinen lyrischen Anfängen bis in das erzählerische Spätwerk versucht Grass, das Problem der Schuld sprachlich zu gestalten und so einer Mission als Schriftsteller gerecht zu werden, die aus der deutschen Nachkriegsliteratur nicht weggedacht werden kann.

Die Erzählung *Unkenrufe* von 1992 handelt vom deutsch-polnischen Verhältnis und vom Verschwinden der Chance, von der Vergangenheit zu lernen. Die Figuren lassen sich einteilen in jene, die bereit sind, Trauerarbeit zu leisten (Alexander Reschke, Alexandra Piatkowska, Erna Brakup, Jerzy Wróbel) und diejenigen, die wieder einmal die schuldhafte Vergangenheit vergessen und ein neues Wirtschaftswunder — diesmal in Polen — inszenieren wollen. Dies zeigt, daß Grass bei der theoretischen Durchdringung des Schuldproblems — bestenfalls — auf der Stufe der von den Mitscherlichs entwickelten Einsichten stehenbleibt. Diese Einsichten waren von hoher Aussagekraft für die Generation der unmittelbaren Täter und Opfer. Mit dem Heranwachsen neuer Generationen verlieren diese Aussagen jedoch immer mehr an Erklärungskraft. Die Hervorhebung der Scham zeigt, daß Grass zwar den Wechsel der Generationen als entscheidend für den Umgang mit der Schuld erkannt hat, jedoch über kein fortgeschrittenes theoretisches Konzept zur

Erklärung von Symptomen verfügt, die nicht mehr durch das Miterleben der Nazi-Herrschaft determiniert sind. Dies belegt auch die folgende Äußerung vom Sommer 1994: "Ja, ich meine eben, daß Auschwitz als die Verkürzung des Völkermordes, als Name, Begriff zu uns gehört, zur nachgeborenen Generation zwar nicht mehr im Sinn von unmittelbarer Schuld, aber doch von anhaltender Verantwortung; das meine ich damit, wenn ich sage, die Verantwortung für dieses Verbrechen gehört zur Nation."[89] Dem Phänomen des Neo-Nazismus oder rechtsextremer Gewalt von Jugendlichen in den achtziger und neunziger Jahren gegenüber muß jemand, der eine solche Position vertritt, hilflos bleiben. Damit ist weder gesagt, daß nur eine Theorie des Phantoms allein den Neo-Nazismus erklären — oder gar abschaffen — kann, noch, daß uns Grass nichts mehr zu sagen hätte. Seine Texte gehören aber in den historischen Kontext der Nachkriegszeit, in der sie dazu beigetragen haben, daß jenes deutsche Problem aus dem Bewußtsein der Zeitgenossen nicht gänzlich verdrängt werden konnte und so "gegenwärtig" blieb. Wenn uns heute trotzdem die Phantom-Effekte einer vergessenen Schuld einholen, kann man dies Grass nicht zum Vorwurf machen, es verweist lediglich auf die Tatsache, daß der Umgang mit deutscher Schuld in den neunziger Jahren mit in jeder Hinsicht geänderten Prämissen rechnen muß.

Will man Grass' Schuldbegriff abschließend charakterisieren, so läßt sich feststellen, daß vieles auf die von Jaspers unterschiedenen Kategorien der moralischen und der metaphysischen Schuld verweist. Gegen die eskapistischen Tendenzen dieser Denkweise spricht jedoch die Verwurzelung von Grass' Ästhetik im Gegenständlichen sowie sein zu bestimmten Zeiten wiederkehrendes direktes politisches Engagement. Am ehesten scheint mir der sich in den Texten von Grass herauskristallisierende Schuldbegriff dem zu entsprechen, was Hannah Arendt am Ende ihres Essays "Organisierte Schuld" bereits im November 1944 geschrieben hatte.[90] Der kurze Text ist ein Appell, die trotz der von den Nazis organisierten "totalen Komplizität des deutschen Volkes"[91] bestehenden Unterschiede hinsichtlich der Schuld nicht zu verwischen. Hannah Arendt nimmt auf gewisse Weise den von ihrem Lehrer Karl Jaspers unterschiedenen Begriff der metaphysischen Schuld voraus, wenn sie von einer in der Idee der Menschheit liegenden "Gesamtverantwortlichkeit"[92] spricht, die alles Handeln umfaßt. Je größer die Untaten der Menschheit werden, desto mehr wächst diese Verantwortung. Das immer größer werdende Unbehagen dieser Verantwortlichkeit gegenüber führt dazu, daß die Idee und das Ideal der Menschheit als Ganzes immer mehr in Vergessenheit gerät. Das Festhalten an diesem Ideal ist aber für Arendt das einzige, was die Wiederholung des Holocaust verhindern kann. Nur ein politisches Denken, das die Vorstellung von der Superiorität einzelner Völker oder Rassen aufgegeben hat, kann garantieren, daß die Nazis nicht nur ein Vorspiel von dem geliefert haben, was noch kommen könnte. Im Unterschied zu Jaspers, der die Kategorien des Politischen und des Metaphysischen voneinander trennt, versucht Arendt, die metaphysisch verstandene Verantwortung für das Tun des Menschen als Basis für politisches Handeln zu verstehen. Die bei Grass so schwer zu fassende Bedeutung der Schuld, die durch das Oszillieren zwischen einer religiös-transzendenten Auffassung und einer Verankerung derselben Schuld in geschichtlich-konkreten Umständen zustande kommt,[93] läßt sich mit einem Rückgriff auf Arendts Sichtweise angemessener verstehen.

Für Hannah Arendt liegt es in der Natur der Sache, daß nur wenige bereit sind, an der Idee der Menschheit als Ganzem festzuhalten und die Verantworung auf sich zu nehmen. Eine besondere Rolle spielt hierbei eine universell verstandene Scham: "Die Scham, daß man ein Mensch ist, ist der noch ganz individuelle und unpolitische Ausdruck für diese Einsicht."[94] Günter Grass gehört zu jenen, die den Weg von der Schuld zur Scham gegangen sind und damit jene Stufe erreicht haben, die eine Voraussetzung zu einem angemessenen Umgang mit der Vergangenheit bildet. Von diesen Menschen schreibt Arendt:

> Sie werden sich vermutlich nicht sehr gut zu Funktionären der Rache eignen. Eines aber ist sicher: auf sie und nur auf sie, die eine genuine Angst vor der notwendigen Verantwortung des Menschengeschlechts haben, wird Verlaß sein, wenn es darum geht, gegen das ungeheure Übel, das Menschen anrichten können, furchtlos und kompromißlos und überall zu kämpfen.[95]

Anmerkungen

1 *Duden Etymologie. Herkunftswörterbuch der deutschen Sprache.* Mannheim, Wien, Zürich ²1989, S. 551.
2 Günter Grass: *Schreiben nach Auschwitz. Frankfurter Poetik-Vorlesung.* Frankfurt a. M. 1990, S. 8.
3 Ebd., S. 9.
4 Ebd., S. 30.
5 Ebd., S. 15.
6 Ebd., S. 14.
7 Ebd., S. 16f.
8 Ebd., S. 42.
9 Ebd., S. 42.
10 Vgl. dazu Volker Neuhaus: *Günter Grass.* Stuttgart ²1992, S. 130f.: "Grass' gesamtes Werk setzt sich mit Schuld, Bekennen von Schuld, Benennen und Aussprechen von Schuld auseinander: gegenüber Juden und Polen, gegenüber Frauen, gegenüber der Dritten Welt, gegenüber der uns beherbergenden Erde. Zweck solchen Benennens und Bekennens aber kann nur 'Buße' im biblischen Sinne von Umkehr, Umdenken sein, damit dieselben Verbrechen nicht endlos wiederholt werden." In dieser Lesart erscheint Schuld vornehmlich als religiöse Größe, d.h. als etwas, das die Kategorien des Transzendenten und des Lebensweltlichen zusammenbindet. Neuhaus schreibt dazu in einer Interpretation des Gedichts "Meissner Tedeum": "Grass drückt immer wieder seine Sorge aus, daß die billige Gnade die für ihn unerbittliche, todernste Kategorie der Schuld zum Verschwinden bringen könnte. Das Bewußtsein der Schuld aber ist für ihn — wie in der christlichen Lehre — die Voraussetzung der Buße im griechischen Wortsinn: Metanoeite! Denkt um! Ändert euren Sinn! — allerdings von Grass im Sinne einer irdischen Lernfähigkeit verstanden, die bei fehlendem oder zu schnell schwindendem Sündenbewußtsein gar nicht erst zustande kommt." Schuld und Buße sind somit die zwei Seiten einer Wendung, die im Bewußtsein des Bußfertigen beginnt und von da aus praktische Wirkungen zeitigt. Vgl. Volker Neuhaus: "Das Meißner Tedeum — Günter Grass als Koautor eines liturgischen Textes." In: *Architectura Poetica. Festschrift für Johannes Rathofer zum 65. Geburtstag.* Hrsg. von Ulrich Ernst und Bernhard Sowinski, Köln, Wien 1990, S. 495. Für Grass, der laut

eigener Aussage "kein gläubiger und kein praktizierender Christ" ist (vgl. Heinz Ludwig Arnold: "Gespräche mit Günter Grass." In: *Text + Kritik*. Heft 1/1a. *Günter Grass*. München [5]1978, S. 9), stellt das Christentum eine Utopie dar, die immer noch als Reservoir für moralische Maßstäbe dienen kann.

11 Karl Jaspers: *Die Schuldfrage. Zur politischen Haftung Deutschlands.* München, Zürich 1987, S. 7.

12 Ebd., S. 17f.

13 Ebd., S. 50.

14 Darauf hat auch Volker Neuhaus hingewiesen, vgl. ders.: "Das christliche Erbe bei Günter Grass." In: *Günter Grass. Text und Kritik*. Heft 1, München [6]1988, S. 108-119. Im Zusammenhang der Diskussion um ein mögliches deutsches Nationalbewußtsein schreibt Gertrude Cepl-Kaufmann: "Es würde zwar zu weit gehen, bei Grass eine katholisch geprägte verinnerlichte Erbsünde-Mentalität zu konstatieren, aber zumindest die Vorstellung kollektive verhaltensbestimmender Erfahrungen, die als historische Schuld unauslöschlich sind, wird man sehen dürfen."

15 Ebd., S. 53.

16 Jürgen Habermas: "Vom öffentlichen Gebrauch der Historie. Das offizielle Selbstverständnis der Bundesrepublik bricht auf." Zuerst in: *Die Zeit*, 7. November 1986, hier zitiert aus: *"Historikerstreit". Die Dokumentation der Kontroverse um die Einzigartigkeit der nationalsozialistischen Judenvernichtung*. München 1987, S. 247.

17 Theodor W. Adorno: "Was bedeutet: Aufarbeitung der Vergangenheit." In: Ders.: *Erziehung zur Mündigkeit*. Frankfurt a. M. 1971, S. 28.

18 Norbert Elias: "Gedanken über die Bundesrepublik." Eine erste Fassung erschien in: *Merkur*, 1985, S. 733-755. Hier wird aus der ungekürzten Fassung zitiert: Norbert Elias: *Studien über die Deutschen. Machtkämpfe und Habitusentwicklung im 19. und 20. Jahrhundert*. Frankfurt a. M. [3]1990, S. 543.

19 Ebd., S. 547.

20 Ebd., S. 549.

21 Vgl. Ernst Nolte: "Vergangenheit, die nicht vergehen will." In: *Historikerstreit* (Anm. 16), S. 39-47.

22 Arnold: "Gespräche mit Günter Grass" (Anm. 10), S. 7.

23 Als Beispiel dafür nennt Grass die "Identitätsprobleme", die etwa bei
    Max Frisch eine so zentrale Stelle einnehmen. Vgl. Arnold:
    "Gespräche mit Günter Grass" (Anm. 10), S. 11.
24 Über Rituale, mit denen man nach dem Krieg die Schuld vergessen
    wollte, informiert die vom Frankfurter Institut für Sozialforschung
    durchgeführte Studie *Schuld und Abwehr. Eine qualitative Analyse
    zum Gruppenexperiment.* Vgl. Theodor W. Adorno: *Gesammelte
    Schriften.* Frankfurt a. M. 1975, IX/2, S. 121-324.
25 Günter Grass: *Die Blechtrommel.* In: *Werkausgabe in zehn Bänden.*
    Hrsg. von Volker Neuhaus, Darmstadt und Neuwied 1987, II, S. 7.
    Im folgenden zitiert als WA unter Angabe von Band- und Seitenzahl.
26 Ebd., WA II, S. 7.
27 Ebd., WA II, S. 7f.
28 Worin Oskars Schuld eigentlich besteht, wird von Volker Neuhaus
    diskutiert, vgl. V.N.: *Günter Grass* (Anm. 10),   S. 59f. und
    ausführlicher ders.: *Die Blechtrommel.* München ³1992.
29 Grass: *Die Blechtrommel*, WA II, S. 8.
30 Neuhaus: *Günter Grass* (Anm. 10), S. 59.
31 Grass: *Katz und Maus*, WA III, S. 7.
32 Ebd., WA III, S. 81.
33 Ebd., WA III, S. 84.
34 Ebd., WA III, S. 95.
35 Ebd., WA III, S. 106.
36 An anderer Stelle habe ich diesen Mechanismus bereits aufführlicher
    gewürdigt. Vgl. Thomas W. Kniesche: *Die Genealogie der Post--
    Apokalypse. Günter Grass' "Die Rättin".* Wien 1991, S. 90-93.
37 Grass: *Hundejahre*, WA III, S. 574f.
38 Arnold: "Gespräche mit Günter Grass" (Anm. 10), S. 10f.
39 Vgl. Volker Neuhaus: "Ich, das bin ich jederzeit. Grass' Variation
    der Ich-Erzählung in den siebziger Jahren." In: *Zeitschrift für
    Kulturaustausch*, 1984, S. 179-185.
40 Grass: "Schwierigkeiten eines Vaters, seinen Kindern Auschwitz zu
    erklären", WA IX, S. 458.
41 Grass: *Schreiben nach Auschwitz* (Anm. 2), S. 10.
42 Grass: "Schwierigkeiten eines Vaters", WA IX, S. 459.
43 Vgl. dazu Jost Hermand: *Kultur im Wiederaufbau. Die Bundesrepub-
    lik Deutschland 1945-1965.* München 1986, S. 42-88 oder Hermann
    Glaser: *Die Kulturgeschichte der Bundesrepublik Deutschland.* Band

1: *Zwischen Kapitulation und Währungsreform 1945-1948.* Frankfurt
a. M. 1990, S. 91ff.

44 Grass: "Schwierigkeiten eines Vaters", WA IX, S. 460.44

45 Grass: *Aus dem Tagebuch einer Schnecke.* WA IV, S. 274.

46 Ebd., WA IV, S. 275.

47 Grass: "Schwierigkeiten eines Vaters", WA IX, S. 461.

48 Grass: "Politisches Tagebuch. Betroffen sein", WA IX, S. 488.

49 Ebd.

50 Alexander und Margarete Mitscherlich: *Die Unfähigkeit zu trauern.*
Grundlagen kollektiven Verhaltens. München, Zürich 1977, S. 79.

51 Grass: *Aus dem Tagebuch einer Schnecke*, WA IV, S. 560.

52 Es mag sich hier die Frage aufdrängen, ob Grass die psychoanalyti-
sche Definition der Melancholie rezipiert habe. Dem lassen sich die
folgenden Sätze aus der Rede "Vom Stillstand im Fortschritt.
Variationen zu Albrecht Dürers Kupferstich 'Melencolia I'" entge-
genhalten: "Den depressiven Zuständen im Krankheitsbild des
endogenen Melancholikers entsprechen euphorische Phasen; wie ja
auch im Normalfall reaktiver Melancholie utopische Ideenflucht ihre
Umkehr im Zustand der Verengung findet." Wenig später setzt Grass
diesen Gedanken fort und sich gleichzeitig von der psychoanalyti-
schen Lesart der Melancholie als Pathologie ab. Dürers "Melencolia
I" betrachtend, konstatiert Grass: "Ist sie krank? Ich sage, sie verhält
sich normal und ihrem Zustand, der ein gesellschaftlicher ist,
entsprechend. Deshalb kann hier nicht die Rede sein von Neurosen.
Mein Anlaß: Dürers Kupferstich bildet keine manisch-depressive,
sondern den Zustand reaktiver Melancholie zur Zeit des Humanismus
ab." Vgl. Grass: *Aus dem Tagebuch einer Schnecke*, WA IV, S. 554
und 554f.

53 Ebd., S. 560.

54 Alexander und Margarete Mitscherlich: *Die Unfähigkeit zu trauern*,
a.a.O. (Anm. 50), S. 13.

55 Grass: *Aus dem Tagebuch einer Schnecke*, WA IV, S. 545.

56 Ebd., WA IV, S. 547f.

57 Ebd., WA IV, S. 545.

58 Ebd., WA IV, S. 567.

59 "Wie ein Roman entsteht." In: *Literarische Werkstatt.* Hrsg. von
Gertrud Simmerding und Christof Schmid, München 1972, S. 63.

60 Ebd., S. 68.

61 Grass: *Schreiben nach Auschwitz* (Anm. 2), S. 32.

62 Grass: *Kopfgeburten oder Die Deutschen sterben aus*, WA VI, S. 151.

63 Grass: *Schreiben nach Auschwitz* (Anm. 2), S. 39.

64 In der Frankfurter Poetik-Vorlesung heißt es etwa schon über den *Butt* zunächst im Ton des Zeifelns: "Hat dieses Buch mit meinem Thema 'Schreiben nach Auschwitz' zu tun?" Dann wird jedoch am Beispiel des Gedichts "Am Ende" gezeigt, daß das zentrale Thema des Romans, die Zerstörungen, die männliches Denken in der Geschichte angerichtet haben, auch Auschwitz mit zu verantworten haben. Das Gedicht macht dies anhand der Reihung von "Endziel," "Endsieg," "Endlösung" deutlich, die das zwanghafte männliche Denken auf ein Ende hin bezeichnen.

65 Grass: "Vom Recht auf Widerstand", WA IX, S. 836.

66 Ebd., S. 837.

67 Françoise Giroud, Günter Grass: *Wenn wir von Europa sprechen. Ein Dialog*. Frankfurt a. M. 1989, S. 26.

68 Ebd., S. 180.

69 So etwa in "Scham und Schande. Zum 50. Jahrestag des Kriegsausbruchs." Dort erklärt er kategorisch, "daß die von Deutschen geplante und vollzogene Ermordung von sechs Millionen Juden, daß diese Verbrechen [...] nicht zu bewältigen sind." Vgl. Günter Grass: *Deutscher Lastenausgleich*. Frankfurt a. M. 1990, S. 31. In einem Gespräch mit Andrzej Szczypiorski bekennt Grass: "Und ich muß sagen, daß mit zunehmendem Alter das Entsetzen darüber nicht kleiner, für mich eigentlich immer unfaßbarer wird. Auch ich habe geglaubt, wenn man nur offen darüber spricht, darüber nachdenkt, können wir unsere Vergangenheit bewältigen. Heute weiß ich, daß diese Verbrechen nicht zu bewältigen sind. Auschwitz sprengt jede Dimension. Es ist nicht faßbar, wie in einem aufgeklärten Land ein derart organisiertes Verbrechen, das weit über ein spontanes Pogrom hinausging, möglich wurde, verdrängt werden konnte und auch heute noch von vielen geleugnet wird." Vgl. *Die Zeit*, overseas edition, 15. Sept. 1989, S.15f.

70 Margarete Mitscherlich: *Erinnerungsarbeit. Zur Psychoanalyse der Unfähigkeit zu trauern*. Frankfurt a. M. 1988, S. 14.

71 Ebd., S. 7.

72 Ralph Giordano: *Die zweite Schuld oder Von der Last Deutscher zu sein*. Hamburg 1987, S. 11.

73 Ebd., S. 21.

74   Grass: "Geschenkte Freiheit. Rede zum 8. Mai 1945", WA IX, S. 903.

75   Kniesche: *Die Genealogie der Post-Apokalypse*, a.a.O. (Anm. 36), S. 93f.

76   Vgl.: "Aufhören, auf leere Hoffnung zu setzen. Gespräch mit Günter Grass." In: *neue deutsche literatur* 477, 1992, S. 23.

77   Vgl. dazu: Jochen Vogt: *"Erinnerung ist unsere Aufgabe." Über Literatur, Moral und Politik 1945-1990.* Opladen 1991, bes. S. 173-187.

78   Michael Lukas Moeller, Hans-Joachim Maaz: *Die Einheit beginnt zu zweit. Ein deutch-deutsches Zwiegespräch.* Berlin 1991, S. 131.

79   Ebd., S. 130. Vgl. dazu auch die Beiträge in: *Erinnern, Wiederholen, Durcharbeiten. Zur Psycho-Analyse deutscher Wenden.* Hrsg. von Brigitte Rauschenbach, Berlin 1992.

80   Günter Grass, Regine Hildebrandt: *Schaden begrenzen oder auf die Füße treten. Ein Gespräch.* Berlin 1993, S. 43.

81   Günter Grass: *Novemberland.* Göttingen 1993, S. 9.

82   "Der Billionen-Segen." In: *Die Zeit*, overseas-edition, 26. August 1994, S. 9.

83   Im Zusammenhang mit dem Solidarpakt und einer möglichen Erhöhung der Erbschaftssteuer merkt Grass an, daß "mittlerweile Riesenvermögen vererbt" werden. Vgl. Günter Grass, Regine Hildebrandt: *Schaden begrenzen* (Anm. 80), S. 47. In *Unkenrufe* wird das zentrale Motiv des Textes, die Korrumpierung der Idee von den Versöhnungsfriedhöfen durch das marktwirtschaftliche Denken, direkt in einen Zusammenhang mit dem Wohlstand der "Enkel und Urenkel" gebracht. Diese hätten es zu Wohlstand gebracht, der ihnen "zugewachsen oder dank Erbschaft zugefallen war" (233).

84   Vgl. dazu auch: Thomas W. Kniesche: "Schuldenmanagement, Urszene und Rattengeschichten. Nietzsche, Freud und die Apokalypse." In: *Deutsche Vierteljahresschrift für Literaturwissenschaft und Geistesgeschichte*, 67, 1993, S. 541-564, hier: 557.

85   Günter Grass: *Die Rättin*, WA VII, S. 373.

86   Der Übersetzer und Herausgeber der englischen Ausgabe von Abrahams und Toroks Texten, Nicholas T. Rand, macht darauf aufmerksam, daß die Machenschaften der Neo-Nazis in den achtziger und neunziger Jahren in Deutschland sich auf Phantom-Effekte zurückführen lassen. Vgl. Nicolas Abraham and Maria Torok: *The*

Shell and the Kernel: Renewals of Psychoanalysis. Hrsg. von Nicholas T. Rand, Chicago 1994, S. 169.

87 Grass: *Schreiben nach Auschwitz* (Anm. 2), S. 8: "— von unseren Vätern und Müttern sei hier nicht die Rede —".

88 In seiner Rede zur Eröffnung der Ausstellung "Überleben und Widerstehen. Zeichnungen von Häftlingen des Konzentrationslagers Auschwitz 1940-1946" aus dem Jahre 1979 kommt Martin Walser zum gleichen Ergebnis: "Auschwitz ist nicht zu bewältigen." Vgl. M. W.: "Auschwitz und kein Ende." In: Ders.: *Über Deutschland reden.* Frankfurt a. M. 1988, S. 27. Obwohl es diese Übereinstimmung gibt, bestehen grundsätzliche Unterschiede bei beiden Autoren hinsichtlich der Bewertung der deutschen Schuld, was sich besonders deutlich in der Bewertung der deutschen Frage niedergeschlagen hat. In "Über Deutschland reden (Ein Bericht)" hat Walser unmißverständlich seine Position in Abgrenzung gegen Grass und Habermas dargelegt: Weder die "Abfindungsform Kulturnation" noch der aus dem "Abfindungslabor" stammende "Verfassungspatriotismus" können ein vereintes Deutschland auf Dauer ersetzen. Vgl. *Über Deutschland reden*, S. 90 und 98.

89 "Dieser fatale Widerspruch von Geist und Macht. Über Neo-Faschismus, Solidarität, Reformanstöße, den Begriff der Nation und die Rolle der Intellektuellen/ Günter Grass und Oskar Negt im Gespräch." *Frankfurter Rundschau*, 1. August 1994, S. 12.

90 Hannah Arendt: "Organisierte Schuld." In: Dies.: *Sechs Essays.* Heidelberg 1948, S. 22-47.

91 Ebd., S. 34.

92 Ebd., S. 46.

93 Ein gutes Beispiel dafür ist die Erzählung *Katz und Maus*, in der die Schuld des Erzählers Pilenz zum einen durch das "mea culpa" umschrieben wird, andererseits aber die Schuld sowohl von Mahlke als auch von Pilenz in ihrer Komplizenschaft mit den herrschenden Mächten liegt.

94 Arendt: "Organisierte Schuld" (Anm. 90), S. 47.

95 Ebd., S. 47.

The monograph series GERMAN LIFE AND CIVILIZATION provides contributions to a critical understanding of Central European cultural history from medieval times to the present. Culture is here defined in the broadest sense, comprising expressions of high culture in such areas as literature, music, pictorial arts, and intellectual trends as well as political and sociohistorical developments and the texture of everyday life. Both the cultural mainstream and oppositional or minority viewpoints lie within the purview of the series. While it is based on specialized investigations of particular topics, the series aims to foster progressive scholarship that aspires to a synthetic view of culture by crossing traditional disciplinary boundaries.

Interested colleagues are encouraged to send a brief summary of their work to the general editor of the series,

Jost Hermand
Department of German
University of Wisconsin
Madison, Wisconsin 53706